杨鹤皋法律史文集之一

新编中国法律思想史

杨鹤皋 著

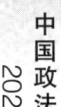

中国政法大学出版社
2020·北京

声　明　1. 版权所有，侵权必究。
　　　　2. 如有缺页、倒装问题，由出版社负责退换。

图书在版编目（CIP）数据

新编中国法律思想史/杨鹤皋著.—北京：中国政法大学出版社,2020.7
ISBN 978-7-5620-8991-9

Ⅰ.①新… Ⅱ.①杨… Ⅲ.①法律－思想史－中国 Ⅳ.①D909.2

中国版本图书馆CIP数据核字(2019)第117283号

书　名	新编中国法律思想史 XINBIAN ZHONGGUO FALÜ SIXIANGSHI	
出版者	中国政法大学出版社	
地　址	北京市海淀区西土城路 25 号	
邮　箱	fadapress@163.com	
网　址	http://www.cuplpress.com（网络实名：中国政法大学出版社）	
电　话	010-58908466(第七编辑部) 010-58908334(邮购部)	
承　印	保定市中画美凯印刷有限公司	
开　本	720mm×960mm　1/16	
印　张	23	
字　数	288 千字	
版　次	2020 年 7 月第 1 版	
印　次	2020 年 7 月第 1 次印刷	
定　价	95.00 元	

序

作为北京政法学院复办后的第一届学生,1980年在中国法律思想史的课堂上,我第一次见到杨鹤皋老师。杨老师浓重的湖南口音、一丝不苟的治学态度,给我留下了深刻的印象。之后我虽有机会经常见到杨老师,但老师在我们的心中,永远是高山仰止。2011年,杨老师出版著作《中国法律思想通史》,在附录"六十年读书与治学"中,他介绍了自己求学参加革命的历程,使我对杨老师的人生经历有了一些了解。

2017年,杨门弟子集聚一堂,为杨老师祝寿,我也有幸参与其中。席间,九十岁高龄的杨老师"发表演讲",用"自勉""勤奋"和"任性"六个字概括了自己的一生。杨老师直抒胸臆的这番话,让我们走进他的内心,看到了老师的至真至纯。感慨、感动……说不清道不明的一些感受,事后很长一段时间一直萦绕在我们的内心。

之后杨老师嘱我为本书作序,作为后辈晚辈,诚惶诚恐,但又师命难违。提笔之时千言万语,不知从何谈起。突然想到杨老师的六个字,我想一定要把杨老师的话记录整理出来,让更多的读者看到在这洋洋洒洒千万字背后的故事,看到老一辈学人孜孜以求的学术历程。

杨老师说:"我当了几十年的教书匠,有两件比较大的值得庆幸的事情。第一件是能够集天下英才而教之,据我观察,从中国法律史专业毕业的同学,多数都是栋梁之材,在座的都是其中的佼佼者,这是第一件使我感到很欣慰的事情。第二件是我写了500多万字的著作。关于这些著作，有两点较为突出：其一是写了一部《中国法律思想通史》；其二是我的500多万字的著作，有些发行量比较大，自考教材发行了30多万册，司考的辅助教材发行了20多万册，这在我们专业中算比较多的。"在杨老师看来，人生九十，经历的事情比较多了，也应该小结一下。他感言道，小结六个字，一个是"自勉"，一个是"勤奋"，还有一个是"任性"。这中间既有一些经验，也有一些深刻的教训。

一曰"自勉"。人在顺境的时候毋须言及，重要的就是即使在逆境中，自己也不甘于沉沦。要求往高处走，还要自我激励着做一些事情。虽然经过57年，杨老师也没有沉沦，没有放弃对科研的追求。22年的"右派"生活，那是很困顿的，吃饭都得拐着弯到食堂去。但是杨老师一直没有放弃学术研究，没有放弃积累资料。

二曰"勤奋"。勤奋对于每个人来说，都是必不可少的。杨老师进入北京大学的时候，正赶上抗美援朝，有同学经常写有关朝鲜战争的文章，在几个报刊上发表。他当时就以人家为榜样，也给报纸投稿。留校任教，既教书，又能搞科研写文章，就更符合自己的志趣。1979年北京政法学院复校以后，讲中国法律思想史的就他一个人，教学任务繁重，但是杨老师依然没有放弃科研。那时图书馆借资料最多的是杨老师，抄卡片，抄写了不少于1000张。功到自然成，1979年年初回到北京政法学院，10月份就出版了《古代政法文献》一书，这些都是积累的结果。还有《春秋战国法律思想传统文化》，杨老师是在原来《先秦法律思想史》的基础上，再分专题。其中，儒家十章、道家十章、法家十一章、佛家九章，还有一些新增加的内容。这都是多年勤奋积累的结果。

三曰"任性"。杨老师从多年经历中也总结出了一些教训。人如果完全只凭自己的主观意志做事，不考虑客观现实，不考虑人际关系，是会吃亏的，"1979年之后，因为工作坚持原则也得罪了很多的人，甚至于针锋相对。后来我也有些转变，不再那么直接。但是有一点，我总是以乐观的态度对待，即使是遇到不公正的对待，也积极乐观。所以说不要那么任性，任性也是一个教训"。

"自勉""勤奋""任性",短短的六个字,杨老师的学术人生跃然其中,这是对杨门弟子,也是对晚辈学人最好的教诲和勉励,让我们永远铭记在心!

祝杨鹤皋老师健康长寿!

作为学生谨作此短文以学习感悟而代序之。

高浣月

二零一九年十月

内容提要

我们伟大祖国有5000年的文明历史和光辉灿烂的文化,是世界上最早形成发达文明的国家之一。在我国丰富的历史文化宝库中,包括法律思想在内的传统法律文化遗产占有重要地位。几千年来所积累起来的法制和法学文献资料,就其完整的程度和丰富的数量来说,世所罕见。对这些宝贵的文献资料,每个时代都有不少著名的思想家、政治家苦心"耕耘",潜心研究,并"比他们的前辈提供了新的东西"。这些都亟待我们去研究、总结,批判地加以继承,吸取其中有借鉴意义的精华,使之在建设中国特色社会主义法治的过程中发扬光大。

本书是拙著《中国法律思想通史》("十二五"国家重点图书出版项目,2011年国家出版基金项目,获中华优秀图书奖,湘潭大学出版社出版)的精编本。它系统阐述了先秦至近代3000多年法律思想的演变和发展,并对其中有代表性的派别和人物的法律思想作了深入的解析,史论结合,简明扼要,多有新意。每章另附内容分析、要点提示和思考题。这是一部学术水平较高的"中国法律思想史"教材,可供高等政法院校师生、高等教育法学自考生、广大政法干部阅读参考。

目 录

绪 论   1

第一编 奴隶社会夏、商、西周时期的法律思想

第一章 夏、商、西周的神权法思想   11
    第一节 夏代的神权法思想   11
    第二节 商代神权法思想的发展   15
    第三节 西周"以德配天"的君权神授说   20

第二章 西周的礼治与"明德慎罚"论   23
    第一节 维护宗法等级制的西周礼治   23
    第二节 周公的"明德慎罚"论   27

第二编 奴隶社会向封建社会过渡的春秋战国时期的法律思想

第三章 春秋时期革新家的法律思想   35
    第一节 春秋时期社会变革的兴起   35

第二节　管仲修旧与改良的法律思想　　　　　　　　38
　　第三节　子产的立法救世思想　　　　　　　　　　　43
　　第四节　邓析的不法先王、否定礼义思想　　　　　　47

第四章　儒家的法律思想　　　　　　　　　　　　　　　50
　　第一节　儒家学派及其法律思想概述　　　　　　　　50
　　第二节　孔子以"仁"为核心的法律思想　　　　　　55
　　第三节　孟子的仁政说及其在法律思想上的体现　　　63
　　第四节　荀子的"隆礼"重法论　　　　　　　　　　69

第五章　墨家的法律思想　　　　　　　　　　　　　　　74
　　第一节　墨家学派　　　　　　　　　　　　　　　　74
　　第二节　墨家以"兼爱"为核心的法律思想　　　　　75

第六章　道家的法律思想　　　　　　　　　　　　　　　83
　　第一节　道家学派及其法律思想概述　　　　　　　　83
　　第二节　《老子》"道法自然"的法律思想　　　　　86
　　第三节　《庄子》自然主义的法律观　　　　　　　　92

第七章　法家的法律思想　　　　　　　　　　　　　　　99
　　第一节　法家学派及其法律思想概述　　　　　　　　99
　　第二节　商鞅的"法治"理论　　　　　　　　　　　103
　　第三节　慎到的"势治"理论　　　　　　　　　　　112
　　第四节　韩非法、术、势相结合的理论　　　　　　　115

第三编　封建社会秦汉至隋唐时期的法律思想

第八章　秦汉时期法律思想的变化与发展　　　　　　　127
　　第一节　秦汉社会与法律思想的变化和发展　　　　　127
　　第二节　秦朝统治集团的"法治"思想与实践　　　　130
　　第三节　汉初黄老学派的法律思想　　　　　　　　　135

第四节	封建正统法律思想的形成	141
第五节	董仲舒的法律思想	147
第六节	王充反谶纬神学的法律思想	154

第九章 魏晋南北朝时期的法律思想　159

第一节	魏晋南北朝社会与玄学、律学的兴起	159
第二节	王弼"名教本于自然"的法哲学思想	162
第三节	嵇康"越名教而任自然"的法哲学思想	165
第四节	郭象"名教即自然"的法哲学思想	168
第五节	张斐以礼率律的律学理论	171

第十章 隋唐时期的法律思想　176

第一节	隋唐社会与法律思想的发展	176
第二节	隋文帝"以轻代重"的法律主张	178
第三节	唐太宗及其统治集团的法律思想	180
第四节	《唐律疏议》的礼法融合思想	184
第五节	柳宗元"法律起源于'势'论"的主张	187

第四编　封建社会宋至鸦片战争（前）时期的法律思想

第十一章 理学的兴起与封建正统法律思想的进一步发展　195

第一节	理学的兴起及其对封建正统法律思想的影响	195
第二节	"二程"（程颢、程颐）的理学法律观	197
第三节	朱熹以"存天理，灭人欲"为核心的法律思想	201
第四节	丘濬对封建正统法律思想的总结	207
第五节	王阳明的心学与强化封建法制的主张	214

第十二章 宋明时期改革家的法律思想　221

| 第一节 | 封建统治危机下出现的改革家与理学反对派 | 221 |

第二节　王安石的变法改革思想与实践　　223
　　第三节　陈亮反理学的法律思想　　227
　　第四节　张居正以法绳天下的思想　　229

第十三章　辽、金、元各少数民族统治集团的法律思想　　234
　　第一节　我国北方少数民族的汉化改革　　234
　　第二节　金世宗修改"八议"的主张　　235
　　第三节　耶律楚材以儒治国的思想与实践　　239

第十四章　明清之际启蒙思想家的法律思想　　243
　　第一节　明清之际的社会大变动与启蒙思潮的兴起　　243
　　第二节　黄宗羲的民主思想与"天下之法"论　　244
　　第三节　王夫之的"趋时更新"与立法为公论　　249

第五编　鸦片战争至辛亥革命时期的法律思想

第十五章　近代地主阶级改革派的法律思想　　260
　　第一节　鸦片战争时期的中国社会与近代地主阶级改革派法律思想概述　　261
　　第二节　龚自珍的"更法改图"思想　　262
　　第三节　林则徐以重法禁烟的主张　　267
　　第四节　魏源的因势变法论　　272

第十六章　太平天国的法律思想　　278
　　第一节　太平天国革命运动的兴起　　278
　　第二节　洪秀全农民平均主义的法律思想与实践　　279
　　第三节　洪仁玕及其《资政新篇》的法律思想　　286

第十七章　洋务派的法律思想　　292
　　第一节　洋务运动的兴起与洋务派法律思想概述　　292
　　第二节　曾国藩的以礼治人论　　294

  第三节 张之洞"中体西用"的法律思想 298

第十八章 资产阶级改良派的法律思想 303

  第一节 资产阶级改良主义思潮的高涨与资产阶级改良派

      法律思想概述 303

  第二节 康有为的变法维新论 306

  第三节 梁启超的宪政理论 315

第十九章 清末修律礼法两派在法律思想上的斗争 325

  第一节 清末修律中的礼法之争 325

  第二节 沈家本融会中西的法律思想 328

第二十章 资产阶级革命派的法律思想 338

  第一节 资产阶级革命思潮的兴起与资产阶级革命派

      法律思想概述 338

  第二节 孙中山的三民主义与五权宪法理论 341

  第三节 章太炎的专以法律治国论 351

绪 论

一、中国法律思想史的研究对象

中国法律思想史是中国社会主义法学的一个分支学科。它的研究对象是中国历史上各个不同阶级、阶层、社会集团、学派及其代表人物的法律理论和观点。当我们研究中国法律思想史的研究对象时，有几点值得注意。其一，法律思想不同于法律和法制。法律和法制只有掌握国家政权的统治阶级才能创立、制定，而法律思想则不限于统治阶级，被统治阶级也可以有自己的法律思想。例如，先秦墨家的法律思想就代表了小生产者的利益。而历代农民起义提出的"等贵贱，均贫富"等平等、平均的口号，则明显地反映了广大农民反对封建剥削压迫的思想。其二，法律思想同政治思想、哲学思想、伦理思想等有紧密的联系，甚至融为一体。中国古代思想家论法，常常涵盖在论制、论治之中，所以他们往往是在论述政治、哲学等问题时涉及一些法律思想，而像先秦法家商鞅、慎到、韩非等人那样专门撰有法学著作的，在中国历史上并不多见。特别是，由于"法律是一种政治措施"，是国家意志的体现，因而中国法律思想史同以国家政权为核心的中国政治思想史的联系尤为密切。其三，各学派既相互斗争，又相互吸收。诚然，我们在研究中国法律思想史时，应注意各学派在理论观点上的相互斗争，但也要注重它们之间的相互影响和相互吸收。在中国历史上，相互对立的学派往往在各自批判对方的过程中，或多或少地吸收对方的思想来丰富自己，有的甚至最后趋于融合。如先秦时代开始的儒法斗争，到汉武帝时期形成了儒法合流。学派批判与学派融合相反相成，是中国法律思想史上具有规律性的现象，值得我们注意。

二、中国法律思想史的研究方法

我们学习、研究中国法律思想史，必须坚持历史唯物主义。我们在分析任何一个问题时，"就是要把问题提到一定的历史范围之内"。我们在研究某种法律思想时，应当从一定的历史条件出发，依据客观存在的历史事实，努力做到阶级分析和历史分析的统一，实事求是地评价中国历史上的各种法律理论和观点。

首先，我们应注重联系各个时期的社会状况来研究中国法律思想史。社会存在决定社会意识，这是历史唯物主义的基本原理。马克思在《政治经济学批判序言》中指出："人民在自己生活的社会生产中发生一定的、必然的、不以他们的意志为转移的关系，即同他们的物质生产力的一定发展阶段相适合的生产关系。这种生产关系的总和构造社会的经济结构，即有法律的和政治的上层建筑树立其上并有一定的社会意识形态与之相适应的现实基础。物质生活的生产方式制约着整个社会生活、政治生活和精神生活的过程。不是人们的意识决定人们的社会存在，相反，是人们的社会存在决定人们的意识。"法律思想作为一种社会意识形式，无疑是由社会物质生活条件决定的。绝不可离开社会物质生活条件，孤立地去研究法律思想。

我们试以春秋战国时期的社会大变革决定着当时思想战线上的"百家争鸣"为例，具体了解联系社会状况来研究法律思想的重要性。春秋战国时期是中国由奴隶社会向封建社会过渡的社会大变革时代。当时剧烈的社会变革，必然要反映到思想领域中来。各个斗争着的阶级，从维护本阶级的利益出发，都试图按照自己的设想来改造世界。所谓"诸侯异政，百家异说"，就是这种情况的反映。代表各个阶级、阶层的要求和愿望的思想家、政治家，都针对当时社会变革中出现的问题，发表意见，提出解决办法。"各著书言治乱之事，以干世主。"[1]于是各种学派接踵

---

[1]《史记·孟子荀卿列传》。

而至，各种思潮纷纷出现，从而形成了我国春秋战国时期思想活跃、学术繁荣的局面，史称"百家争鸣"。在"百家"中，儒、墨、道、法是最重要的学派，尤其以儒、法两家对法律的影响最大。当时，各学派的代表人物对法的起源、性质、特征、作用等内容，都在不同程度上提出了自己的见解，争鸣不已，都"言之成理，持之有故"。各学派之间的争鸣，实际上是当时阶级斗争在意识形态领域的表现。

其次，我们在学习、研究中国法律思想史时，还应注重实事求是，具体问题具体分析。无论是研究当权的帝王及其重要辅臣的法律思想，还是改革家、思想家、学术派别的代表人物的法律思想，抑或是研究历代农民起义提出的平等、平均的法律思想、观点，都切忌简单化、绝对化、公式化，不能仅根据只言片语就贴上各种标签，武断地下结论。历史现象是错综复杂的，必须全面占有材料，从其所处的历史阶段出发，深入地加以研究，如实地反映其本来面目，作出实事求是的评价。以历史唯物主义的观点分析和研究中国历史上的各种法律思想、理论，辨别并吸取其中有借鉴意义的精华，为社会主义法制建设服务。

三、学习、研究中国法律思想史的意义

学习、研究中国法律思想史，不但具有历史和理论意义，而且具有现实意义。具体来说，大致有以下三个方面。

首先，在于批判继承我国历史上的法律思想遗产，吸取其精华，剔除其糟粕，为建设具有中国特色的社会主义法治服务。列宁在《青年团的任务》一文中曾明确提出："无产阶级文化并不是从天上掉下来的……应当是人类在资本主义社会、地主社会和官僚社会压迫下创造出来的全部知识合乎规律的发展。"中国法律思想源远流长，内容丰富，是历代思想家、政治家苦心"耕耘"，潜心研究的成果积累。毫无疑问，它们是中华传统文化遗产的重要组成部分，我们应当批判地加以继承，吸取其中具有借鉴意义的精华。现略举数例以明之。

3000多年前的周公，是西周初期伟大的政治家，他"制礼作乐"，首倡"以德配天"说，促使中国法律史由神权时代转入"礼治"时代，他的"明德慎罚"论，可以说是中国历史上第一次出现的较为完整的政治法律思想，尤以其中的刑法思想常为史家所称道。他主张对犯罪行为具体分析，区分故意和过失、累犯和偶犯。显然，这种思想，至今仍有借鉴意义。

春秋战国时期是我国历史上"百家争鸣"、学术繁荣的黄金时代。当时，各学派的代表人物对法的起源、性质、作用以及法律与时代的要求、社会经济、伦理道德、风俗习惯、地理环境等基本理论问题，都在不同程度上提出了自己的见解，在有些方面还有系统的论述。这些思想都"言之成理，持之有故"，至今我们仍能从中吸取不少有用的东西。

我们再以中国古代法律思想的主流——儒家法律思想为例来进行说明。儒家法律思想强调法的民本原则，关心人民的生计，认为统治者立法必须考虑人民的物质利益，主张法律与政治、经济、道德、教育的协同作用，指出维护社会治安不能单靠法律强制。这在社会犯罪预防方面，具有古老的综合治理性质。凡此种种，至今仍有"以古鉴今"的意义。

至于历代变革创新的传统的借鉴意义，则更加明显。江泽民曾指出："我们的先哲通过观察宇宙的万物变动不居，提出了'天行健，君子以自强不息'的思想，成为激励中国人民变革创新、努力奋斗的精神力量。"[1]纵观中国历史，这种变革创新的传统代代相传，经久不息。如管仲的改革、子产"铸刑书"、战国的变法运动、汉文帝除肉刑、魏孝文帝的汉化改革、永贞革新、庆历新政、王安石变法、张居正改革、明末清初启蒙思想家的革新主张、龚（自珍）魏（源）的"更法改图"思想、戊戌变法等，都在一定程度上对中国社会的发展起到了促进作用。这些思想理论是我国法律文化宝库中的珍品，对后人有很大的启迪作用。所

---

〔1〕"增进相互了解，加强友好合作——在美国哈佛大学的演讲"，载《人民日报》，1997年11月2日。

以说，现在的"改革开放是中华民族自强不息和变革创新精神在当代的集中体现和创造性发展"。[1]

其次，在于扩大知识领域，有助于对部门法学的理解，从而提高政法队伍的素质。中国历史上各种先进的法律思想，不但在促进中国社会向前发展方面起过积极作用，具有一定的历史价值，而且从各个不同侧面提出了不少真知灼见，深化了对法律的认识，具有重大的理论意义。这对进一步理解凝聚人类优秀文化成果的马克思主义法学很有帮助。从法学教育方面来看，中国法律思想史是法学专业基础课。我们通过了解中国法律思想的发展历史，可为学习、研究其他部门法学打下历史知识基础。

最后，在于增强我们的民族自信心和爱国主义思想。自近代以来，总有一些人妄自菲薄，数典忘祖，一论及法律和法学，言必称希腊、罗马，对西方资产阶级法律和法制推崇备至；而对中华传统法律文化一律视为封建礼教和糟粕，不屑一顾。这种人盲目崇外，鄙弃传统，不尊重历史。然而，我们应当明白，一个鄙弃或抛弃自己传统的民族，是没有希望的民族。

中国是一个有5000年文明史的国家，历史上诞生了许多杰出的哲学家、思想家、政治家、军事家，也产生了一些居于世界前列的法学著作和法典。如西周初期区分故意和过失、累犯和偶犯的刑法思想，在当时世界上是名列前茅的。而这种思想，在西方的一些国家中，直到资产阶级革命时期才出现。西周时期还有一部《吕刑》，是一部刑法专著，其论及我国奴隶社会的法制和法律思想已达相当高的水平，传世已有近3000年的历史，比古罗马的《十二铜表法》还早500多年。

至于春秋战国时期出现的"百家争鸣"、学术繁荣的局面，比起古希腊、古罗马时期不遑多让。当时，"老子、孔子等诸子百家的学说，在世

---

[1] "增进相互了解，加强友好合作——在美国哈佛大学的演讲"，载《人民日报》，1997年11月2日。

界思想史上占有重要地位"。[1]以法家学说的奠基者商鞅来说,在中国历史上,他第一次较全面地阐述了"以法治国"为核心的法的基本理论,并主持了两次变法,获得很大成功。其"法治"理论在当时世界上也是名列前茅的。

晋代律学理论的成就也是值得一书的。儒家学者杜预、张斐等参加了晋律的制定。他们在制律时以礼入律,律成之后又为之作注。这些注释"兼采汉世律家诸说之长",成为汉魏以来法律之修订、注解的理论和经验的系统总结。律学家们集中研讨诸如法典的体例结构、法律各部分之间的内在关系、刑法的基本概念和名词术语的定义等内容,从而使我国古代的法律理论进一步向纵深发展,并为《唐律疏议》的产生奠定了基础。然而,"就维护封建统治的封建法典来说,《唐律疏议》之精微缜密,在世界范围内无论东方、西方都无与伦比,因而得以成为中华法系的主要支柱,独领风骚上千年,上源西周,下迄清末,甚至延续到新中国成立前,旁及日本、朝鲜、越南等周边诸国,影响所及远达欧洲"。[2]我们作为炎黄子孙,难道不应该为繁荣中国和世界的古代法学作出重大贡献的古圣贤而感到自豪吗?正视历史,以史为鉴,可以知兴衰、明得失,我们要认真学习中国法律思想史,取其精华,将其有益方面发扬光大!

---

[1] "增进相互了解,加强友好合作——在美国哈佛大学的演讲",载《人民日报》,1997年11月2日。

[2] 张国华:《中国法律思想通史》,山西人民出版社1994年版,第5页。

第一编 奴隶社会夏、商、西周时期的法律思想

我们中国有 5000 年的文明史，是世界上文明发达最早的国家之一。地下发掘和古书记载证明，我国和世界其他民族一样，不仅经历了漫长的原始社会，也有为时很长的奴隶社会。我国的奴隶社会从夏朝开始形成（公元前 21 世纪—公元前 16 世纪），历经商（公元前 16 世纪—公元前 11 世纪）、西周（公元前 11 世纪—公元前 771 年）两个朝代，奴隶制度得到充分的发展。

在原始社会末期，由于社会生产力的发展，出现了私有制，确立了父权制，产生了阶级，原来民族和部族的管理机构也逐渐变成了国家机构，建立起奴隶制国家。

夏朝奴隶制的建立，在当时的历史条件下，是社会的一大进步。其原因在于，奴隶制冲破了狭隘的氏族樊篱，容纳了更多的劳动力，为更广泛的社会分工打下了基础。相传从夏禹开始已把居民分成九个地区进行统治，即"芒芒禹迹，画为九州"。[1]而且，夏朝已经有了刑狱和军队。相传夏朝也有法律，即"夏有乱政，而作禹刑"。[2]夏朝从夏禹的儿子夏启开始到夏桀灭亡，约 400 年。

继夏而起的是殷商王朝。商朝已有可靠的文字记载。当时，全国所有的土地和奴隶都属于王族所有，最高统治者商王就是王族的代表。商朝的国家机器比夏朝更加庞大而完备。商王一次出兵就有几千人甚至上万人。商朝的刑法总称"汤刑"。《左传》说："商有乱政，而作汤刑。"[3]商朝的刑罚种类繁多，且极为残酷，除割鼻、断手、刖足等肉刑外，还有

---

[1]《左传·襄公四年》。
[2]《左传·昭公六年》。
[3]《左传·昭公六年》。

炮烙、剖腹、活埋等酷刑。商朝从商汤开始到商纣灭亡，约 600 年。

周灭商后，所有的土地和奴隶全归王族所有，即"溥（普）天之下，莫非王土；率土之滨（四海之内），莫非王臣"。[1]周代最高统治者是周天子。他是各地诸侯的"共主"，掌握着最高的政治、军事指挥权。周朝奴隶主在其统治区内驱使奴隶从事农业生产，但集体耕作的规模比商朝时要大。周王朝的国家机器比商朝更加完备，官僚系统和军队都有严密的组织。据说，周王朝的常备军超过 14 万人。当时，由于比较严格地实行宗法制度，并分封大批诸侯来保卫周王室，所以层层的统治网比商朝更加严密。西周的刑罚也很繁酷。《尚书·吕刑》记载，西周有五刑，即墨、劓、剕、宫、大辟。据说五刑之律有 3000 条之多，西周从武王到平王东迁洛邑，约 300 年。

奴隶主阶级为了维护自己的统治，除了加强国家机器，使用暴力手段外，还使用思想武器。西周时期奴隶主阶级使用的思想武器，主要是神权思想和宗法思想。他们的法律思想也受这二者的支配。因此，这一时期的主要法律思想，也就是奴隶主阶级的神权法思想和以宗法为核心的礼治思想。

---

[1]《诗经·小雅·北山》。

第一章

夏、商、西周的神权法思想

内容分析和要点提示

本章主要阐述了神权法思想的产生及其在夏、商、西周时期的发展变化。大体来说,神权法思想形成于夏代,极盛于殷商,动摇于西周,学习时应抓住这条主线。夏、商的神权法思想主要体现在奴隶主阶级的"天命""天罚"思想上。到了西周,神权法思想出现了重大变化,西周初期周公为适应新的统治形势,提出了"以德配天"说。这是本章学习的重点。

本章的基本知识、基本理论有:(1)神权法思想的产生。(2)夏、商神权法思想的表现。(3)神权法思想在西周的变化。(4)周公的"以德配天"说及其意义。

本章的基本概念有:(1)神权法思想。(2)"天命"。(3)"天罚"。(4)以德配天。

第一节 夏代的神权法思想

一、神权思想的产生

神或上帝的观念,是人们对自然界一切现象缺乏正确认识以及社会阶级压迫的产物。原始社会解体时期,人们对风云变幻、日月运行、疾病灾害等现象感到惊奇恐惧,认为周围世界存在着一种支配人类和自然的超人类、超自然的力量,便赋予它以人格化的"神"的观念。如当时的"图腾"崇拜就是如此。人们把某种动物或植物奉为神灵,作为本氏族的象征和保护神。但那时的神的观念和宗教迷信只是一种自然宗教,并不具有阶级压迫的社会属性。进入阶级社会以后,除上述自然压迫外又加上社会力量的压迫,而且这种压迫比自然压迫更为惨重。而奴隶主阶级则极力扶植和利用神的观念和宗教迷信,以之作为维护其统治的精神支柱。我国夏朝奴隶主阶级所掌握的以宗教迷信为特征的神权思想以及受其支配的神权法思想,就是他们用来束缚、统治人民的一种思想武器。

当夏禹任部落联盟首领时,他凭借治水功绩而获得人们的景仰和敬畏,便发展自己的势力,将部落联盟会议的权力控制在自己手里,并要求参加联盟会议的代表,即各氏族酋长,以臣下对君上的隶属关系的朝仪朝见他,而且还要贡献物品。更有甚者,他把迟到的氏族酋长防风氏杀死,以显示自己至高无上的权力与尊严。既然如此,夏禹就有必要向人们解释这种权力是谁赋予的。

当舜选择禹为继承人时,曾"荐禹于天,为嗣(后嗣,继承人)",即已经开始制造"天命"归禹的舆论。舜对禹说:"天之历数在汝躬,汝终陟(升,登)元后。"[1]值得注意的是,当时人们把"天"看作一个最大的神秘力量,其威力远非其他物体和神灵可比。因此,人们对"天"具有更加敬畏甚至依赖的思想情绪。而夏禹正好利用了这种思想情绪。

既然夏禹是受天之命来继承部落联盟首领职位的,那么,作为部落联盟首领的所作所为都是代天行命,人们必须服从,俯首听命。所以他在征伐三苗的誓师会上对将士们说:"济济有众(你们众位士子),咸听朕言,非惟小子,敢行称乱(横行作乱)。蠢兹有苗(而是苗民众蠢动,昏迷不恭),用天之罚。若予既率尔群对诸群,以征有苗。"[2]这里,夏

---

[1]《尚书·大禹谟》。
[2]《墨子·兼爱下》引《禹誓》。

禹自称他不是随便兴兵讨伐苗人的,而是由于苗人首领"昏迷不恭"。他是代表"天"来对苗人施行惩罚的。其实,这个人格化的"天",就是当时开始实行集权的最高统治者夏禹的化身。从此以后,夏、商、西周的统治者都继承和沿袭夏禹代天行命的思想,给自己的统治披上了一件神圣的外衣。这样,人间的暴力统治,便被说成是神的统治。既然是神的统治,那么人间的一切痛苦和灾难,人们只能逆来顺受。

二、代天行罚思想

在我国奴隶社会里,奴隶主阶级既控制着物质生产资料,又支配着精神生产资料。他们不仅依靠物质手段去统治和压榨奴隶,还采取精神手段来欺骗和奴役人民,以达到维护和巩固其统治的目的。夏朝奴隶主阶级编造的代天行罚的神权法思想,就是力图神化他们的统治权力,使之合法化,并把反映其意志的法律说成是神意的体现。

如前所述,早在夏禹时,他就已经开始利用神权思想来巩固和加强其统治地位。他经常宣扬"天命",力图使人们相信"天命"是不可抗拒的,只有遵循天意行事,才不会出现困难。他在征伐三苗时,对出征的将士大谈"天降其咎"于三苗,强调征伐三苗是"用(执行)天之罚"。[1]

《尚书·召诰》也指出,夏王曾经接受天命,统治了许多年。"我不可不监(鉴)于有夏……我不敢知曰,有夏服(受的意思)天命,惟有历年;我不敢知曰,不其延。惟不敬厥(其)德,乃早坠厥命。"这主要是说,我们不可不以夏的灭亡为借鉴。当年夏朝接受了天命,经过了许多年。后来他们不能延续下去了,就是因为他们不能谨慎于他们的德行,才早早地丧失了他们的国运。

《论语·泰伯》也说,夏禹"菲饮食而致孝乎鬼神,恶衣服而致美乎黻冕(祭祀时穿戴的礼服和礼帽)"。夏禹的儿子夏启以暴力夺取王位,

---

[1] 《墨子·兼爱下》。

因同姓有扈氏不服，大战于甘。他作《甘誓》说："有扈氏威侮五行，怠弃三正（指大臣、官吏），天用剿绝其命。今予惟恭行天之罚。"这是说有扈氏轻蔑侮慢应五行之运而兴起的夏王，怠慢厌弃大臣官吏，因而上天要断绝他的命运。现在我只有恭敬地来施行上天对他们的惩罚。结果，夏启终于以"恭行天罚"的名义，使有扈氏"身死国亡"，整个氏族被罚为牧奴。

由此可见，夏代统治者已运用"天命""天罚"思想来统治人民。尔后随着奴隶制生产关系的发展和王权的加强，商朝奴隶主阶级的"天命""天罚"思想得到了很大发展。

三、军法思想

夏禹担任部落联盟首领时，曾征伐三苗。这次战争主要是为了掳掠。在进攻之前，夏禹举行誓师大会，向将士指出征伐三苗的原因和要求。据史籍载，禹乃会群后（注："会诸侯共伐有苗"），誓于师曰："济济有众，咸听朕命。蠢兹有苗，昏迷不恭，侮慢自贤，反道败德，君子在野，小人在位。民弃不保，天降之咎。肆予以尔众士，奉辞伐罪，尔尚一乃心力，其克有勋。"[1]从誓词来看，这次战争规模很大，许多部落酋长也率领部众随禹出征。同时，夏禹还利用人们的迷信心理，把自己装扮成天神意志的执行者。他俨然以一个国王发布军令，要求将士万众一心，全力对敌，胜利后给予奖赏。

《尚书·甘誓》是一篇关于夏启同有扈氏在甘地决战时，由夏启发布的一项军令，它较集中地反映了夏代统治者的军事法思想。

夏启以暴力夺取王位、建立夏朝后，向西发展，沿着黄河、洛水西去，就遇上了一个比较强大的部落有扈氏。夏启宣称："今予与有扈氏争一日之命。"[2]可见有扈氏的势力相当强大，以致引起夏启这么大的震

---

[1]《尚书·大禹谟》。
[2]《墨子·明鬼》引《禹誓》。

动。《史记》载:"有扈氏不服,启伐之,大战于甘。将战,作《甘誓》,乃召六卿申之。"《甘誓》曰:"大战于甘,乃召六卿,王(指夏启)曰:嗟!六事之人,予誓告汝。有扈氏威侮五行,怠弃三正,天用剿绝其命,今予惟恭行天之罚。左不攻于左,汝不恭命;右不攻于右,汝不恭命;御非其马之正,汝不恭命。用命赏于祖,弗用命戮于社,予则孥戮汝。"[1]《说文》说:"誓,约束也……用之于军旅。"这说明"誓"是军律或战时法规。这里,夏启讨伐有扈氏的罪名是"威侮五行,怠弃三正"。所谓"五行",是指"天道"。"威侮五行"的罪名,同周武王伐纣时指责纣王"自绝于天",其含义相近。所谓"三正",指大臣、官吏。这主要是说,有扈氏轻蔑侮慢代表"天道"的夏王,怠慢厌弃大臣官吏,自绝于天,已构成犯罪,他夏启奉天命来讨伐他,灭亡他。很明显,夏启把自己的意志说成是天的意志,他是代天来行罚的。这样,就为其暴力镇压披上了一件神圣的"天命"外衣。同时还值得注意的是"予则孥戮汝"一句。孔颖达云:"孥为子也,非但止辱汝身,并及汝子杀之。"即凡违背命令或不努力执行命令的,一律要处死于祖庙前,并且要罪及他们的儿子。这可说是最早的族刑观念。

第二节　商代神权法思想的发展

商王朝从商汤开始到纣灭亡,约600年。盘庚以前是商代前期,约300年。商汤建都于亳,即今河南商丘。据古书记载,从商汤至盘庚,商人"不常厥邑",曾五次迁都。当时,政治制度松弛,王室内部争夺王位的斗争接连不断,多次发生内乱。"自中丁以来,废適(嫡)而更立诸弟子。弟子或争相代立,比九世乱,于是诸侯莫朝。"[2]社会秩序也很紊乱,人民不得安生。正如盘庚所说:"我民用荡析离居,罔有定极。"[3]

---

[1]《尚书·甘誓》。
[2]《史记·殷本纪》。
[3]《尚书·盘庚下》。

盘庚为了摆脱这种混乱局面和避免自然灾害，决定将国都从奄（今山东曲阜）迁至殷（今河南安阳西北）。盘庚迁殷后，商王国在政治、经济各方面都有了发展，特别到武丁统治的50多年间，可说是商朝最强盛时期。

一、王权神授说

商朝奴隶主贵族为了维护自己的统治，极力宣扬"王权神授"说，把宗教迷信同政治统治合为一体，借以论证奴隶主统治的合法性。

《礼记·表记》说："殷人尊神，率民以事神，先鬼而后礼，先罚而后赏，尊而不亲。"这种说法是有根据的。确实，殷商奴隶主阶级为了维护其统治，一方面不断强化暴力机器，加紧刑罚镇压；另一方面又从意识形态上加强思想控制，利用神权迷信麻痹人民。这种"尊神""事鬼"的说法，无意中也道出了商代政治法律思想的主要特征，即神权法思想占统治地位，神权与王权统一。

殷商奴隶主阶级按照奴隶社会里阶级划分和等级制度的蓝图，编造出一个也有高低贵贱之分的等级森严的神鬼世界，并创造出一个位于万神之上的、至尊无上的上帝。他们把上帝说成是万事万物的主宰，自然变化和人类命运也全靠他来支配。特别值得注意的是，殷商奴隶主还强调其祖先与上帝关系密切，甚至宣称他们的祖先就是上帝的子孙。这样，他们承受天命，代表上帝来统治人世，就是天然合理的了。

为此，他们编造了许多上帝立商的神话。如"天命玄鸟，降而生商"。[1]又如，"殷契，母曰简狄，有娀氏之女，为帝喾次妃。三人行浴，见玄鸟堕其卵，简狄取吞之，因孕生契"。[2]这主要是说，商的祖先契，是其母吞食了神鸟的卵而降生的。这些神秘的传颂，使地上的统治者，从天上找到了血缘关系，企图以此论证商王统治的合理性，他的地位神圣不可侵犯。

---

[1]《诗经·商颂·玄鸟》。
[2]《史记·殷本纪》。

为了把人君的行动同上帝和祖先联系起来，历代商王都豢养了一批巫、祝。这些人在政治上占有很重要的地位。他们的主要任务是"占卜""卜筮"，专门做沟通神和人的工作。商代占卜之风极盛，几乎无日不卜，事事都卜。商朝统治者特别重视占卜。所谓"国之大事，在祀与戎"，占卜的内容极广，大凡年成好坏、战争胜负、自然变化、用人行政，一切吉凶祸福，都要占卜。如甲骨文记载，"帝令雨足年，帝令雨弗足年（上帝旨意这年丰收，上帝旨意这年歉收）"；"贞，勿伐邛，帝不我其受又（不要攻打邛方，上帝将不会保佑我们）"；"帝其令雷（上帝指令打雷）"。

商王根据卜兆的吉凶行事，然而只有巫、祝和商王本人才有占卜和决定卜兆、解释卜兆的权利。所以，占卜的实质不过是用神的意志的形式来体现商王的意志。《礼记·曲礼》说："卜筮者，先圣王之所以使民信时日，敬鬼神，畏法令也。"显然，商统治者之所以"敬鬼神"，是为了使民"畏法令"，从而服从他们的统治。

由此可见，商统治者大力宣扬"王权神授"说，其目的在于借用神的力量来加强自己的统治。当人的认识尚处在朦胧状态的时候，统治者声称自己受命于天，受命于帝，通过对上帝的卜问，为君主专制统治披上了一件神秘的外衣。在人们无法认识自然、解释自然的时候，上帝对于加强君主专制统治来说，无疑具有更大的效力。

二、致天之罚说

商王宣称自己是上帝在人间的代理人，理所当然地要秉承上帝的旨意，并在人间发号施令，所以他常自称"予一人"，具有最高的权威。他用刑罚来惩治臣乃是执行上帝的指令，代天行罚，所以叫"天之罚"。如商汤讨伐夏桀时说："有夏多罪，天命殛之……尔尚辅予一人，致天之罚，予其大赉汝。尔无不信，朕不食言。尔不从誓言，予则孥戮汝，罔有攸赦。"[1]这是说夏国罪恶多端，上天命令我去诛杀它。希望你们辅助

---

[1]《尚书·汤誓》。

我,来推行上天的刑罚,我将要重重地赏赐你们。你们如果不听从我的誓言,我就连你们的儿子都杀死,决不赦免。这里,商汤以上帝在人间的代表的面貌出现,即通过"代天行罚"为刑罚披上一件上帝的神圣外衣,同时又把这种"代天行罚"说成是他作为国王的权利。

盘庚也是这样,他扬言自己施行的刑罚都是天命和祖先之命。这种代天行罚的神权法思想在《盘庚》篇中多次出现。盘庚等商代统治者不仅对奴隶和俘虏可以任意屠杀,就是对平民和臣属也是随便刑杀的。

第一,对平民实行"天罚"。盘庚对不顺从他迁都的民众说:"今其有今罔后,汝何生在上……恐人倚乃身,迁乃心。予迓续乃命于天,予岂汝威?用奉畜汝众。"〔1〕这是说你们若不肯迁移,那就只有今天没有后来了。那么,上天怎么会容许你们生存呢?恐怕是有人拉你们的后腿,使你们的心思邪僻不正。是我把你们的生命从上天那里接收下来,我哪里是来惩罚你们?我是为了保护、抚养你们众人的。这里,盘庚用上天的意志来压服不肯迁都的民众,说他们违背了上天的意志,自然要受到上天的惩罚,而他盘庚则是来"代天行罚"的。在盘庚看来,要想逃避上天的惩罚是不可能的,"故有爽德,自上其罚汝,汝罔能迪"。〔2〕有了错误的行为,那上天就会降下惩罚,谁也没有办法逃避。

第二,对不顺从的奴隶主贵族实行"天罚"。盘庚对于平民的惩罚固然是残酷无情的,而对不顺从的奴隶主贵族也不放过,同样,他也是假借天命来实行惩罚的。他用劝告和威胁的口吻,对不服从迁都的贵族们说,你们应当"以常旧服,正法度",崇尚上帝和祖先旧有的制度,整顿已经坏了的法度,"听予一人之作猷",服从我的谋划。否则,我就要代天行罚,"矧予制乃短长之命"。〔3〕不要忘了,我掌握着你们的生杀大权!从今以后,你们应该老老实实地听从我的命令,谨守岗位,努力工作,不得妄出诽谤之言。"自今至于后日,各恭尔事,齐乃位,度乃口。罚及

---

〔1〕 《尚书·盘庚中》。
〔2〕 《尚书·盘庚中》。
〔3〕 参见《尚书·盘庚中》。

尔身，弗可悔。"〔1〕

盘庚在假借天威恫吓的同时，又安抚贵族们说，现在我要隆重地祭祀我们的先王，你们的祖先也会相随而来享受我的祭祀的。"作福作灾，予亦不敢动用非德"，〔2〕对你们是降给幸福还是灾难，那全凭先王和你们祖先的意志，我也不敢给你们不合理的恩惠。

我们从上述"代天行罚"的思想中可以看出，中国从奴隶社会起，统治者就利用神权、政权、族权相结合的方法来掩盖法的阶级本质，对不服从"天命"的臣民施行残酷的刑罚。

三、重刑思想

商朝统治者为了维护自己的残暴统治，其刑罚的残酷和野蛮达到了登峰造极的地步。

据《太平御览》所引《司马法》，"殷罚而不赏，至威也"，"殷戮于市，威不善也"。这说明商代刑罚很重。商代还有"罪人以族"的规定，〔3〕即一人犯罪要株连其全家或全族，不是杀戮，就是收为奴隶。商代重刑罚，还体现在轻罪重罚上，《韩非子·内储说上》说："殷之法，刑弃灰于街者"。殷法虽无从查考，但据《史记·李斯列传》载，商鞅定刑弃灰于道者，即本殷法，所以韩非有此说法。显然，对轻微地触犯奴隶主阶级利益的行为，也要处以重刑，无非是借此以震慑人民，使之老老实实地服从统治，不敢轻易犯法。

值得注意的是，在夏朝和商汤的时候，刑罚主要用于军事领域。及至盘庚，刑罚的范围就日益扩大了，从一定意义上说，这也是重刑罚的一种表现。

第一，严惩"奸宄"。盘庚说："乃有不吉不迪，颠越不恭，暂遇奸

---

〔1〕《尚书·盘庚上》
〔2〕《尚书·盘庚上》。
〔3〕《尚书·泰誓》。

究；我乃劓殄灭之，无遗育，无俾易种于兹新邑。"[1]其中，"暂"读为"渐"，诈伪的意思。"遇"读为"隅"，奸邪的意思。这是说若有人不善良不和顺，胡作非为而不服从命令，诈伪奸邪犯上作乱，就要被斩尽杀绝，连幼童也不留下，不让他们这些坏种迁移到这新城来。这充分暴露出殷法的苛酷本质。

第二，严惩贪赃官吏。盘庚说：现在有捣乱的官员和我一起在位，可是他们"具乃贝玉"，贪图财货。对于这样贪赃的官吏，盘庚扬言要遵照他们先人之命，"作丕刑于朕孙"[2]，重重地惩罚这些不孝的子孙。

第三，严惩造谣惑众者。盘庚迁殷之后，人们怨声载道，他认为这是官员们在背后造谣惑众。他警告这些官员们说："汝不和吉言于百姓，惟汝自生毒；乃败祸奸宄，以自灾于厥身。乃既先恶于民，乃奉其恫，汝悔身何及。"[3]这是说官员们不对百姓宣传好的言论，这是你们造成的祸害，于是灾祸和内外扰乱之事都发生了，这也害了你们自己。你们既引导百姓作恶，才遭受到这种痛苦，你们后悔也来不及了。盘庚严厉警告这些"动以浮言，恐沈于众"的官员，以后决不许发怨言说坏话，否则严惩不贷。

到商朝末年，纣王更"重刑辟"，实行严刑酷法，诸如炮烙、醢醢、剖腹等酷刑均有使用。人民群起反抗，国家也随之灭亡了。

第三节 西周"以德配天"的君权神授说

一、"以德配天"的君权神授说

神权法思想在西周发生了一次重大的变化，西周统治者提出了"以德配天"的君权神授说。

周灭商后，周公等西周统治者继承夏、商时期的天命思想，用"天

---

[1]《尚书·盘庚中》。
[2]《尚书·盘庚中》。
[3]《尚书·盘庚上》。

命"为自己的政权的合法性进行辩护。但他们是用"以德配天"的君权天授、君权神授的说教,为自己的王权披上了一件神圣的外衣。他们也崇拜一个至高无上的上帝,不过在多数场合下称之为"天"。如说:"昊天有成命,二后(指文王、武王)受之。"[1]又说:"天休于宁王(文王),兴我小邦周;宁王惟卜用,克绥受兹命。"[2]这是说,上天嘉惠文王,振兴我们小小的周国。当年文王只用龟卜,遵从天命行事,才能安然接受国运的。一句话,周人能建立起政权和维持住政权,也是天命。因此,周人应当谨慎行事,才能顺应天命,享国长久。

然而,过去殷商统治者一再宣扬"帝立商",可以永世长存。可是商朝的灭亡又怎样解释呢?严酷的事实迫使西周统治者不得不另外寻求思想武器,于是便产生了天命转移的"以德配天"说。周公认为,天命是有的,"惟命不于常"。[3]它不是固定不变的,只有有德者才可承受天命,失德就失去天命。天的好恶是有一定标准的,"皇天无亲,惟德是辅"。[4]上天平等待人,只辅助有德之君。过去,殷的先王有德,"克配上帝",所以天命归殷,殷王成了天子。现在殷已失德,故"皇天上帝改厥元子(首子,即天子),兹大国殷之命。惟王受命"。[5]这是说皇天上帝改变了他的长子,结束了大国殷的福命,而文王接受了治理天下的大命,他成了天子。

当然,周公的"以德配天"说并没有否定神权,而是赋予上帝一种特定性格,说他喜欢敬天、有德的人君代替他在人间进行统治。这样一来,西周奴隶主专政的实质就被"君权神授"的外衣掩盖起来了。

二、"以德配天"说的意义

显然,周公之所以强调统治者必须有德,"以德配天",乃是要说明

---

[1]《诗经·周颂·昊天有成命》。
[2]《尚书·大诰》。
[3]《尚书·康诰》。
[4]《左传·僖公五年》。
[5]《尚书·召诰》。

有德的周王代替暴虐的商王合情合理。同时，其也是以此告诫周统治者要重视修德方能求得上天的保佑，使周王朝的统治永久延续下去。

另一方面，周公这种"以德配天"的君权神授说的提出，也意味着神权的某种动摇。周公等西周统治者从殷商的灭亡中吸取了教训，在一定程度上认识到劳动人民反抗力量的强大。这使他们感到单靠神权不足以维系其统治，还必须依靠人事，重视民心向背。他们必须谨慎从事，珍惜天命，才能使其不再转移，即"聿修厥德，永言配命，自求多福"。[1]

同夏、商统治者一样，周公等西周统治者也主张"天罚"。他们公然宣称，如果不服从其统治，将"予亦致天之罚于尔躬"[2]，即会把上天的惩罚降到你们身上。周公还一再警告殷商遗民，必须服从天命，老老实实地接受周朝的统治，不许反叛，否则，就要受到严厉的惩罚。"尔乃不大宅（度）天命，尔乃屑（过度地）播（抛弃的意思）天命；尔乃自作不典（不法）……我乃其大罚殛之。"[3]这是说，你们竟然不度量天命，你们竟然完全不顾天命，你们竟然自作不法，那我就要重重惩罚你们。周公等西周统治者认为，周之代商而有天命，是所谓"享天之命"，你违背天命，不服从周王，当然要受到"天罚"，杀头治罪。

总体来看，以周公为代表的"以德配天"说的提出具有重大意义。因为它不仅意味着神权的动摇，而且从对立面的角度反映了劳动人民反抗力量的强大及其对历史的推动作用。

思考题

1. 试述夏、商神权法思想的表现。
2. 试述神权法思想在西周有哪些变化。

---

[1] 《诗经·大雅·文王》。
[2] 《尚书·康诰》。
[3] 《尚书·多方》。

第二章
西周的礼治与"明德慎罚"论

内容分析和要点提示

本章主要阐述西周的礼治与"明德慎罚"论,是"中国法律思想史"课程重点章节之一。相对来说,本章的篇幅不多,但都很重要,应全面掌握。对其内容的理解将有助于对以后各章,特别是儒家思想及封建正统法律思想的理解。学习时,应全面掌握西周的宗法制、礼治的基本原则和基本特征,以及周公提出的"明德慎罚"思想的概念内涵和具体内容。关于它们对后世的深刻影响,也应加以注意。

本章的基本知识、基本理论有:(1)西周的宗法制。(2)周礼是一套以维护宗法等级制为中心的行为规范以及相应的典章制度、礼节仪式。(3)西周礼治的基本原则。(4)西周礼治的基本特征。(5)周公"明德"论的内容。(6)周公"慎罚"论的内容。

本章的基本概念有:(1)宗法。(2)周礼。(3)嫡长子继承制。(4)"亲亲""尊尊"。(5)礼不下庶人,刑不上大夫。(6)明德慎罚。(7)"眚"(过失犯罪)与"非眚"(故意犯罪)。(8)"父子兄弟,罪不相及"。(9)"中罚"(刑罚适中)。

第一节 维护宗法等级制的西周礼治

夏、商、西周均是种族奴隶制国家。这一特点,在西周国家制度中体现得最为明显。

周人刚刚从父系氏族社会跨入奴隶社会,以血缘为纽带的家长制传统,在相当程度上得以保留。周王朝建立后,利用血缘关系,在全国范围内实行"封建亲戚,以藩屏周"的分封制。分封制是维护奴隶主贵族特权的一种制度。它规定,全国的土地和奴隶都归周王所有,周王把一部分土地连同居住在土地上的奴隶分封给诸侯,诸侯又逐级往下分封。从而形成了一个从国王、诸侯、大夫到士的"王臣(役使)公(诸侯)、公臣大夫、大夫臣士"[1]的宝塔式等级制度。士以上属统治阶级,平民以下属被统治阶级,泾渭分明,不得逾越,从而维护"上下有别""贵贱有等"的统治秩序。

分封制和等级制都是依据宗法关系制定的。所谓宗法,即宗族之法(族规),它是以血缘为纽带调整家族内部关系,维护家长、族长的统治地位和世袭特权的行为规范。它源于氏族社会末期父系家长制的传统习惯。西周初期,周公"制礼作乐",把这种宗族之法系统化,制定出一套完整的宗法制度。

嫡长子继承制是宗法制度的核心。我国从夏朝开始就已确立王位世袭制,但也有"父死子继"和"兄终弟及"的区别。及至商朝末年,才确立了嫡长子继承制,即正妻所生的长子成为法定的王位继承人。周公继承和发展了这种制度。按宗法制规定,天子按嫡长子继承制世代相传,是天下的"大宗",其他不能继承王位的次子、庶子,也是王族,只能封为诸侯(或卿大夫),是从属于"大宗"的"小宗"。这些诸侯同样按嫡长子继承的原则世代相传,其他次子、庶子则由诸侯另行分封为卿大夫。诸侯对于这些卿大夫来说,又是"大宗",依此类推。士是贵族阶级最低的一层,不再分封。这样,自天子以下,在全国范围内形成了一个宗法系统,其目的在于保持奴隶主贵族的政治特权、财产权不致受到削弱或分散,同时也有利于维系统治阶级的内部秩序,以加强对奴隶和平民的统治。

---

[1]《左传·昭公七年》。

在宗法制下，奴隶主贵族一般说来始终是世袭的。随着历史的发展，作为国王和诸侯手下重要职官的"卿"也变成世袭的。因而形成了"世卿世禄"制。

周公所制之礼，是用来论证这种宗法制度的合理性的。它严格维护着奴隶主贵族所享有的各种特权及其内部上下等级之间的秩序。与这种礼和礼制相适应，周公等西周统治者在政治法律思想方面所实行的，就是以"亲亲""尊尊"为基本原则的礼治思想。

西周初期，奴隶主贵族为了巩固和加强他们的统治，在周公主持下，对以往的宗法传统习惯进行了补充、整理，制定出一整套以维护宗法等级制为中心的行为规范以及相应的典章制度、礼节仪式。

"礼"在殷商时期就有了，但那时它只是一种宗教祭典上的仪式。《说文解字》说："礼，履也，所以事神致福也。"周公等西周统治者把殷礼继承下来，并把它运用于社会的政治、经济和文化领域。周公所制之礼是调整政治、经济、军事、法律、教育、婚姻家庭、伦理道德等方面的行为规则的总和。其中许多规定是用国家强制力来保证执行的，具有法律效力。所以，它是"定亲疏，决嫌疑（疑惑难明的事理），别同异，明是非"[1]的依据；起着"经（治理）国家，定社稷，序（按次第区分）民人，利后嗣（后代子孙）"[2]的重大作用。

第一，礼治的基本原则。周公所制之礼，是维护宗法等级制的工具。它严格维护着奴隶主贵族所享有的各种特权及其内部上下等级之间的秩序。所以，它始终贯穿着这样几个原则，即"亲亲也，尊尊也，长长也，男女有别，此其不可得与民变革者也"[3]。其中，"亲亲"和"尊尊"是它的基本原则。"亲亲"就是必须亲爱自己的亲属，特别是对以父亲为中心的尊亲属（长辈）。亲属之间必须做到父慈、子孝、兄友、弟恭。"尊尊"则要求奴隶和平民服从奴隶主贵族，不得违抗。在贵族内部，下级

---

[1]《礼记·曲礼上》。
[2]《左传·隐公十一年》。
[3]《礼记·大传》。

贵族要服从上级贵族，所有贵族服从周天子，不许犯上，不得僭越。在宗法制度下，"亲亲"和"尊尊"是互相结合的。如果在贵族内部，父子兄弟之间能够做到父慈、子孝、兄友、弟恭，那么犯上作乱之事自可避免。反之，父不慈，子不孝，兄不友，弟不恭，那么小宗就不会服从大宗，下级贵族也不会忠于上级贵族，犯上作乱之事就会发生。因此，周公对违反"亲亲"和"尊尊"原则的行为深恶痛绝，把"不孝不友"视为"元恶大憝（奸恶）"，罪大恶极，要严加惩处，决不宽恕。

周公倡导"亲亲"和"尊尊"，实际上是要维护王权和族权的统治，所谓"天无二日，土无二王，国无二君，家无二尊，以一治之也"，[1]正好道出了它的实质。

第二，礼治的基本特征。周公倡导礼治。礼和刑都是奴隶主贵族的统治手段，但它所适用的对象各有所侧重，即"礼不下庶人，刑不上大夫"，[2]这是礼治的基本特征。所谓"礼不下庶人"，就是说礼主要是用来调整奴隶主阶级内部关系的，庶人以下"遽于事而不备物"。由于他们忙于生产劳动，故没有条件去实行贵族的各种礼仪。所谓"刑不上大夫"，就是说刑罚的锋芒是指向劳动人民，而不是指向奴隶主贵族。

礼与刑在适用对象上虽有所不同，但"礼不下庶人，刑不上大夫"的原则是相对的。礼所规定的义务，庶人必须无条件地遵守。当个别奴隶主贵族严重危害奴隶主阶级的整体利益时，如犯上作乱、"放弑其君""不孝不友""贼杀其亲"等，也要处以刑罚。当然，即使用刑，他们也常常享受各种特殊照顾，如"王之同族有罪不即市"，[3]"公族无宫刑"，[4]"命夫命妇（指大夫和大夫以上的贵族及其正妻）不躬坐狱讼"[5]，等等。

由上可知，无论"亲亲""尊尊"，抑或"礼不下庶人，刑不上大

---

[1]《礼记·丧服四制》。
[2]《礼记·曲礼上》。
[3]《周礼·秋官·小司寇》。
[4]《礼记·文王世子》。
[5]《周礼·秋官·小司寇》。

夫"，实际上都是西周立法、司法的指导原则。它们对西周社会和国家政治生活起着极大的作用。

西周的礼治是建立在"溥（普）天之下，莫非王土；率土之滨，莫非王臣"[1]的土地国（王）有制基础上，用于维护贵族世袭特权和统治人民的整个上层建筑。它实质上就是西周奴隶主贵族专政的代名词。但在当时历史条件下，它所维护的宗法等级制，对于安定社会秩序，巩固一个疆域辽阔的王朝来说，曾起过重要作用。

第二节　周公的"明德慎罚"论

周公等西周统治者吸取了殷商灭亡的教训，感到过分加重刑罚镇压，反而会加剧人民的反抗，危及自己的生存。为了使天命不再转移，周公提出了"明德慎罚"说。在中国法律思想史上，第一次出现了明确地把德和刑结合起来的思想主张。

一、"明德"论

周公十分重视夏、商两代灭亡的教训，时时引以为戒，以免重蹈覆辙。周公说："我不可不监（鉴）于有夏，亦不可不监（鉴）于有殷。"[2]这是说，我们不可不鉴戒夏代，也不可不鉴戒殷代。他认为夏、商在开始时都是"受天命，惟有历年"，后来因为不敬其德，都相继灭亡。所以，周公特别强调统治者要敬德。他在还政于成王时，还谆谆嘱咐成王："王其疾敬德。王其德之用，祈天永命。"[3]现在王该加急认真推行德政，王该用美德，向上帝祈求长久的福命。周公把敬德作为西周王朝当务之急，是想避免殷商由于不敬德而"早坠厥（其）命"的命运，让上天来保佑他们这些敬德的周代统治者。

---

[1]《诗经·小雅·北山》。
[2]《尚书·召诰》。
[3]《尚书·召诰》。

周公的"明德"论的主要内容如下：

第一，统治者应勤政修德，力戒荒淫。所谓"明德"，就是加强自我克制，实行德治的意思。因此，对统治者本身来说，要严于律己，勤于政事，不要荒淫。"君子所其无逸，先知稼穑之艰难，乃逸；则知小人之依。"[1]"依"就是"隐"，也就是"痛"。这是说，君子做官不可贪图安逸享乐。首先了解耕种收获的艰难，然后再逸乐，就会知道小民的疾苦。

第二，要惠民裕民。商朝末年，由于奴隶和平民的武装反抗斗争，使商王朝迅速灭亡。这一事实，使周公等新的当权人物不得不重视人民的力量。周公提出，"民之所欲，天必从之"；[2]"人无于水监（鉴），当于民监（鉴）"。[3]当权者应当顺从小民的欲望，以小民的向背作为一面镜子来察看自己为政的得失。

周公主张，对小民不但不要横征暴敛，必要时对他们要施些恩惠。要像文王那样"怀保小民"，爱护关心孤苦无依的人（"惠鲜鳏寡"），[4]施惠于民。同时，统治者必须宽以待民，即"彼裕我民"[5]，以使远近的民众都来归附，做到"平易近民，民必归之"。[6]

二、"慎罚"论

德政和刑罚是统治阶级统治人民的两种手段。对统治阶级来说，二者并用，相辅相成，缺一不可。周公既主张"明德"，又主张"慎罚"。其"慎罚"论的主要内容如下：

第一，在处刑上要区别情况，分别对待。周公曾告诫康叔："敬明乃罚。人有小罪，非眚（过失），乃惟终（谓终其过而不改），自作不典（法），式尔（如此），有厥罪小，乃不可不杀。乃有大罪，非终，乃惟

---

[1]《尚书·无逸》。
[2]《左传·襄公三十年》引《泰誓》。
[3]《尚书·酒诰》。
[4]《尚书·无逸》。
[5]《尚书·洛诰》。
[6]《史记·鲁周公世家》。

眚灾（因过误而致犯罪），适（偶然）尔，既道极（殛）厥辜（罪过），时（是）乃不可杀。"[1]这主要是说，对犯罪要进行具体分析，根据不同情况分别对待。对那些故意犯罪（"非眚"）和惯犯（"惟终"），要从重处理，虽然是小罪也应处以重刑；对那些过失犯罪（"眚"）和偶犯（"非终"），则应从轻处理，虽然有大罪也可减刑。

第二，反对族株连坐，主张罪止一身。周公反对殷商的"罪人以族"，滥施族刑，强调"父子兄弟，罪不相及"，[2]只惩罚罪犯本人。

第三，反对乱罚无罪，妄杀无辜。周公曾说："奸宄（犯法作乱）杀人，历人宥（宽宥）。"[3]即某地发生杀人案，无关的过路人不承担责任，从而缩小了株连面。为了争取殷商遗民，周公甚至号召："乃湎于酒，勿庸杀之，姑惟教之。"[4]这是说对那些沉溺于酒的殷人，不用杀他们，暂且先教育他们。

第四，刑罚适中。周公说："司寇苏公（指周武王时的司寇苏忿生），式敬尔由狱，以长我王国。兹式有慎，以列用中罚。"[5]这是说司寇苏公规定要认真地处理狱讼案件，以使我们的王国长治久安。现在规定慎上加慎，依据常例，使用中罚。所谓"中罚"，就是刑罚适中，就是用刑"不过"，又无"不及"，刑当其罪。

以上这些思想，在当时世界刑法史上是名列前茅的。当然，周公并非一味讲宽大，也有严的一面。他主张对不忠、"不孝不友"、"寇攘奸宄，杀越人于货"[6]等罪犯严加惩处，"刑兹不赦"，决不宽贷。

周公的"明德慎罚"论，在当时是一种先进的理论，起过积极的作用。它对后世的立法和司法也产生了良好的影响。

西周后期，随着阶级斗争的发展，刑罚日益严酷。如周厉王时，连

---

[1]《尚书·康诰》。
[2]《左传·昭公二十年》引《尚书·康诰》。
[3]《尚书·梓材》。
[4]《尚书·酒诰》。
[5]《尚书·立政》。
[6]《尚书·康诰》。

背后议论君王都构成犯罪,并曾令卫巫"监谤者,以告,则杀之"。[1]结果终于导致国人暴动,加速了西周的灭亡。

思考题

1. 试述西周的礼治及其对后世的影响。
2. 简评周公的"明德慎罚"论。

---

[1]《史记·周本纪》。

第二编 奴隶社会向封建社会过渡的春秋战国时期的法律思想

春秋战国是我国奴隶制瓦解和封建制确立的时期，也是我国古代社会大变革的时代。这一时期，铁器耕作已相当普遍，牛耕也逐渐推广。生产力的发展为新的生产关系的产生创造了条件。奴隶社会开始向封建社会过渡，逐步形成了新的地主和农民两大阶级。

随着新兴地主阶级经济、政治实力的发展壮大，从春秋末期开始，他们就向奴隶主阶级进行了夺权斗争，并一直延续到战国时期。公元前403年，晋国的韩、赵、魏"三家分晋"；公元前386年齐国的"田氏代齐"，都是这种斗争的表现。到战国中期，当时的"七雄"（秦、齐、楚、燕、韩、赵、魏）相继建立了封建地主阶级专政的政权。

社会存在决定社会意识。春秋战国时期激烈的社会变革反映在思想领域中，就出现了"诸侯异政，百家异说"的局面。当时，反映各个阶级、阶层的要求和愿望的思想家、政治家，都针对社会变革中所出现的重大问题发表意见，提出自己的治国方案，"各著书言治乱之事，以干世主"。[1]于是各种学派便接踵而起，各种思潮纷纷出现，形成了我国古代思想最活跃的局面，史称"百家争鸣"。

所谓"百家"是极言其学派之多，如儒家、墨家、道家、法家、阴阳家、名家、农家、纵横家、兵家、杂家等。其中，儒、墨、道、法是最主要的学派，尤其以儒、法两家对法律的影响最大。当时，各学派的代表人物对法的起源、性质、特征和作用，法的制定和执行，以及法与政治、经济、军事、文化教育、伦理道德的关系等，都在不同程度上提出了自己的见解，在有些方面还有系统的论述。他们都"言之成理，持

---

〔1〕《史记·孟子荀卿列传》。

之有故",在中国法律思想史上放射出灿烂的光辉。

春秋战国时期的变革,从制度上说,是由礼制到法制的变革;从政治法律思想上说,是由礼治到"法治"的变革。

第三章
春秋时期革新家的法律思想

内容分析和要点提示

本章主要阐述了春秋时期三位革新家管仲、子产、邓析的法律思想。他们三人分属于三种类型。管仲代表奴隶主贵族中主张改革的人物；子产代表由奴隶主贵族转化而来的封建贵族；邓析代表非贵族的新兴地主阶级。因此，他们三人的法律思想也表现出较大的差异，学习时应加以注意。我们应重点掌握他们的革新思想主张的内容和特点，了解他们对西周礼治改革的主张。

本章的基本知识、基本理论有：（1）管仲改良旧法的思想主张。（2）管仲对周礼的继承和改造。（3）管仲"作内政而寄军令"的主张。（4）管仲的立法思想。（5）子产对礼治的继承和改造。（6）子产改革内政的主张。（7）子产"铸刑书"及其历史意义。（8）子产的宽猛相济论及其对后世的影响。（9）邓析的"不法先王，不是礼义"说。（10）邓析私造《竹刑》及其意义。

本章的基本概念有：（1）国之四维。（2）三国五鄙。（3）四民分居定业。（4）令顺民心。（5）与民分货。（6）仓廪实则知礼节，衣食足则知荣辱。（7）都鄙有章，上下有服。（8）铸刑书。（9）宽猛相济。（10）不法先王，不是礼义。（11）私造《竹刑》。

第一节 春秋时期社会变革的兴起

春秋时期，奴隶制日趋瓦解，封建制开始兴起。这些首先是由于生产力发展所造成的。具体地说，当时铁器的使用和牛耕的推广，对社会生产的发展起了决定性作用。

据《国语·齐语》记载，管仲曾向齐桓公建议："美金以铸剑、戟，试诸狗马；恶金以铸鉏（同锄）、夷、斤、斸（大锄），试诸壤土。"这里所讲的"美金"是指铜，"恶金"是指铁。这说明，齐国在春秋初期已使用铁器耕作。春秋末期，晋国已用铁铸刑鼎，著录范宣子所作的"刑书"。由此可见，铁在晋国的应用也已相当普遍。铁器的使用具有重大意义，它使耕作更大面积的农田，开垦更广阔的森林地区成为可能；也给手工业工人提供了更坚固和锐利的工具。

在普遍使用铁器的同时，牛耕也逐步推广起来。据《国语·晋语》记载，晋国的范氏、中行氏把祭祀用的耕牛用来耕田。孔子的学生司马耕，字子牛；冉耕，字伯牛。牛与耕相连作为人名，可见牛耕已成为当时的普遍现象。

铁器的普遍使用和牛耕的推广，促进了农业技术的改革，大大提高了社会生产力，为新的生产关系的出现和发展创造了条件。

随着社会生产力的发展，特别是农业生产力的发展，奴隶制的生产关系显得越来越陈旧腐朽，生产力与生产关系的矛盾日益激化起来。据史籍记载，当时的鲁国，"民困于下，怠于公事。"[1]齐国是"民三其力，二入于公，而衣食其一。公聚朽蠹，而三老冻馁"。晋国的情况是"庶民罢（疲）敝，而宫室滋侈"，"民闻公命，如逃寇仇"。[2]可见，奴隶主贵族的统治已十分腐朽，奴隶制生产关系已经成为束缚生产力的桎梏，它必将为新的生产关系所代替。

在阶级社会中，生产力和生产关系的矛盾，必然表现为激烈的阶级斗争。春秋时期，就曾出现"盗贼击夺以危上矣"[3]的局面。奴隶和平民反抗奴隶主的斗争十分频繁。特别是春秋末年跖领导的奴隶起义，声

---

[1]《盐铁论·取下》。
[2]《左传·昭公三年》。
[3]《荀子·正论》。

第二编　奴隶社会向封建社会过渡的春秋战国时期的法律思想

势浩大,"横行天下","所过之邑,大国守城,小国入保(堡)"。[1]这些斗争给奴隶主贵族统治以沉重打击,从根本上动摇了腐朽的奴隶制,为新兴封建生产方式的出现开拓了道路。

随着农业生产力的提高,一些奴隶主开荒拓土,出现了私田,破坏了奴隶制的井田制度。奴隶主乃抛弃了奴隶制的剥削方式,而代之以封建主义的剥削方式。这部分奴隶主转化成了地主,奴隶成了农奴或佃农,他们的人身有了部分的自由,劳动的兴趣也有了相对的提高。

由于私田日益增多,并出现了"私门富于公室"的现象。一些诸侯国为了增加收入,解决财政困难,不得不承认私田的合法性,并开始对私田征税。例如,公元前594年,鲁国实行"初税亩";公元前548年,楚国实行"量入修赋";公元前538年,郑国实行"丘赋"。这些按土地收税的措施,意味着从法律上承认土地私有制。这样,就逐渐瓦解了奴隶制生产关系的基础,加速了封建生产关系的形成和发展。

然而,私田虽然合法了,可是从此却要征税了。新兴地主当然不愿意自动放弃自己的一部分经济利益,于是他们和"公室"的斗争也就更加尖锐起来。发展的结果,就是代表新兴地主阶级的"私门",从奴隶主阶级手里夺取政权。这种夺权斗争,从春秋后期开始,一直延续到战国时期。

社会存在决定社会意识,春秋时期开始的社会大变革,必然要反映到思想领域中来。

春秋以前,官是世官,学是世学,典章制度既为奴隶主贵族所专有,学术文化也为他们所垄断,一般平民不得与闻。到春秋时,随着政治、经济情况的变化,原来"学在官府"的局面便被打破,私学日兴,涌现出一大批知识分子,形成"士"的阶层。他们著书立说,四处游说,充当各派政治势力和各国诸侯的谋士。实际上,他们是当时各个阶级或阶层在思想战线上的代言人。他们之间的争鸣,也就是当时的阶级斗争在

---

[1]《庄子·盗跖》。

意识形态领域的表现。

最先开游士之风的有名人物当推孔子。他聚徒讲学，据说有"弟子三千，贤人七十"。其弟子中不少人游说诸侯，当了谋士、宰臣。其后相继而起的游士很多。例如，墨子往来大江南北，其门徒遍于宋、郑、齐诸国；孟子"后车数十乘，从者数百人"；农家许行之徒也有数十人。其他如法家、纵横家、阴阳家等也各持主张，游说诸侯。他们的主张多数都重在改革现状，其才能也多胜过行将没落的贵族。

当时各国欲图强争存的国君，都不得不竞相招引这些士人，甚至委以卿相之任。春秋时期，著名的主张革新的政治家、思想家当数管仲、子产、邓析。他们三人分属于三种类型，管仲代表奴隶主贵族中主张改革的人物，子产代表由奴隶主贵族转化而来的封建贵族，邓析代表非贵族的新兴地主阶级。同样，他们的法律思想也表现出很大的差异。

第二节 管仲修旧与改良的法律思想

管仲（约公元前723—前645），即官敬仲，名夷吾，颍上（今安徽颍水之滨）人，春秋初期齐国著名的政治家和思想家，先秦法家的先驱者。他早年贫困，曾经过商。公元前685年齐桓公即位，任命管仲为卿。管仲辅佐齐桓公40年，励精图治，在政治、经济、军事等方面进行了一系列改革，"以区区之齐在海滨，通货积财，富国强兵"，[1]终于使齐国独霸中原，"九合诸侯，一匡天下"，[2]奠定了以后齐国经常"强于诸侯"的基础。管仲的政治法律思想影响深远。在他死后百余年，孔子还赞叹说："管仲相桓公，霸诸侯，一匡天下，民到于今受其赐。"[3]

《管子》一书，相传为管仲所撰，实际上，"《管子》非一人之笔，

---

[1]《史记·官晏列传》。
[2]《史记·齐太公世家》。
[3]《论语·宪问》。

亦非一时之书"。[1] 它是先秦管仲学派的一部集体著作，只有少部分篇章是管仲自己的作品，其他则为战国后期及其后学者托名于他而写的著作。

管仲的改革是从政治法律制度着手的。他在回答齐桓公"安国若何"的问题时，提出了"修旧法，择其善者而业用之，遂滋民与无财，而敬百姓"[2] 的主张。"业"，韦注："犹创也。"可见管仲对旧法不是简单地革除或废置不用，而是择其善者而创造性地加以运用。同时，其也注重对百姓的生计问题的解决。

一、四民分居定业论

管仲在全国建立了乡、邑等由国君直接管辖的地方行政组织，"参（三）其国而伍（五）其鄙"[3]。"参（三）其国"是将国都划分为士、工、商三部分，"制国以为二十一乡，商工之乡六，士农之乡十五"[4]；"伍（五）其鄙"是将郊野划分为五属，都是农业人口。对各乡、属分别设官管理，以便"定民之居"和"成民之事"。

所谓"定民之居"，则为制定士、农、工、商的居住地区，规定按职业世代相袭，不许他们随便迁徙或杂处。管仲认为，让士、农、工、商分别集中居住，使人们从小生活在一定的职业环境之中，在父兄的熏陶下，不仅能"少而习焉，其心安焉，不见异物而迁焉"，还能"父兄之教，不肃而成；其子弟之学，不劳而能"。于是便能做到"农之子恒为农""工之子恒为工""商之子恒为商"。这就是管仲的职业世袭制。

二、"仓廪实则知礼节"说

管仲认为，发展社会经济对于国家的稳定极端重要，特别是发展农业生产，更是国家富强的根本条件。他说："凡有地牧民者，务在四时，

---

[1]《诸子集成五·管子文评》。
[2]《国语·齐语》。
[3]《国语·齐语》。
[4]《管子·小匡》。

守在仓廪（意为保证粮食贮备）。国多财则远者来，地辟举（意为全面开垦）则民留处；仓廪实则知礼节，衣食足则知荣辱。"[1]所谓"牧民"，是统治人民或治理人民的意思。在管仲看来，只有大量开垦土地，发展农业生产，解决人民的衣食问题，然后才谈得上要人民遵守礼义法度。这说明管仲已经把社会物质生产和物质生活看成是政治、道德的基础，其重要性还超过政治和道德。

在上述思想指导下，管仲反复强调统治者必须采取奖励生产的政策。他说："不务天时则财不生，不务地利则仓廪不盈。野芜旷则民乃荒。"相反，如果"务五谷，则食足。养桑麻育六畜，则民富"。他要求统治者无夺民时，"山泽各致其时"。[2]因为五谷、桑麻、林木、鸟兽、鱼鳖等各有其生产季节，不能耽误。这反映管仲对利用自然规律、发展生产的重视。

从上可知，法家先驱管仲重礼义教化的主张，显然同战国时期商鞅等法家代表人物的重刑罚观点有所不同。

三、政治法律"在顺民心"的主张

春秋时期，随着井田制的瓦解和私田的大量出现，产生了"隐民""私徒属""宾荫"等封建依附农民。他们有一定的人身自由，已不再是奴隶主可以任意杀戮和买卖的奴隶了。相对来说，他们的地位比奴隶有所提高。管仲"顺民心"的民本主义思想，正是在这种社会条件下产生的。他明确提出"以人为本""以百姓为天"的思想主张。他对齐桓公说："所谓天者，非谓苍苍莽莽之天也。君人者，以百姓为天。百姓与之则安，辅之则强，非之则危，背之则亡。"[3]在一定程度上，管仲已认识到人民反抗力量的强大，认识到它关系国家的兴衰安危，不可不慎重对待。因此，他认为统治者施政立法，应当顺应民心，"量民力"，从民所

---

[1]《管子·牧民》。
[2]《国语·齐语》。
[3]《说苑·建本》。

欲。即所谓"政之所兴，在顺民心；政之所废，在逆民心"。[1]

那么，何为民心之所欲？统治者推行什么样的政策法令才能顺应民心？对此，管仲作了明确的回答："民恶忧劳，我佚（逸）乐之；民恶贫贱，我富贵之；民恶危坠，我存安之；民恶灭绝，我生育之。"[2]统治者只有做到这几点，才能得到相应的报答，这就叫"予之为取"。他说："能佚（逸）乐之，则民为之忧劳；能富贵之，则民为之贫贱；能存安之，则民为之危坠；能生育之，则民为之灭绝……故知予之为取者，政之宝也。"[3]

可见，管仲"顺民心"的思想主张完全是从统治者的利益出发的，是一种"予之为取"的统治人民的方术，而不是他一再声称的所谓"慈爱百姓"。当然，他主张要"滋民于无财"，给人民以实际利益，使人民的物质欲望得到一定程度的满足，由此实现国家的富强和社会的安定，这种观点是可取的。

四、赏罚论

管仲是礼法并用的倡导者，认为治国固然应以礼义为根本，但同时必须用法律来约束人民。《权修》篇载："厚爱利，足以亲之；明智礼，足以教之。上身服以先之，审度量以闲（防范）之，乡置师以说道（导）之。然后申之以宪令，劝之以庆赏，振（震）之以刑罚。故百姓皆说（悦）为善，则暴乱之行无由至矣。"这反映了管仲的先礼后法、礼法并用的思想。他主张先进行礼义道德教化，然后用法令来约束，用奖赏来劝勉，用刑罚来威慑，这样才能使人民为善去恶，也才能治理好国家。

（一）"法者，将用民力者也"

管仲强调法的作用，认为凡是治理人民的，都要求人民服从驱使；

---

[1]《管子·牧民》。
[2]《管子·牧民》。
[3]《管子·牧民》。

而要人民服从驱使,就不可不重视法的作用。"法者,将立朝廷者也。将立朝廷者,则爵服不可不贵也……法者,将用民力者也。将用民力者,则禄赏不可不重也……法者,将用民能者也。将用民能者,则授官不可不审也……法者,将用民之死命者也。用民之死命者,则刑罚不可不审。"[1]这主要是说,君主的法是用来建立朝廷权威的,是用来驱使人民出力的,是用来利用人民才能的,是用来决定人民生死的。一句话,君主行法,是为了使自己有权威,能够令行禁止。

(二)"劝之以庆赏,纠之以刑罚"

齐桓公即位时,询问管仲富国强兵之策,管仲明确提出"劝之以庆赏,纠之以刑罚"[2]的主张,要求桓公颁布各项法令、制度,凡遵守法令的给予赏赐,违法乱纪的处以刑罚。管仲把赏和刑看作君主手中的两种权柄,是治国不可缺少的重要工具。在奴隶制向封建制转变的历史过程中,管仲是第一个主张实行"赏刑二柄"的政治家。在他看来,实行赏刑并用的政策,就能收到"百姓皆说(悦)为善,则暴乱之行无由至矣"的成效。

在实施刑罚时,管仲强调要慎刑慎杀。他认为,法律既然是用来决定人们生死的,那就不可不审慎地使用刑罚。否则,就会出现杀戮无辜和赦免有罪的偏差。然而,管仲刑赏并用主张的实质,在于使人民畏惧刑罚,老老实实地服从统治。《国语·晋语》记载齐桓公的女儿、晋文公夫人对晋文公说:"昔管敬仲有言,小妾闻之曰:畏威如疾,民之上也;从怀如流,民之下也;见怀思威,民之中也。畏威如疾,乃能威民;威在民上,弗畏有刑;从怀如流,去威远矣,故谓之下。"管仲这种"畏威如疾"的思想,就是后来法家"以刑治则民威(畏)"的法律思想的萌芽。

(三)"禄贤能"

管仲认为,要治理好国家,就必须打破宗法"亲亲"的界限,实行

---

[1]《管子·权修》。
[2]《国语·齐语》。

"禄贤能"。他执政后不久,即向齐桓公荐举隰朋、宁戚、王子城父、宾胥无、东郭牙等五人为大臣,共同治理国家。这在《小匡》篇中有详细的记载,由于管仲的影响,齐桓公重视"赡贫穷,禄贤能"。[1]

据《国语·齐语》记载,管仲任用官吏时,强调要惩处那些"蔽贤"不法的人。他对"蔽明""蔽贤""不用上令"和结党营私的官吏,都在"其罪五"之列,要按照五刑的规定加以惩处。对那些"寡功""政不治"的官吏,"一再则宥,三则不赦",务使官吏各尽其职。当然,管仲用人政策的重点是"禄贤能"。他主张按劳绩给予禄赏,有劳绩而没有禄赏,人们就会离心离德;劳绩多而禄赏少,人们就不肯努力;劳绩少而禄赏多,人们就弄虚作假;无劳绩而空得禄赏,人们就贪图侥幸。

总的看来,管仲的改革及其法律思想,已超越了传统的礼制范围,并对后世产生了深刻的影响。

第三节 子产的立法救世思想

子产(?—前522),姓公孙,名侨,字子产。因居东里,又称东里子产。其父公子发(子国)为郑简公时执政大夫之一,任司马。子产年少时,聪颖好学,议论国是,颇有见地。20岁左右,曾参加平定国内公族的叛乱;28岁左右被立为卿,参与国政。公元前542年,郑相子皮授子产政,子产相郑简公。他执政20余年期间,进行作封洫、制丘赋、铸刑书三大改革,取得了很大成绩。

子产生活在春秋后期,比管仲晚100多年。由于他充分施展自己的政治才能,使郑国国力大为增强,为郑国新兴地主阶级势力的发展开辟了道路。从子产的改革和一系列言论来看,他是一个由奴隶主贵族转化而来的封建贵族,其生平及言论,散见于《左传》《史记》《国语》等著作中。

---

[1]《史记·齐太公世家》。

一、以礼治民与宽猛相济说

春秋时期，随着奴隶制向封建制的演变，礼也发生了变化。子产对礼进行改造，突出地表现为从理论上对礼作了系统的阐述。子产死后，其继任者子大叔回答晋赵简子问礼时说："吉（游吉，即子大叔）也闻诸先大夫子产曰：夫礼，天之经也，地之义也，民之行也。天地之经，而民实则之。则天之明，因地之性，生其六气，用其五行，……淫则昏乱，民失其性，是故为礼以奉之。"[1]我们从子产对礼的解释中，可以看出他在一定程度上已赋予礼以新的阶级内容。

第一，礼要下庶人。子产所倡导的礼和旧的"礼不下庶人"不同，要求"民之行也""民实则之"。为了防止"民失其性"，所以要"奉之以礼"。很明显，这已冲破了"礼不下庶人"的界限。

第二，礼法并用。子产虽然主张要有上下尊卑的等级制度和伦理道德观念，但也把这些与"刑罚""威狱""信令""赏罚"等制度并提，[2]实际上是主张治国必须礼法并用。所以说，在子产的治国理论中，"法治"思想已占有一定地位。

子产除主张以礼治民和对民实行"惠民""抚民"的宽宏之政外，也主张采取"猛"政，以对付人民的反抗。他临终时，特别告诫其继任者子大叔，为政必须"宽猛相济"。据《左传》载，子产曾说："我死，子必为政。唯有德者能以宽服民，其次莫如猛。夫火烈，民望而畏之，故鲜死焉。水懦弱，民狎而翫（玩）之，则多死焉，故宽难。"[3]子产提出的这种"宽猛相济"的思想，对后世有较大影响。后来一些思想家、政治家提出的礼法结合，"文武并用"等思想主张，都包含有"宽猛相济"的意思。

---

[1]《左传·昭公二十五年》。
[2]《左传·昭公二十五年》。
[3]《左传·昭公二十年》。

二、对田制、军赋的改革主张

据《左传·襄公三十年》记载:"子产使都鄙有章,上下有服,田有封洫,庐井有伍。"所谓"田有封洫",是子产继续前20年其伯父子驷"为田洫"的未竟之业。当时,执政者子驷曾因"为田洫"而侵犯了旧贵族的利益,被旧贵族杀害。"子驷为田洫,司氏、堵氏、侯氏、子师氏皆丧田焉。故五族聚群不逞之人,因公子之徒以作乱。于是子驷当国,子国为司马,子耳为司空,子孔为司徒。冬十月,戊辰,尉止、司臣、侯晋、堵女父、子师仆帅贼以入,晨攻执政于西宫之朝,杀子驷、子国、子耳,劫郑伯,以如北宫。子孔知之,故不死。"[1]面对这样空前的变乱,子产非常沉着,指挥若定,"为门者,庀群司,封府库,慎闭藏,完守备,成列而后出,兵车十七乘,尸而攻盗于北宫。子蟜帅率国人助之"[2],很快平定了变乱。但由于"众怒唯犯",子产又不得不"焚毁载书以安众"。这次田制改革没有成功。

子产执政后所实行的"田有封洫"就是子驷"为田洫"的继续。他执政的头一年,就首先从田制改革入手,整理井田间的疆界和沟洫,重新编制公私田亩和居民住户。其主要目的在于承认田地私有,在私田上按亩征税。这一改革有助于农田的灌溉、提高农业产量、增加国家收入,在客观上为新兴地主阶级实行封建剥削提供了有利条件。

继作封洫后,子产为适应当时形势的需要,又"作丘赋",[3]对军赋进行改革。以前,郑国的军赋只是实行对兵役的征发,至于车马兵甲等军需费用,则和祭祀等费用一起同出于籍田中。子产所作的丘赋,除扩大了车兵、徒卒等兵役的征发外,又开始了车马兵甲等费用的征收。其具体办法是:"丘,十六井,当出马一匹,牛三头,今子产别赋其田,如

---

[1]《左传·襄公十年》。

[2]《左传·襄公十年》。

[3]《左传·昭公四年》。

鲁之田赋。"[1]这种办法是按田地的多少，向田地主人征收军赋。这是符合当时土地制度改革的要求的。它保证了国家军费的收入，扩大了兵源，从而增强了郑国的军事实力。对土地主人来说，虽然增加了一些负担，但自己的土地所有权得到承认。

三、公布成文法

子产在田制和军赋改革的基础上，于公元前536年铸刑书，把成文法的条文铸在铁鼎上，公布于众。在中国历史上，这是第一次公布成文法。当时晋国贵族叔向写了一封长信给子产，表示坚决反对。刑书早已失传，但从此信中可以窥测到它的一些内容。叔向说："……先王议事以制，不为刑辟，惧民之有争心也……民知有辟，则不忌于上；并有争心，以征于书，而徼幸以成之，弗可为矣……今吾子相郑国，作封洫，立谤政，制参（三）辟，铸刑书，将以靖民，不亦难乎……民知争端矣，将弃礼而征于书。锥刀之末，将尽争之，乱狱滋丰，贿赂并行。终子之世，郑其败乎！"[2]从叔向的信中，反映出铸刑书是子产的一项重大政治法律改革措施，它具有巨大的历史意义。

第一，刑书改革了完全凭统治者临事擅断的制度，开创了公布成文法的先例。子产把刑律铸在鼎上，公布成文法，罪与非罪、犯什么罪定什么刑，都有了比较固定的标准。这改变了无成文法可依的状态，在一定程度上限制了旧贵族的特权。

第二，刑书承认和保护私有权，从而有利于封建经济的发展。公元前542年子产执政后即开始经济政治改革，6年之后才铸刑书。这正说明它是为了解决其经济政治改革所引起的新的矛盾，是为了维护和巩固田制和军赋改革的成果。所以说，刑书有承认和保护私有权的内容。

第三，刑书给了民众以新的地位。刑书冲破了可以任意杀戮民众的

---

[1]《左传·昭公四年》，杜预注。
[2]《左传·昭公六年》。

奴隶制法制，给了"民"以新的地位，使他们能抛弃周礼的束缚，在合法范围内"争之"，并力图取得胜利。

子产铸刑书，公布成文法，适应了历史发展的趋势，其影响至为深远。其后，各国也相继公布了成文法。可以说，子产的刑书为封建法制奠定了一定的基础。

第四节 邓析的不法先王、否定礼义思想

邓析，郑国人，生年不详，卒于公元前501年。关于他的生平事迹，我们知道得很少，只能从《左传》《荀子》《吕氏春秋》《列子》《说苑》等书所保存的片断史料中，看到一个轮廓。他约与子产、孔子同时。子产在郑国执政时，他也是郑国大夫。公元前501年，邓析被郑国执政驷颛杀害。这一年，距子产死亡已21年，比孔子之死早22年。

邓析是我国历史上第一部法家私人法典——《竹刑》（一部写在竹简上的法律）的编著者。据说他办私学，以所著《竹刑》教人，宣传法治，向他"学讼者不可胜数"。可惜《竹刑》已失传，人们无法知其内容了。

《汉书·艺文志》著录《邓析》二篇，已失传。今本《邓析子》系后人托名所作。这部《邓析子》中有不少关于法律思想的论述，所以《四库全书总目提要》说："其书（指《邓析子》）《汉志》作二篇，今本仍分《无厚》《转辞》二篇，而并为一卷，然其文节次不相属，似亦掇拾之本也。其言如天于人无厚，君于民无厚，父于子无厚，兄于弟无厚，势者君之舆，威者君之策，则其旨同于申、韩。如令烦则民诈，政扰则民不定，心欲安静，虑欲远深，则其旨同于黄老。然其大旨主于势统于尊，事核于实，于法家为近。"这个论断是很中肯的。

今本《邓析子》虽然系后人托名所作，但其中有些观点却源于邓析。

一、反礼义论

春秋后期，随着新兴封建势力的日益发展，开始出现反对维护贵族特权的礼治的思想。邓析是当时最激进的革新派，他不但反对奴隶主贵族的礼治，而且也反对继承了周礼传统，以子产为代表的封建贵族所推行的礼制、禁令，明确提出了"不法先王，不是礼义"的主张。荀子说："不法先王，不是礼义，而好治怪说，玩琦辞，甚察而不急，辩而无用，多事而寡功，不可以为治纲纪；然而其持之有故，其言之成理，足以欺惑愚众。是惠施、邓析也。"[1] 所谓"不是礼义"，就是反对礼义。邓析"不法先王，不是礼义"的主张，和儒家"祖述尧舜，宪章文武"的主张是针锋相对的。儒家宣扬"法先王"，把希望寄托在先王身上。邓析则认为，"法先王"只能造成政治混乱，不适合时代的需要，不能以先王之制为法。

"不法先王"和"不是礼义"密切联系。反对"法先王"，必然反对先王所主张的礼义道德。邓析同旧的礼治大唱反调，积极帮助民众打官司，提出了"以非为是，以是为非"的主张。《吕氏春秋·离谓》说："子产治郑，邓析务难之。与民之有狱者约：大狱一衣，小狱襦袴（裤），民之献衣襦袴（裤）而学讼者不可胜数。以非为是，以是为非，是非无度，而可与不可日变。所欲胜，因胜。所欲罪，因罪。郑国大乱，民口讙哗（哗）。"由此可见，邓析对于当时子产所进行的某些改革很不满意，所以他"数难子产之政"。其不满意的原因，大概是子产仍然保留了一些周礼的传统，改革不彻底，所以邓析非难子产，从而使子产感到难于应付。邓析把当政者认为"非"的看成"是"，"是"的看成"非"，是非没有一定标准，肯定否定变化无常。这样，必然冲击当时的社会秩序，"民口讙哗（哗）"，郑国大乱起来。

邓析及其后学反对儒家的礼义道德是不遗余力的。他们明确指出：

---

[1]《荀子·非十二子》。

"阇（暗）则不任也，慧则不从也，仁则不亲也，通则不近也，信则不信也，不以人用人。"[1]这是公开对儒家倡导的慧、仁、勇、信等道德观念的否定。他们揭露儒家的礼义是"淫辞之端""别言异道"，并坚决地表示："何方之道不从，面从之义不行，治乱之法不用。"[2]

二、私造《竹刑》

邓析还是一位主张进行刑法改革的人物。他编著的《竹刑》，是用以对抗旧礼制的。《列子·力命》说："邓析操两可之说，设无穷之词。当子产执政，作《竹刑》，郑国用之，数难子产之治。"晋人杜预在《左传》注中也说："（邓析）欲改郑所铸旧制，不受君命，而私造刑法，书之于竹简，故言竹刑。"[3]由此可见，其一，邓析的"欲改旧制"和"不法先王，不是礼义"的主张，其基本精神是一致的。从当时的历史情况来分析，邓析这部有别于郑国旧制的《竹刑》，一定是一部体现新兴地主阶级意志的刑法。而子产的《刑书》可能在否定旧制方面不够彻底，有些疏漏的地方，所以邓析"欲改郑所铸旧制"。其二，邓析编著《竹刑》，"不受君命，而私造刑法"，即未经郑国官方授权和正式批准，而是以私人身份来编著法律。这在中国古代法律史上是一种创造，并反映出邓析的勇敢和革新精神。

思考题

1. 试述管仲在政治法律上革新思想的主要内容。
2. 为什么说子产"铸刑书"在中国法律史上具有重要意义？

---

[1]《邓析子·转辞》。
[2]《邓析子·无厚》。
[3]《左传·定公九年》，杜预注。

第四章

儒家的法律思想

内容分析和要点提示

本章主要阐述了儒家的法律思想以及先秦儒家三个代表人物——孔子、孟子、荀子的法律思想主张。本章是"中国法律思想史"课程最重要的章节之一,应注意全面掌握。由于孔、孟、荀所处的历史时代不同,其法律思想也有较大差异。孔子的思想是以"仁"为核心,孟子是以"仁政"为核心。到了战国末年的荀子,则将法家的"法治"思想纳入儒家的思想体系,形成"隆礼"重法的礼法结合论。

本章的基本知识、基本理论有:(1)儒家"为国以礼"的礼治论。(2)儒家"为政以德"的德治论。(3)儒家"为政在人"的人治论。(4)孔子"仁者,爱人"的思想。(5)孔子的礼治论。(6)孔子的德治论与重义轻利的价值观。(7)孟子的"仁政"说。(8)孟子的"仁政"主张在法律思想上的体现。(9)荀子的"隆礼"论。(10)荀子的重法论。

本章的基本概念有:(1)"为国以礼"。(2)"为政以德"。(3)"为政在人"。(4)"仁者爱人"。(5)德主刑辅。(6)"身正令行"。(7)"仁政"。(8)民贵君轻。(9)"暴君放伐"。(10)"明分使群"。(11)"隆礼"重法。(12)"有治人,无治法"。

第一节 儒家学派及其法律思想概述

先秦儒家,是一个宗师孔子、信奉孔子学说的学派。

第二编　奴隶社会向封建社会过渡的春秋战国时期的法律思想

春秋末期的孔子是儒家学派的创始人。孔子死后，儒分八派。"自孔子之死也，有子张之儒，有子思之儒，有颜氏之儒，有孟氏之儒，有漆雕氏之儒，有仲良氏之儒，有孙氏之儒，有乐正氏之儒。"[1]虽分八派，但只有孟氏一派（思孟学派）和孙氏一派（孙氏即孙卿，也就是荀子）得以传承，这两派是先秦儒家中影响较大的派别。而孟子和荀子是孔子之后先秦儒家中的两个著名代表人物。

虽然孔、孟、荀同属儒家，但因其生活时代的不同，他们的思想主张也有较大差异。孔子生活在春秋末期，正是奴隶制分崩离析、封建制逐渐兴起的时期。当时"礼坏乐崩"，但孔子仍然主张维护礼治，从而不可避免地表现出一些保守思想。但他又察觉到时代潮流之不可抗拒，要求改革周礼，以缓和统治者和人民的矛盾，减轻对人民的剥削和压迫。因而其提出了许多具有积极意义的思想主张。孟子所处的战国中期，新兴的封建制已在各主要诸侯国建立。他在一定程度上能适应时代变化，提出"仁政"学说。但他所代表的是由奴隶主转化而来的封建贵族的利益，所以其思想体系中充满着新旧矛盾。荀子生活在战国后期，正是由"诸侯割据称雄的封建国家"走向"专制主义的封建国家"的前夜。诸子百家的政治法律主张，经过检验证明，儒家那套德治、仁政主张，已显得"迂阔"。而法家"以法治国"的学说，在各国变法运动中却显示出巨大的威力和功效。现实给荀子以强烈影响，他抛弃儒家学说中一些不合时宜的思想，批判地吸收各家的精华，特别是把法家的"法治"思想纳入儒家思想体系，从而形成一套既"隆礼"又重法的治国理论。实际上，他是以儒为主，使儒法合流、礼法统一的先行者。

儒家法律思想的主要内容如下：

第一，仁学与仁政说。孔子建立了以"仁"为核心、以"复礼"为目的的思想体系，作为整个儒家的理论基础。他主张"仁者，爱人"，[2]

---

[1]《韩非子·显学》。

[2]《论语·颜渊》。

"泛爱众",[1]抨击暴政,反对人殉。

孟子、荀子适应时代的变化,将孔子仁学发展为更为完整的王道仁政说。

孟子认为人的本性是善的,生来就具有所谓"不忍人之心",诸侯国君也不例外。如果"扩而充之,推而广之",[2]运用到政治上就是王道或仁政。他主张用仁政统一天下,其具体办法是"省刑罚,薄税敛""为民制产""申之以孝悌之心",等等。

荀子继承了儒家的王道仁政主张,又吸收了法家行之有效的霸道思想,提出"仁眇(高远,下同)天下,义眇天下,威眇天下"[3]的主张,即采用以仁义为主,以兵威为辅的方法统一天下。

第二,维护君权说。孔子学说严等差,贵秩序,主张遵守"君君、臣臣"的宗法等级名分。其首创"正名",[4]以纠正违反等级名分以及"臣弑君"的混乱现象。

孟子也主张维护君权,但他懂得"得乎丘民"才能为天子的道理,明确提出了"民贵君轻"说,认为"民为贵,社稷次之,君为轻"。[5]他劝告君王首先要争取民心,只有获得民心,才能夺得政权,巩固自己的统治。至于昏君、暴君,则可以放逐,可以讨伐。[6]

荀子适应战国末年的形势,主张建立"尊无上""势至重"[7]的君主集权制度。但他反对君主独裁,要求君主把处理国家事务的权力交由宰相代为行使。

第三,维护等级特权的礼治论。孔子主张"为国以礼",[8]实行礼治,使"君子"和"小人"各自遵守一定的行为规范。为了维护等级特

---

[1]《论语·学而》。
[2]《孟子·梁惠王上》。
[3]《荀子·王霸》。
[4]《论语·子路》。
[5]《孟子·尽心下》。
[6]《孟子·梁惠王下》。
[7]《荀子·君子》。
[8]《论语·先进》。

权,在法律上他主张"为亲者隐""为尊者讳",并反对使贵族的特权受到一定限制的"铸刑鼎"。[1]

孟子认为,"无礼义则上下乱",[2]主张君臣、父子、兄弟、夫妇各守其礼。他的理想社会,仍然是天子、诸侯、大夫、士、庶人宝塔式的等级森严的社会,强调维护封建贵族的特权。

荀子对儒家的礼作了新的解释,赋予它以封建等级制的内容。他认为,礼是"强国之本"[3],人人都须按照礼所规定的等级名分分享权利和物质利益,"使有贵贱之等""使人载其事而各得其宜"。[4]

第四,德主刑辅论。儒家主张"为政以德"[5],以德服人,反对"以力服人"[6];提倡教化,注重道德的感化作用,轻视法律及其强制作用,反对"不教而诛"。但他们并不否定刑罚,认为"化之弗变,导之弗从,于是乎用刑矣"。[7]实际上,他们主张采用"宽以济猛,猛以济宽"[8]的两手统治方法。一般说来,儒家总认为刑罚是道德教化的辅助手段,后人把它归结为德主刑辅。

第五,论法与刑。孔子要求"君子怀刑",[9]即统治者应关注法度。他认为"礼乐不兴,则刑罚不中",[10]只有遵循礼的原则,使用刑罚才能适当。他主张"赦小过",[11]反对滥刑滥罚。

孟子要求统治者"省刑罚",主张"罪人不孥"[12],即只惩罚本人,而不株连妻室儿女。他认为"杀一无罪,非仁也",[13]故对待死刑尤须慎

---

[1]《左传·昭公二十九年》。
[2]《孟子·离娄上》。
[3]《荀子·议兵》。
[4]《荀子·荣辱》。
[5]《论语·为政》。
[6]《孟子·公孙丑上》。
[7]《孔子家语·刑政》。
[8]《左传·昭公二十年》。
[9]《论语·里仁》。
[10]《论语·子路》。
[11]《论语·子路》。
[12]《孟子·梁惠王下》。
[13]《孟子·尽心上》。

重，详加考察。他也主张仁义道德和法度相配合，"徒善不足以为政，徒法不能以自行"[1]；但"小人"容易犯刑，治国者应"明其政刑"。[2]

荀子是先秦儒家中最重视法律的人，认为"治之经，礼与刑"[3]，要求统治者做到"进退有律"。[4]在他看来，法律能"禁暴恶，且惩其未也"，[5]即有禁止暴恶和防患于未然的作用。他认为人之性恶，"好利恶害"，故应"勉之以庆赏，惩之以刑罚"，[6]但赏必当功，罚必当罪，慎用刑罚。

第六，"为民制产"，轻徭薄赋。孔子反对追求财利，但并非不关心人民生计。他主张富民、"足食"，[7]"所重，民食、丧、祭"。[8]他要求统治者"节用而爱民，使民以时"[9]，减轻一些剥削，"敛从其薄"，[10]使劳动者得以安心生产。

孟子和荀子都主张从民之欲，"所欲与之聚之"。为民制产，即给农民以私有土地，分给每户农民"五亩之宅"和"百亩之田"，[11]以保证农民有起码的生存条件。他们也主张减轻赋税徭役，"罕兴力役"，"轻田野之税，平关市之征"。[12]

第七，"为政在人"的人治论。儒家主张"为政在人"[13]，"其人存则其政举，其人亡则其政息"[14]，认为政治的好坏取决于统治者的好坏。

---

[1]《孟子·离娄上》。
[2]《孟子·离娄上》。
[3]《荀子·成相》。
[4]《荀子·成相》。
[5]《荀子·正论》。
[6]《荀子·王制》。
[7]《论语·颜渊》。
[8]《论语·尧曰》。
[9]《论语·学而》。
[10]《左传·哀公十一年》。
[11]《孟子·梁惠王上》《荀子·大略》。
[12]《荀子·富国》。
[13]《礼记·中庸》。
[14]《礼记·中庸》。

所以，"惟仁者宜在高位"。[1]荀子更提出了"有治人，无治法"[2]的主张，认为法对于治理国家固然重要，但法毕竟是人制定的，并靠人去掌握和执行，即仍然取决于"人"。

先秦儒家法律思想对后世有极大影响，特别是经过西汉董仲舒的改造，使其成为封建正统法律思想的核心。

第二节 孔子以"仁"为核心的法律思想

孔子（公元前551—前479），名丘，字仲尼，鲁国陬邑（今山东曲阜东南）人。中国历史上伟大的、影响最深远的思想家、政治家。其祖先为宋国的贵族，后避难于鲁。孔子3岁时，其父去世，家世衰落。他自幼好学，又生活在"周礼尽在鲁矣"的文化气氛十分浓厚的环境中，所以少年时代就有积极向上的志愿。约20岁时，充当季氏的家臣，做过管理仓库账目（"委吏"）和看管牛羊（"乘田"）的小官。51岁时出任鲁国中都宰，后升任司空、大司寇，但为时不长。因不能实现其政治理想，54岁时离鲁而周游列国。但各诸侯国君都不采纳他的主张，只得返回鲁国。晚年致力于教育和整理古代文献典籍。《论语》一书，记载有孔子的谈话以及孔子和弟子的问答，是研究孔子思想的主要资料。

一、"仁者，爱人"说

"仁"是孔子思想体系的核心，也是他的政治法律思想的核心和出发点。他明确提出了"仁者，爱人"的思想。"樊迟问仁，子曰：'爱人。'"[3]"子曰：'孝弟（悌）也者，其为仁之本与（欤）。'"[4]实际上，孔子的"仁"包含着社会政治、经济、哲学等多方面的意义。其中，

---

[1]《孟子·离娄上》。
[2]《荀子·君道》。
[3]《论语·颜渊》。
[4]《论语·学而》。

最能反映"仁"的含义和基本精神的是"仁者,爱人"。对此,董仲舒有比较确切的解释,他说:"仁者,所以爱人类也。"[1]可见孔子"爱人"的"人",不是专指统治人民的贵族阶级,也包括奴隶、农奴在内的劳动人民。他的"爱人"思想,是我国古代较早出现的人道主义的表现形式。

孔子认为,要做到"爱人",就必须克己。"克己复礼为仁",即克制自己的欲望,约束自己的视听言动,使之符合礼的要求。他曾说:"非礼勿视,非礼勿听,非礼勿言,非礼勿动。"[2]在孔子学说中,一般地说,"仁"是伦理道德范畴,"礼"包括典章制度和社会、法律规范,实际上是政治范畴。孔子强调仁和礼,并纳仁入礼,以仁释礼,就是要求从道德和政治法律两方面来约束人们的行动,使之合乎礼。

孔子从"仁爱"的思想出发,猛烈抨击惨无人道的苛政,指斥"苛政猛如虎";[3]又谴责人殉,谴责奴隶主的残暴不仁。

二、"为国以礼"的礼治论

孔子主张"为国以礼",[4]实行礼治。孔子所说的礼,一般是指周礼。周礼是西周奴隶主阶级意志的集中体现,既包括政治、法律、经济、军事、文化等方面的典章制度,又包括一套繁琐的礼节仪式。

孔子是以向往西周文王和武王的礼治盛世著称的,反对那些违背"君君,臣臣,父父,子子"的僭越行为。《论语·颜渊》载:"齐景公问政于孔子。孔子对曰:'君君,臣臣,父父,子子。'公曰:'善哉,信如君不君,臣不臣,父不父,子不子,虽有粟,吾得而食诸?'"然而,当时的现实情况,确实是君不像君,臣不像臣,父不像父,子不像子,社会混乱,周天子徒具虚名,成为无足轻重的名义上的领袖。政治实权

---

[1]《春秋繁露·必仁且智》。
[2]《论语·颜渊》。
[3]《礼记·檀弓下》。
[4]《论语·先进》。

逐渐下移，"礼乐征伐"的大权掌握在诸侯、大夫手里，甚至"陪臣执国命"；宗法等级制度日益涣散，"僭越"之事不断发生。孔子视这些为"天下无道"，表现出不能容忍的愤慨。如鲁国的大夫季氏僭用天子礼乐，使"八佾舞于庭"，孔子便怒不可遏地说："是可忍也，孰不可忍也？"[1]孔子认为君有君之礼，臣有臣之礼，等级森严，上下尊卑不能混淆，不许僭越。

在孔子看来，破坏宗法礼治最严重的，莫过于"臣弑君""子弑父"一类的极端行为。他认为"弑父与君"为"不可为"，[2]君、父有过，只可进谏，不可采取任何极端的行动。

孔子强调各级贵族必须严格遵守周礼所规定的"君君，臣臣，父父，子子"的等级名分，目的在于扭转当时"君不君，臣不臣，父不父，子不子"的紊乱局面，使大家各安其位，从而维护社会的稳定。

此外，孔子还主张，"礼之用，和为贵"。孔子的弟子有子说："礼之用，和为贵。先王之道，斯为美。小大由之，有所不行，知和而和，不以礼节之，亦不可行也。"[3]孔子强调礼的作用，以遇事都做得恰当为可贵。

由此可见，主张"以礼让为国"的孔子，强调"礼之用，和为贵"的精神，就是要大家和谐一致，消除争夺，一切都恰如其分，使社会保持安定。

然而，孔子并不认为周礼十全十美，一点也改动不得。在他看来，对周礼应当有所"损益"。"子曰：'殷因于夏礼，所损益可知也；周因于殷礼，所损益可知也。其或继周者，虽百世可知也。'"[4]所谓"损益"，是指对周礼要有所增减，有所改良的意思。

---

[1] 《论语·颜渊》。
[2] 《论语·先进》。
[3] 《论语·学而》。
[4] 《论语·为政》。

三、德治论与重义轻利的价值观

孔子继承了周公"敬德""明德""修德"的思想,主张"为政以德"。实行德治,即主要依靠礼义道德的力量来教化人们,唤醒其内心之反省,使之日趋于善。

(一) 为政以德,德主刑辅

在春秋末期社会变革十分激烈的情况下,孔子认为,如果仍像从前那样,采取"折民惟刑"的办法,单纯依靠暴力,已无济于事,那样并不能阻止人民的反抗斗争。如果采取道德教化的办法,那效果将会好得多,人民服从统治,自愿归顺。他说:"为政以德,譬如北辰,居其所而众星共之。"[1]郑玄云:"德者,无为,譬犹北辰之不移,而众星共之也。"皇侃云:"此明人君为政教之法也。言人君为政当得万物之性,故云以德也。"如果君主无为而御民以德,那么民将尊君而不违背,如众星之拱卫北斗一样。

在孔子看来,对人民进行道德教化,可以使他们为善;而刑罚则无强人为善的力量,只能消极地禁人为恶。他曾把传统的"折民惟刑"的方法和他自己所主张的办法加以对比,他说:"道(导,下同)之以政,齐之以刑,民免而无耻;道之以德,齐之以礼,有耻且格。"[2]这是说用政和刑来治国,人民只能暂时避免犯罪,但并不感到犯罪是可耻的;而用德和礼来治国,人民就会有羞耻之心,循规蹈矩,自然归顺。

(二) 重义轻利的价值观

在以孔子为创始人的儒家的传统中,对于道德和经济的关系,儒者们总是把道德放在首位,把利放在次要的地位,因此重义而轻利。殊不知,人类的生存和发展,首先依赖于生产和经济条件,整个社会的一切活动都离不开物质利益。因此,应当把经济放在首位。

---

[1] 《论语·为政》。
[2] 《论语·为政》。

第二编　奴隶社会向封建社会过渡的春秋战国时期的法律思想

就孔子而言，他所反对之"利"，是指个人私利。他强调道德理想高于物质利益，坚决反对追求个人私利。孔子说，"君子喻于义，小人喻于利"，[1]"君子义以为质"，[2]"放于利而行，多怨"。[3]可见孔子对义是非常重视的，认为君子要了解义是什么，为人要以义为本。所以，他鄙视"群居终日，言不及义"，[4]要求"见利思义"，[5]"见得思义"。[6]对于世人所追求的富贵，孔子认为，要考虑它是否合乎义，"不义而富且贵，于我如浮云"。[7]如果是不合乎义的富贵，就如过往的浮云，不值得一顾。

孔子虽然轻利，但并不排斥利。他说："学也，禄在其中矣。"[8]这是公然鼓励弟子好好学道，以获得物质利益。事实上，在他的鼓励和推荐下，许多弟子都当了官。孔子还反复申述，"君子怀德，小人怀土；君子怀刑，小人怀惠"。[9]因为小民是从事生产劳动而获得生活资料的，他们不能不关心首要的生产资料即土地，否则就无法生存下去。同时小民的求利又是为社会创造物质财富，它是整个社会赖以存在的基础，是国家赋税的来源，因而明智的统治者应当鼓励并提供条件，使小民求利得以实现。所以孔子强调指出，必须"因民之所利而利之"，[10]统治者应当给小民以实际利益。他甚至还提出富民的主张。"子适卫，冉有仆。子曰：'庶矣哉！'冉有曰：'既庶矣，又何加焉？'曰：'富之。'曰：'既富矣，又何加焉？'曰：'教之。'"[11]孔子针对统治者的贪得无厌，提出了一个"富"字，在富的基础上，才有"教之"的要求。他把教放在富

---

[1]《论语·里仁》。
[2]《论语·卫灵公》。
[3]《论语·里仁》。
[4]《论语·卫灵公》。
[5]《论语·宪问》。
[6]《论语·季氏》。
[7]《论语·述而》。
[8]《论语·卫灵公》。
[9]《论语·里仁》。
[10]《论语·尧曰》。
[11]《论语·子路》。

的基础上，这既说明他的认识是比较现实的，也反映出他是主张给民以实际利益的。

总之，孔子承认道德理想应以物质利益为基础，而又肯定道德理想有高于物质利益的价值。孔子说："三军可夺帅也，匹夫不可夺志也。"[1] 这个"志"就是道、义、仁、德等道德准则。他要求人们"志于道，据于德，依于仁，游于艺。"[2] 如果一个人能做到这些，就可以达到高尚的精神境界。所以他说："士志于道，而耻恶衣恶食者，未足与议也。"[3] 在孔子看来，仁人君子行义应当不顾利害，为了实现道德理想，甚至能够牺牲自己的生命。他说："志士仁人，无求生以害仁，有杀身以成仁。"[4] 这是多么崇高的人生价值观啊！正是这种崇高精神，哺育了历史上无数仁人志士那种鄙弃私利、忧国忧民、为民族献身的传统美德，其影响至为深远！

四、宽刑慎杀与反对冤狱的主张

孔子虽以"为国以礼"著称，但同样讲论法和刑。他主张"君子怀刑"，就是他关心法度的表现。

孔子曾经当过鲁国的司寇，其首要任务就是断狱讼，所以他具有丰富的司法实践经验。

孔子是主张慎狱宽刑的，其具体内容有以下几个方面：

第一，宽刑慎杀。春秋时代，统治者常常欲多杀以止奸，欲杀恶人以全善人，所以不断出现滥杀无辜的情况。孔子则主张恤刑慎杀，强调"不教而杀谓之虐"[5]，季康子曾向孔子请教政治，说道：假若杀掉坏人来亲近好人，怎么样？孔子回答说："子为政，焉用杀？子欲善而民善

---

[1] 《论语·子罕》。
[2] 《论语·述而》。
[3] 《论语·里仁》。
[4] 《论语·卫灵公》。
[5] 《论语·尧曰》。

矣。"[1]这些，就体现了他在一般情况下不适用死刑的主张。孔子认为，必须对人民进行礼义教化，化恶人为善人。对待死刑，尤其要持慎重态度。

因此，孔子强调统治者应宽以待民，"宽则得众"。[2]只有实行宽政，才能得到人民的支持。

孔子还主张"赦小过"。[3]朱熹注云："过，失误也，大者于事有所害，不得不惩，小者赦之，则刑不滥而人心悦矣。"可见孔子主张赦小过，是针对统治者滥施刑罚而提出的。

第二，刑罚适中。据《尚书》记载，周公曾主张"用中罚"。"司寇苏公（武王的司寇苏忿生）式敬而由狱，以长我王国。兹式有慎，以列用中罚。"[4]所谓"用中罚"，就是用刑"不过"，又无"不及"，刑当其罪的意思。

孔子继承和发展了周公这种"用中罚"的思想。在《论语》中，记载了孔子和他的弟子有关兴礼乐与施刑罚的论述。"子曰：名不正，则言不顺；言不顺，则事不成；事不成，则礼乐不兴；礼乐不兴，则刑罚不中；刑罚不中，则民无所措手足。"[5]这说明，孔子要求兴礼乐，按照礼所规定的等级名分行事，然后才能使社会秩序稳定，实施刑罚也才能得当，不致产生淫刑滥罚。否则就会产生严重的社会后果，百姓惶惶不安，不知如何是好。

第三，反对冤狱。春秋时期，由于统治者淫刑滥用，因而发生许多冤狱。据《论语》记载："子谓公冶长，可妻也。虽在缧绁（拴罪人的绳索，这里指监狱）之中，非其罪也。以其子（儿女，这里指女儿）妻之。"[6]又："曾子有疾，召门弟子曰：启予足！启予手！《诗》云：战

---

[1]《论语·颜渊》。
[2]《论语·阳货》。
[3]《论语·子路》。
[4]《尚书·立政》。
[5]《论语·子路》。
[6]《论语·公冶长》。

战兢兢，如临深渊，如履薄冰。而今而后，吾知免（指免于刑戮）乎！小子！"[1]可见公冶长身陷囹圄，完全是一桩冤案；曾子临死，才庆幸自己免于刑戮。孔子弟子的遭遇尚且如此，普通平民百姓更可想而知了。统治者的暴虐无道、滥刑滥罚到了何等地步！可是孔子对于统治者的滥施淫威公开表示蔑视，把自己的女儿嫁给了公冶长。

第四，无讼思想。孔子重视教化，旨在息民为恶，使之改恶从善，自然会达到"无讼"的境地。子曰："听讼，吾犹人也，必也使无讼乎！"[2]在孔子看来，断狱不仅在于判断是非，而且要使民知是非，不再发生类似案件。《吕刑》中虽有类似思想，但明确地把断狱不仅作为制裁手段，而且当成教育手段的，是孔子。这也是他的一项新贡献。

五、"为政在人"的人治论

孔子强调，统治者特别是最高统治者必须有德，要以德服人而不要以力服人。他认为，最高统治者的道德、人格和行为，应当成为人们的表率，并要形成一种风气，即"君子之德风，小人之德草，草上之风必偃"；[3]"上好礼，则民莫敢不敬；上好义，则民莫敢不服；上好信，则民莫敢不用情"。[4]孔子认为，上行下效，统治者个人的行为至关重要。有一次，季康问政于孔子，孔子说："政者，正也，子帅以正，孰敢不正？"[5]所以，统治者应当"修己以安人"，"修己以安百姓"。[6]

这种"为政在人"的人治思想，《礼记》曾加以总结："文武之政，布在方策。其人存，则其政举；其人亡，则其政息……故为政在人。"[7]这是把国家政事的兴废，完全寄托在统治者个人身上；社会的治乱，完全

---

[1]《论语·泰伯》。
[2]《论语·颜渊》。
[3]《论语·颜渊》。
[4]《论语·子路》。
[5]《论语·颜渊》。
[6]《论语·宪问》。
[7]《礼记·中庸》。

系于得人或失人。这种人存政存、人亡政息的思想主张,显然是一种极端的人治主义。

孔子所讲的"为政在人"的"人",当然不是平民百姓,而是指"仁以为己任"的贤人。他认为,贤人最不易得,尧舜时代和西周初期,都是因为得到贤人而致治的。

由于孔子主张"举贤才",因而对维护宗法等级制度的"亲亲"原则有所突破,对周礼有较大"损益"。他说:"先进于礼乐,野人也;后进于礼乐,君子也。如用之,则吾从先进。"[1]在当时世卿世禄制下,这是一种较进步的主张。所谓野人,就是平民。孔子认为,只要他们是贤人,也可以做官。孔子以为政府官员有两个来源,一是宗法贵族,二是非贵族出身的贤才。宗法贵族可以先做官,然后再学礼乐;而非贵族出身的人可以先学礼乐,学好礼乐再做官。孔子的弟子中有不少人出身贫贱,属于"野人"。孔子对待他们,不讲出身门第,只看学得如何,学而优则可以"仕"。这种主张比不学而仕、"亲亲"而仕要进步得多。

孔子的思想在世界思想史中占有重要地位。对中国来说,他是历史上最有影响的思想家、教育家。由他首创的儒家学说,经过战国时代孟子和荀子的阐扬,有很大的发展。特别是在经过西汉董仲舒改造后,儒家思想成为官方统治思想。它统治中国达2000年之久,影响至为深远。今天我们在建立一个具有中国特色的社会主义法学和法制过程中,当然要深入研究孔子首创的儒家的法律思想及其演变发展的历史,从中吸取具有借鉴意义的东西。

第三节 孟子的仁政说及其在法律思想上的体现

孟子(约公元前372—前289),名轲,邹(今山东邹县东南)人,战国中期儒家的主要代表人物。他是鲁国贵族孟孙氏的后代,孔子之孙

---

[1]《论语·泰伯》。

子思的再传弟子,属于子思一派,并称"子思孟轲"。后来孟子自成一派,叫"孟氏之儒"。孟子精通儒学,曾以他的仁政说游说诸侯,到过齐、宋、滕、鲁、魏等国,一度任齐宣王客卿。由于他那套政治主张被各国诸侯视为"迂远而阔于事情"且不合时宜,故未被采纳。晚年又回到邹国,"退而与万章之徒序《诗》、《书》、述仲尼之意,作《孟子》七篇"。[1]这些内容成为研究孟子思想的主要资料。孟子以孔子思想的继承者自居,他说:"乃所愿,则学孔子也。"[2]事实上,孟子发展了孔子的思想,其学说仍然是孔子的思想体系。他确是孔子思想的忠实继承者,所以后世以"孔孟"并称。

孟子所处的历史时代和孔子相比,已大不相同了。当时,各主要诸侯国已建立了新兴的封建政权,并在一定程度上采取了一些封建化措施。在封建制取代奴隶制成为大势所趋的历史潮流面前,孟子在一定程度上能适应形势的变化,进一步发展了孔子的思想。

一、王道仁政说

孟子的法律思想是围绕其"仁政"而展开的。他提出了"行仁政而王"的主张,认为诸侯国君"如施仁政于民,省刑罚,薄税敛,深耕易耨,壮者以暇日修其孝悌忠信",[3]就可以统一天下。

在孟子看来,人的本性是"善"的,即人生来就具有善心。他说:"恻隐之心,人皆有之;羞恶之心,人皆有之;恭敬之心,人皆有之;是非之心,人皆有之。恻隐之心,仁也;羞恶之心,义也;恭敬之心,礼也;是非之心,智也。仁、义、礼、智,非由外铄我也,我固有之也。"[4]这就是说,仁、义、礼、智这些思想道德不是由于受外界影响形成的,而是生来就有的。

---

[1]《史记·孟子荀卿列传》。
[2]《孟子·公孙丑上》。
[3]《孟子·告子上》。
[4]《孟子·告子上》。

孟子的王道仁政就是从这种"性善"论引申出来的。他认为人人都有对别人的同情、恻隐之心，即所谓"不忍人之心"，即使是国君也不例外。如果国君把这种"不忍人之心"扩而充之、推而广之，用到政治上，就是"仁政"。只有实行这种"仁政"，才能统一天下。[1]

孟子的"仁政"，也就是他反复强调的"以德服人"的王道。他尖锐地批评那些想凭借武力而称霸诸侯的统治者，认为那是达不到目的的。他说："以力服人者霸，霸必有大国；以德行仁者王，王不必待大，汤以七十里，文王以百里。以力服人者，非心服也，力不赡也；以德服人者，中心悦而诚服也。"[2]显然，孟子继承了孔子"为政以德"的思想，认为国君应依靠礼义道德教化进行统治。

孟子认为，虽然人人都有善良的本性，但平民百姓失掉了它。他们追求"利欲"，从而干出许多坏事。那么，要想去掉人们追求"利欲"的恶性，使他们恢复固有的善良本性，就必须对他们进行礼义道德教育，让他们懂得"居仁由义"的道理。他说："仁言不如仁声之入人深也，善政不如善教之得民也。善政，民畏之；善教，民爱之。善政得民财，善教得民心。"[3]这主要是说，良好的政令赶不上良好的教化获得民心。政令只能使人民畏惧，教化却能使人民爱戴。良好的政令只能得到人民的财富，而良好的教化却能赢得民心。所以，统治者必须对人民进行礼义道德的教化。

二、"暴君放伐"论

孟子是孔子学说的忠实继承人，但他生活在各国封建主已经取得政权的战国时代，不可能"率由旧章"了。而他适应时代的变化，更加重视争取人民，提出了对专制独裁、贪残暴虐的君主可以放逐、可以诛杀的"暴君放伐"论。

---

[1] 《孟子·梁惠王上》。
[2] 《孟子·公孙丑上》。
[3] 《孟子·尽心上》。

在孟子思想中，人民被置于重要的地位，他深深懂得"得乎丘民"才能为天子的道理。他说："得天下有道：得其民，斯得天下矣。得其民有道：得其心，斯得其民矣。"[1]他认为实行"仁政"，就能赢得民心，得到人民的拥护；反之，实行暴政，就会失掉民心，人民群起反抗。

从这种"重民"思想出发，孟子更直截了当地提出了"民贵君轻"的主张。他说："民为贵，社稷次之，君为轻。"[2]这是说争取人民最重要，象征国家的土谷之神次之，相对说来，国君个人就不那么重要了。

在君臣关系上，孟子也颇有新的见解。他认为国君应该尊重和爱护臣下，而不应虐待臣下。他说："君之视臣如手足，则臣视君如腹心；君之视臣如犬马，则臣视君为国人；君之视臣如土芥，则臣视君如寇雠（仇）。"[3]

可见，孟子已不像孔子那样把"君君、臣臣"的原则绝对化，而认为君臣关系是相对的，是一还一报的双边关系。至于国君有过错，臣下应忠言直谏，"君有过则谏，反复之而不听则去"。[4]

孟子认为，对于那种危害社稷的国君可以"变置"，[5]对于昏君、暴君可以放逐，甚至可以诛杀。当齐宣王向他谈及"汤放桀，武王伐纣"，并询问那是否"臣弑其君"时，他明确地回答说："贼仁者谓之贼，贼义者谓之残，残贼之人谓之一夫（独夫），闻诛一夫纣矣，未闻弑君也。"[6]孟子提出这种"暴君放伐"论，其目的在于从反面来警告统治者，如果贪残暴虐，不顾人民死活，自己就有被放逐、杀死的危险。这种"暴君放伐"论在历史上起到过进步作用，许多思想家、政治家曾利用它作为反对昏君暴政的思想武器。

---

[1]《孟子·离娄上》。
[2]《孟子·离娄上》。
[3]《孟子·离娄上》。
[4]《孟子·万章下》。
[5]《孟子·尽心下》。
[6]《孟子·梁惠王下》。

三、轻徭薄赋论

孟子认为，统治者要想得到人民特别是农民的拥护，那就应该从民之欲，"所欲与之聚之"，给农民以固定的田产，以保证农民有起码的生存条件。他说："明君制民之产，必使仰足以事父母，俯足以畜（蓄）妻子……五亩之宅，树之以桑，五十者可以衣帛矣。鸡豚狗彘之畜，无失其时，七十者可以食肉矣。百亩之田，勿夺其时，八口之家可以无饥矣。"[1]在《孟子》中，他反复强调要分给每户农民"五亩之宅""百亩之田"，使他们有必要的生活资料，能够过上温饱的生活。这样他们就不会流离失所，铤而走险了。

孟子认为，当时的统治者加在人民身上的赋税徭役是很繁重的。他说："有布缕之征，粟米之征，力役之征。君子用其一，缓其二。用其二则民有殍，用其三则父子离。"[2]他主张减轻赋役，在三种中只征收一种，其他两种暂时不用。他在《滕文公上》篇中，还提出了一些具体办法，即对农业实行九分抽一的"助"法，对城市实行十分抽一的"彻"法。

孟子这种轻徭薄赋的主张，在客观上是有利于农民的。相对地说，它使农民能多保留一些自己的劳动果实，以维持简单再生产。它对以后一些封建王朝的经济立法产生了良好的影响。如汉初、唐初的经济立法，就明显地反映出受到以孔孟为代表的先秦儒家轻徭薄赋思想的影响。

四、减省刑罚论

孟子倡导以仁义道德治国，但并不否认法律的作用。他的主张颇接近法律和仁义道德相配合。他说："离娄之明，公输子之巧，不以规矩，不能成方圆；师旷之聪，不以六律，不能正五音；尧舜之道，不以仁政，

---

[1]《孟子·梁惠王下》。
[2]《孟子·尽心下》。

不能平治天下……故曰：徒善不足为政，徒法不能以自行。"〔1〕又说："上无道揆也，下无法守也，朝不信道，工不信度，君子犯义，小人犯刑，国之所存者幸也。"这主要是说，具有仁义道德的善心必须和好的法度相配合，治国没有仁义道德和法度，国家还能生存的那是侥幸。孟子把"下无法守""小人犯刑"视为亡国的征兆，主张治国应"明其政刑"。〔2〕这表明，他也把刑罚当作统治者治国不可缺少的工具。

但孟子毕竟是孔子思想的忠实继承者，并没有忽视儒家"德主刑辅"的传统，仍然主张先德而后刑。他说："以生道杀民，虽死不怨杀者。"〔3〕孟子坚决反对统治者严刑峻法，滥杀无辜。他从仁政思想出发，提出了慎刑慎杀、减省刑罚的主张。他说："如有不嗜杀人者，则天下之民皆引领而望之矣。诚如是也，民归之，如水之就下，沛然谁能御之？"〔4〕孟子感到遗憾的是，当时的国君"未有不嗜杀人者也"。

对待死刑，孟子主张持慎重态度，要经过认真考察，不能只听信一面之词。"左右皆曰可杀，勿听；诸大夫皆曰可杀，勿听；国人皆曰可杀，然后察之，见可杀焉，然后杀之。故曰：国人杀之也。"〔5〕孟子反对滥杀无辜，认为"杀一无罪非仁也"；〔6〕"无罪而杀士，则大夫可以去；无罪而戮民，则士可以徙"。〔7〕他还反对连坐，提出了"罪人不孥"〔8〕的主张，即只惩罚罪犯本人而不连累其妻室儿女。200年后，到汉文帝时，终于废除了这项残酷的刑罚。

---

〔1〕《孟子·离娄上》。
〔2〕《孟子·公孙丑上》。
〔3〕《孟子·尽心上》。
〔4〕《孟子·梁惠王下》。
〔5〕《孟子·梁惠王下》。
〔6〕《孟子·尽心下》。
〔7〕《孟子·离娄下》。
〔8〕《孟子·梁惠王下》。

第二编 奴隶社会向封建社会过渡的春秋战国时期的法律思想

第四节 荀子的"隆礼"重法论

荀子（约公元前313—前238），名况，字卿，也叫孙卿，赵国人，战国末期儒家的主要代表人物。他曾游学于齐，在齐国稷下学宫讲学前后达二三十年之久，并三次为祭酒（学宫之长），名声很大。后来，"齐人逸孙卿"，他只好离齐适楚，后为楚兰陵令。荀子虽是大儒，但他打破"儒者不入秦"的惯例访问秦国，他赞扬秦国"威强乎汤武，广大乎舜禹"，并向秦王陈述重用儒者、实行仁义的主张。可能是由于秦国不重视儒者，在那里没有儒者主持国家政事，所以荀子没有留在秦国。后来他定居兰陵，著书以殁。

现存《荀子》共32篇，多数研究者认为前26篇是荀子自著，后6篇或系其弟子所记。它是研究荀子思想的主要依据，同时，也为研究先秦各家学说提供了丰富的资料。

战国末年，正是由诸侯割据逐步走向天下统一的前夜，思想领域也开始呈现出百家交融、万流归宗的现象。荀子以孔子思想为本，舍弃儒家学说中的一些不合时宜的思想，批判地吸收各家的精华，融儒、法等家的思想于一炉，既"隆礼"，又重法，建立了以"隆礼"重法为核心的法律思想体系。秦汉以后封建正统法律思想的形成，在很大程度上受到其思想的影响。

一、"隆礼"论

历史上以封建制代替奴隶制，是以一种新的剥削制度代替旧的剥削制度的社会变革。所以新兴地主阶级在创立适应本阶级利益的封建思想体系时，必然会利用和吸取其前辈奴隶主阶级的统治经验。荀子就是第一个全面地继承、改造和发展儒家礼治学说的地主阶级思想家。

孔子没有说明礼的起源。荀子则力图从人的社会性和人类物质生活条件中去寻找"礼"的起源。"礼起于何也？曰，人生而有欲，欲而不得，则不能无求，求而无度量分界，则不能不争，争则乱，乱则穷。先王恶其乱也，故制礼义以分之，以养人之欲，给人之求。"[1]这里，荀子讲的虽然是礼的起源，实际上也是法的起源。因为礼作为分配物质财富的"度量分界"，实际上就是一种封建法权。其作用则在于"使欲必不穷乎物，物必不屈于欲"。[2]只有确定和维护这种礼义法度，使每人能按一定等级来享用物资，才不会"争"、不会"乱"了。

荀子特别强调礼的作用，劝告统治者必须以礼治国。他说："君人者，隆礼尊贤而王……礼者，政之挽（指导的意思）也。为政不以礼，政不行矣。"[3]荀子把礼提到这样的高度，视之为治国的根本，他甚至认为是否"隆礼"关系到国家的安危存亡："天下从之者治，不从者乱；从之者安，不从者危；从之者存，不从者亡。"[4]可见他对礼是何等重视了！

荀子既然认为礼是调剂"物欲"的"度量分界"，那么怎样"分"法呢？他认为最根本的一条，就是要严格划分人们的贵贱等级。他说："先王案为之制礼义以分之，使有贵贱之等，长幼之差，知愚、能不能之分，皆使人载其事而各得其宜。"[5]更具体地说，就是要求"农分田而耕，贾分货而贩，百工分事而劝，士大夫分职而听，建国诸侯之君分土而守，三公总方而议，则天子共（拱）已而止矣"。[6]这就是荀子所维护的宝塔式封建等级结构。其中，农民、商人、百工是被统治阶级，士大夫、诸侯、三公、天子是统治阶级。在荀子看来，"少事长，贱事贵，不肖事贤，天下之通义也"。[7]显然，荀子试图以等级、阶层差异，维系社会的安定。

---

[1]《荀子·礼论》。
[2]《荀子·礼论》。
[3]《荀子·大略》。
[4]《荀子·礼论》。
[5]《荀子·荣辱》。
[6]《荀子·王霸》。
[7]《荀子·仲尼》。

二、重法论

荀子在"隆礼"的同时,也强调重法,把法看成治理国家必不可少的手段。他在《成相》篇中反复强调,"进退有律""君明法,论有常""罪祸有律"。这是说统治者一定要以法作为治国的依据和赏功罚罪的标准。荀子对法的评价也很高,"隆礼至法则国有常",[1]"治之经,礼与刑"。[2]他把法和礼都看成统治者治国的工具,要治理好国家,就必须礼法并用。

在先秦儒家中,荀子是最重视法的,他对法作了多方面的论述。

(一) 法以礼为本

荀子生当乱世,深深懂得以法治国的重要,但他认为法必须以礼为本。他说,"礼义生而制法度",[3]"礼者,法之枢要也"。[4]这是说礼是法的根本,是法的总则、总纲。如果人们能够明礼,自然知法;如果仅仅知法而不明礼,那么执行法律难免流于机械而失当。所以说,"不知法之义,而正法之数者,虽博,临事必乱","故械数(指法)者,治之流也,非法之原(源)也"。[5]在荀子看来,法只是治国的工具,礼义才是其本源。

(二) 论法的作用

荀子很重视法的作用,认为统治者必须运用法律来赏功罚罪。他说:"凡刑人之本,禁暴恶恶,且征(惩)其未也。"[6]更具体地说,法的作用有四:一是法律起奖励的作用,即"勉之以庆赏"。二是法律起禁止的作用,即"重刑罚以禁之"。三是法律起矫正的作用,即"严刑罚以纠之"。四是法律起防范的作用,即"严刑罚以防之"。

---

[1]《荀子·君道》。
[2]《荀子·成相》。
[3]《荀子·性恶》。
[4]《荀子·王霸》。
[5]《荀子·君道》。
[6]《荀子·正论》。

(三) 先教后诛

荀子在强调法律作用的同时,并没有忽视儒家重礼义教化的传统。在礼义教化和刑罚关系问题上,他主张先礼后法,先教后诛。他既反对不教而诛,也反对教而不诛。"不教而诛,则刑繁而邪不胜;教而不诛,则奸民不惩。"[1]

(四) 罚当其罪

荀子还提出了罚当其罪的原则。他说:"公平者,听之衡也,中和者,听之绳也。"[2]所谓"公平""中和",是说定罪量刑应该宽严适当,恰如其分。在《正论》篇中,他明确提出:"罚不当罪,不详莫大焉……刑称罪则治,不称罪则乱。"[3]他认为刑罚与罪行相适应,才能体现刑罚的威严,不相适应就会失去刑罚的作用,导致社会混乱。因此,荀子反对重罪轻判,指出轻判的危害是很严重的,"罪至重而刑至轻,庸人不知恶矣,乱莫大焉"。[4]他更反对轻罪重判,主张"折愿禁悍,而刑罚不过";[5]"若不幸而过,宁僭勿滥"。[6]只有"刑法平",才能赢得民心,使人民归顺。

三、"有治人,无治法"说

荀子继承和发展了儒家人治论的思想,明确提出了"有治人,无治法"的主张。他认为国家的治乱决定于有没有"治人",是否贤人当政,而不在于有没有良好的法律。他说:"有乱君,无乱国,有治人,无治法。羿之法非亡也,而羿不世中;禹之法犹存,而夏不世王。故法不能独立,类不能自行,得其人则存,失其人则亡。"[7]由此可见,荀子作为

---

[1]《荀子·富国》。
[2]《荀子·王制》。
[3]《荀子·正论》。
[4]《荀子·正论》。
[5]《荀子·王制》。
[6]《荀子·致士》。
[7]《荀子·君道》。

先秦儒家中最重视法律的代表,在"人治"与"法治"之争中,仍然坚持儒家的"人治"。他认为法和人比较起来,人是首要的,是第一位的。法律是由人制定和执行的,而法律能否执行得当,与其说法律重要,倒不如说执法之人更重要。他举例说,"合符节,别契券",是用来标志信用的;"探筹投钩",是用来表示公正的;"衡石称县(悬)""斗斛敦概(概)",是用来显示公平的。[1]只要有了善于治国的君主,法律即使简略,也能通行天下。反之,法律如果离开善于治国的人,尽管它很完备,也会造成混乱。所以说,"君子者,法之原也","君子者,治之原也"。

荀子适应战国末年出现的封建大一统趋势,提出了在政治与经济上实现统一集权的要求。他的"隆礼"重法,以儒(礼)为主、儒法合流的法律思想,不仅对封建正统法律思想的形成起过积极作用,而且对中国封建法制也产生了深刻的影响。

思考题

1. 试述儒家法律思想的特点。
2. 试述孔子法律思想的基本内容及其影响。
3. 简述孟子的"仁政"主张在法律思想上的体现。
4. 为什么说荀子法律思想具有儒法合流的特点?

---

[1]《荀子·君道》。

第五章

墨家的法律思想

内容分析和要点提示

本章主要阐述墨家法律思想的内容和特点,为本课程重点章节之一。在先秦各学派中,墨家是唯一代表劳动人民利益的学派。因此,学习时应注意同其他各派特别是儒家的思想联系起来,相互对比。墨家的"兼爱"法律观和维护劳动者基本权利的思想主张是学习重点。

本章的基本知识、基本理论有:(1)墨家"以天为法"的主张。(2)墨家以"兼爱"为核心的法律观。(3)墨家"一同天下之义"的法律起源论。(4)墨家维护劳动人民基本权利的主张。(5)墨家的尚贤论。

本章的基本概念有:(1)"天志"。(2)"以天为法"。(3)兼相爱,交相利(互利)。(4)尚同。(5)尚贤。(6)法仪。(7)"不党父兄,不偏富贵"。(8)"赖其力者生,不赖其力者不生"。

第一节 墨家学派

墨家创始于墨子,为战国时期一大学派。在法家兴起以前,墨家是同儒家相对立的最大学派。到战国末年,韩非还说:"世之显学,儒、墨也。"

春秋战国之际,由于奴隶制迅速解体,小私有者的个体经济有了很大发展。墨家的代表人物墨子即出身于这种迅速发展起来的小手工业者阶层。墨家成员的大多数也来自贫寒阶层，因而强烈反对贵族统治者对他们的压榨和掠夺，要求保护他们已经获得的私有财产，保障他们生存的权利。在这种情况下，他们的代表人物墨子创立了墨家学派，明确提出了自己的政治法律思想主张和社会理想。

墨家学派同儒、道、法诸家相比，具有一些特点：其一，墨者有坚定的政治信仰，坚决维护墨家的宗旨，并富有牺牲精神。其二，墨家有严格的纪律，如果墨者的政治活动违背了墨家精神，就要受到制裁或批评。其三，墨者"以自苦为极"，生活艰苦。其四，墨家有自己的法律，"杀人者死，伤人者刑"。

墨家提出了兼爱、尚贤、明鬼、非命、尚同等十项主张，"其实只从一个根本观念出发，就是兼爱"。其法律思想也是以"兼爱"为核心的。

现存《墨子》一书，是一部反映墨家思想的总集，尽管它不是墨子自著，但反映了墨子的主要思想。其中《经上》《经下》《经说上》《经说下》《大取》《小取》6篇是后期墨家的作品，它们继承了以墨子学说为主要内容的前期墨家思想，但抛弃了前期墨家"尊天""明鬼"等宗教唯心主义内容。

第二节　墨家以"兼爱"为核心的法律思想

墨子，名翟，鲁国人，生卒年月不详。据孙诒让《墨子闲诂》考证，他约生于周定王元年（公元前468年），卒于周安王二十六年（公元前376年），比孔子稍后，而早于孟子，大约与孔子的再传弟子同时。

司马迁没有为墨子立传，仅在《史记·孟子荀卿列传》中写了寥寥24个字："盖墨翟，宋之大夫，善守御，为节用。或曰并孔子时，或曰在其后。"

墨子出身于下层，当过木匠，其技艺很高超，与当时的巧匠公输般（鲁班）齐名。他善于制造守城的器械，当他劝阻楚国攻宋时，曾同公输般在楚王面前比试过,结果公输般输了。[1]

从墨子的言论来看,他经常称引《诗》《书》和各国《春秋》,并认为孔子之学有其"当而不易者",[2]可见他受过传统文化的影响。墨子早年学儒者之业,但他并没有成为儒家,反而成为儒家的反对派。《淮南子》说:"墨子学儒者之业,受孔子之术,以为其礼烦扰而不悦,厚葬靡财而贫民,服伤生而害事,故背周道而用夏政。"[3]

墨子从小生产者的立场出发,对儒家维护贵族利益,搞"繁文缛节,礼让周旋"十分不满。他深感儒家学说泛泛而谈,不切实用,不但不能救世,反而"足以丧天下"。所以他另创墨家学派,聚徒讲学。他曾做过宋国的大夫,又经常到各国游学,很有名气。

现存《墨子》一书,是从汉朝流传下来的。据《汉书·艺文志》载,当时《墨子》有71篇,现仅存53篇。它是一部反映墨家思想的总集,尽管它不是墨子自著,也不是同一个作者写的,但反映了墨子的主要思想。

在《墨子》中,《尚贤》《尚同》《兼爱》《非攻》《节用》《节葬》《天志》《明鬼》《非乐》《非命》都有大同小异的上中下篇(间有缺者,目录尚存),这可能是墨子死后墨家三派所传不同而形成的。墨家的三派,战国末年的韩非早有说明:"自墨子之死也,有相里氏之墨,有相夫氏之墨,有邓陵氏之墨……墨离为三。"[4]

上述《尚贤》等10篇是《墨子》的"中坚"(梁启超语),代表了墨子和墨家学派的主要思想。《墨子》中的《经上》《经下》《经说上》《经说下》《大取》《小取》6篇,是后期墨家的作品。它们继承了前期墨家的思想,但抛弃了前期墨家"尊天""明鬼"等宗教唯心主义的杂质。

---

[1]《墨子·公输》。
[2]《墨子·公输》。
[3]《淮南子·要略训》。
[4]《韩非子·显学》。

第二编　奴隶社会向封建社会过渡的春秋战国时期的法律思想

一、以"兼爱"为核心的法律观与功利价值论

(一) 以"兼爱"为核心的法律观

墨家认为，古代的圣王都是实行"兼相爱，交相利"的。当时，人类上下左右都相亲相爱。可是到了近世，情况就大不相同，人们互相残杀，天下大乱。"今若国之与国相攻，家之与家相篡，人之与人相贼，君臣不惠忠，父子不慈孝，兄弟不和调，此则天下之害也。"[1]在墨家看来，圣人以治理天下为事，应当知道天下大乱的根源，才能治理。究竟天下大乱的根源何在呢？"皆起不相爱"，[2]而不相爱又根源于"自爱"。《墨子》说："今诸侯独知爱其国，不爱人之国，是以不惮举其国以攻人之国。今家主独知爱其家，而不爱人之家，是以不惮举其家以篡人之家。今人独知爱其身，不爱人之身，是以不惮举其身以贼人之身。"[3]社会上一切祸乱的罪魁祸首都根源于"自爱"，大家互相侵凌、暴夺，生命、财产、荣誉、幸福都有被破坏的危险，必须设法避免。

那么，用什么来代替"自爱"呢？墨家提出以"兼相爱，交相利"去代替它。"子墨子言曰：以兼相爱，交相利之法易之。天下之人皆相爱，强不执弱，众不劫寡，富不侮贫，贵不傲贱，诈不欺愚，凡天下祸篡怨恨，可使毋起者，以相爱生也，是以仁者誉之。"[4]这句话中，墨家强调人的平等性，即人与人之间的关系应该是"兼相爱，交相利"的平等的关系。只要大家做到"兼相爱，交相利"，就能使国家富强，人民众多，刑政治平，社稷安宁。然而，当时的历史现实没有给人们提供相爱的客观条件，墨家的"兼相爱，交相利"主张是不可能实现的。从另一方面来看，这绝不是说其"兼相爱，交相利"主张毫无意义。相反，它提出的人的平等性问题，在理论上是一项巨大的贡献。"子墨子曰：兼以

---

[1]《墨子·兼爱中》。
[2]《墨子·兼爱上》。
[3]《墨子·兼爱中》。
[4]《墨子·兼爱中》。

易别。"[1]所谓"兼",指平等,"别",指差别和等级。墨家认为,人与人之间应平等相待,必须以"兼"去取代"别"。这种理论,在当时对冲破宗法等级制起了促进作用。

(二) 功利价值论及其在法律上的体现

一般地说,儒家"重义轻利",并经常把利和义对立起来。墨家则相反,他们以利为基本价值,以人民之利即公利为唯一的价值标准。《墨子》说:"义,利也。"[2]义就是利,"兼相爱"必须表现为"交相利","爱人"就是"利人"。在墨家看来,义和利是互相结合的,如"忠"是以为利而强矫君的行为;"孝"是利亲,以利亲为职分,而能善利其亲;"功"是有利于人民。所以利君、利亲、利人民,就是爱君、爱亲、爱人民。

所谓利,即利益、功利。但墨家特别强调公利、众利、百姓之利、国家之利。他们认为,仁人志士应以利天下为自己分内之事,为天下兴利除害,而不问是否于己有利。"摩顶放踵利天下,为之","杀己以利天下,亦为之"。反映在法律上,墨家主张以"兼相爱,交相利"的原则来衡量国家法律制度,评价各种学说观点,进而提出自己的立法主张,"以为刑政",必须贯彻"兴天下之利,除天下之害"[3]的原则。"古者上帝鬼神之建设国都,立正长也,非高其爵,厚其禄,富贵游佚而错(措)之也,将以为万民兴利除害,富贵贫寡,安危治乱也";[4]"……发以为刑政,观其中百姓人民之利"。[5]

因此,凡属有利于人民的事情就应当努力去做,有害于人民的事情就应当严厉禁止。人们的一切言行,应当以求得"国家百姓之利"为目的;国家刑政的实际效果,应当以是否适合人民的利益来衡量。所以墨

---

[1] 《墨子·兼爱下》。
[2] 《墨子·经上》。
[3] 《墨子·兼爱中》。
[4] 《墨子·尚同中》。
[5] 《墨子·非命上》。

家反复强调要为国家和人民兴利除害。《墨子》说："必务求兴天下之利，除天下之害，将以为法乎天下。利人乎即为，不利人乎即止。"[1]

墨家这种要求把国家和法律由维护少数贵族的利益而转为维护大多数人民的利益的主张，具有巨大的进步意义；在法律观上，他们明确提出了代表广大劳动人民利益的主张，同剥削阶级的法律观针锋相对，势不两立。

二、"以天为法"的自然法思想

我们在探讨墨家的法律观时，看出他们特别强调"以天为法"的自然法思想。"以天为法，动作有为，必度于天。天之所欲则为之，天之所不欲则止。"[2]在墨家看来，天之"所欲"是人们的"相爱相利"，天之"所不欲"是人们的"相恶相贼"。天既有爱恶，说明天是有意志的，墨家称之为"天志"。墨家把其"兼相爱，交相利"说成是"天志"，要求以它作为测定是非善恶的客观依据和衡量人们行为的最高标准。

为什么"天志"这样重要，人们要"以天为法"呢？墨家提出的理由如下：

第一，"天志"爱人利人，"天"是为了百姓而造就世界万物的。墨家认为，天分日月星辰，制定春夏秋冬，闪雷降雪，下霜布雨，以至设山川溪谷，都是为了百姓。[3]可见，墨家的"天"，并不像殷周奴隶主的"天"那样狰狞可怕，相反，它很慈祥、善良，"爱民甚厚"，是劳苦民众理想的"天"。

第二，"天"兼有万物，公正无私，一视同仁。"今天下无大小国，皆天之邑也；人无长幼贵贱，皆天之臣也。"[4]这是说"天"的权力普及各国，人们不分贵贱等级，都受"天"的保护。

---

[1] 《墨子·非乐上》。
[2] 《墨子·法仪》。
[3] 《墨子·天志中》。
[4] 《墨子·法仪》。

第三，"天"有赏善罚恶的能力，具有主宰人间赏罚的最高权威，连天子也要服从于它。墨家说："顺天之意得天之赏，反天之意得天之罚。"[1]不仅平民百姓是这样，王公大人也是这样，天子也是这样。"天子有善，天能赏之；天子有过，天能罚之。"[2]"天"真是神通广大。

墨家讲"法天"，一般说来是效法自然之天，因而人们称其"以天为法"的思想为自然法思想。

三、维护劳动者基本权利的主张

墨家代表小生产者的利益，十分重视人民的生计，十分重视劳动。他们认为，人类要维持自己的生存，就必须劳动，自食其力。可见劳动是人类生存的根本，是创造物质财富的来源。这就叫"赖其力者生，不赖其力者不生"。因此，墨家特别强调要保障"赖其力"的劳动者的生存权利。他们借"天志"来论证这种权利的神圣不可侵犯。"今天下无大小国，皆天之邑也；人无长幼、贵贱，皆天之臣也。"因此，上天对每个人都"兼而爱之，兼而利之"，保护着每一个人，不允许"相恶相贼"[3]，互相伤害，不应出现犯罪。

墨家认为，当时劳动者生活困苦，那都是由于在上位的人残酷压榨所造成的。"今天下为政者……其使民劳，其籍敛厚，民财不足，冻饿死者，不可胜数也。"[4]因此，墨家提出发展生产以及"不与其劳""不获其实"等主张。

墨家认为人类只有努力劳动，才能创造更多的财富，"强（勤，下同）必富，不强必贫"；"强必饱，不强必饥"；"强必暖，不强必寒"。[5]因此，必须鼓励农夫"强乎耕稼树艺，多聚菽粟"，农妇"强乎纺绩织

---

[1] 《墨子·天志中》。
[2] 《墨子·天志上》。
[3] 《墨子·法仪》。
[4] 《墨子·节用上》。
[5] 《墨子·非命下》。

纤，多治麻丝葛绪捆布縿"。[1]他们反对那种不劳而获、"亏人自利"的行为，认为"不与其劳，而获其实"[2]是不正当的。

墨家还明确提出"凡费财劳力，不加利者不为"[3]的主张。这是说不做劳民伤财，实际没有利益的事。墨家举例说，衣服能保暖即可。如果衣服上绣上花纹，镶上花边，无补于保暖，就是"加费不加利于民"，所耗费的劳动就没有价值。墨家认为最"不加利者"，就是统治阶级所享用的奢侈品。

至于如何对待不劳而获的"亏人自利"行为，墨家主张用法律加以惩罚。他们说："今有一人，入人园圃，窃其桃李，众闻则非之，上为政者，得则罚之，此何也？以亏人身利也。至攘人犬豕鸡豚者，其不义，又甚入人园圃窃其桃李，是何故也？以亏人愈多，其不仁兹甚，罪益厚。"[4]在墨家看来，"窃其桃李""攘人犬豕鸡豚"等盗窃、抢劫行为，都是"不义"的，构成犯罪，必须按照罪行轻重程度加以惩罚，以维护私有财产权。

墨家要求维护劳动者权益的思想主张，是对统治阶级残酷压榨劳动人民的强烈抗议，是对剥削制度的勇敢挑战，无疑具有进步意义。

四、尚贤说

《鲁问》篇说："凡入国，必择务而从事焉。国家昏乱，则语之尚贤、尚同。"可见墨家也把"尚贤"作为解决国家昏乱的良药。因为在宗法制度世卿世禄的情况下，任人唯亲，用人是根据血缘关系而不管其是否贤能。"周道亲亲""立嫡以长不以贤"，[5]从天子到卿大夫，都是由嫡长子世袭的。正如墨家所揭露的那样："王公大人骨肉之亲，瞽、瘖、聋、瞀、暴

---

[1]《墨子·非命下》。
[2]《墨子·非攻上》。
[3]《墨子·非攻上》。
[4]《墨子·非攻上》。
[5]《公羊传·隐公二年》。

如桀纣，不加失也。"[1]只要是骨肉至亲，即使是跛子、哑巴、聋子、瞎子，以至极其残暴的人，因为"亲亲"的原则，也能世袭为官，永享富贵。这样就造成了"为贤者不劝，而为暴者不沮"的状况，结果必然导致"失措其国家，倾覆其社稷"，连统治也保不住了。

在墨家看来，"欲使国家之富，人民之众，刑政之治"[2]，就必须冲破任人唯亲的世卿世禄制度。因此，墨家主张"尚贤事（使）能"，并认为这是"政之本也"，统治者应该大力选任贤能，[3]并呼吁统治者应把招纳贤才作为一项特别重要的任务，"王公大人之务，将在于众贤而已"。[4]

在墨家看来"尚贤"应遵循的原则是，"不党父兄，不偏富贵，不嬖颜色。贤者举而上之，富而贵之，以为官长；不肖者抑而废之，贫而贱之，以为徒役"；[5]"虽在农与工肆之人，有能则举之，高予之爵，重予之禄，任之以事，断予之令"。[6]

墨家认为，必须用提高物质待遇和社会地位的办法来招纳天下的贤士，从而做到"官无长贵，而民无终贱"。

总的看来，墨家的法律思想是进步的，它反映了小生产者的要求和愿望。如主张互助互利的"兼爱"理想，反对剥削压迫、维护劳动者权益的主张等，是当时任何剥削阶级思想家不可能提出的。所以说，在中国古代法律史上，墨家的法律思想占有特殊的地位。

思考题

1. 儒墨两家在法律思想上的分歧主要表现在哪些方面？
2. 简述墨家以"兼爱"为核心的法律观。

---

[1] 《墨子·尚贤下》。
[2] 《墨子·尚贤上》。
[3] 《墨子·尚贤上》。
[4] 《墨子·尚贤中》。
[5] 《墨子·尚贤中》。
[6] 《墨子·尚贤上》。

第六章

道家的法律思想

内容分析和要点提示

本章主要阐述了道家的法律思想，应掌握《老子》的"道法自然"说、无为而治论和对礼法的批判以及《庄子》的法律虚无主义思想。同时，要注意道家是怎样在批判儒家、法家的思想理论时，来阐述自己的主张的。

本章的基本知识、基本理论有：（1）《老子》的"道法自然"思想。（2）《老子》的无为而治论。（3）《老子》对统治者"有为"的批判。（4）《老子》对儒家礼治论的批判。（5）《老子》对法家"法治"的批判。（6）《庄子》的绝对无为主张。（7）《庄子》对仁义、礼法的揭露和批判。

本章的基本概念有：（1）"道法自然"。（2）无为而治。（3）"天网恢恢，疏而不失"。（4）礼乃"忠信之薄而乱之首"。（5）"绝圣弃智"。（6）"绝仁弃义"。（7）"绝巧弃利"。（8）"法令滋彰，盗贼多有"。（9）窃钩者诛，窃国者侯。（10）小国寡民。

第一节 道家学派及其法律思想概述

先秦道家，是以"道"为思想体系核心的一个学派。《汉书·艺文志》称："道家者流，盖出于史官，而记成败存亡祸福古今之道。然后知秉要执本，清虚以自守，卑弱以自持，此君人南面之术也……欲绝去礼学,兼弃仁义,曰独任清虚可以为治。"

春秋末期的老子是道家的创始人,战国中期的庄子是道家学说的集大成者。

老子生活的春秋末期,奴隶主阶级的统治呈现出土崩瓦解之势;而庄子生活的战国中期,地主阶级已在各主要诸侯国取得政权,取代了奴隶主阶级的统治。由奴隶主阶级出身而下降为隐士的老、庄,面对当时激烈的社会动乱,一方面感到奴隶主阶级的大势已去,无法挽回;另一方面又对当权者的横征暴敛和骄奢淫逸表示强烈不满,但又无可奈何。他们意识到有一种不可阻挡的、客观存在的力量在支配着一切,无法抗拒,因此,他们主张顺应自然,回避矛盾,消弭斗争,以消极的态度对待一切。但庄子比老子走得更远些。因为他遭遇冷落、终生坎坷、一无所有,所以他对统治者贪婪残暴的揭露和对地主阶级法制的残酷性的批判更为深刻。

先秦道家的主要著作是《老子》和《庄子》。道家法律思想的主要内容是:

第一,"道法自然"的自然法说。道家认为,"道"是"万物之宗","可以为天下母"[1];它"先天地生"[2],在未有天地之前,它"自古以自存;神鬼神帝,生天生地"。[3]"道"是支配一切的主宰,衍生天下万物,但它不是物质实体,而是一种绝对精神。

在道家看来,统治者应当顺应自然,以自然为法,即"人法地,地法天,天法道,道法自然"。[4]他们认为,在人定法之外,还有一种来源于自然的自然法,"天网恢恢,疏而不失"。[5]这种自然法比人定法优越得多,因为它体现了自然无为的要求,广大无边,谁也逃脱不了它的约束。

---

[1]《老子》二十五章。
[2]《老子》二十五章。
[3]《庄子·大宗师》。
[4]《老子》二十五章。
[5]《老子》七十三章。

第二编　奴隶社会向封建社会过渡的春秋战国时期的法律思想

第二，"无为而治"论。道家认为，"道"是自然无为的，统治者应该"处无为之事，行不言之教"，[1]一切听任自然的支配，让天下万物自然生长、发展。

道家认为："为无为，则无不治。"[2]"无为"是最理想的治国方法，"君子不得已而临莅天下，莫若无为"。[3]如实行无为而治，天下自然太平无事。天下之所以混乱，人民之所以难治理，就是由于统治者喜欢有为，即"民之难治，以其上之有为，是以难治"。[4]因此，道家抨击统治者骄奢淫逸，反对苛征暴敛，反对战争，否定"尚贤"。

第三，废弃仁义圣智说。道家认为，仁义、智慧、孝慈、忠臣，等等，都是不合乎人的自然本性的。"大道废，有仁义；智慧出，有大伪；六亲不和，有孝慈；国家昏乱，有忠臣。"[5]道家主张"绝仁弃义""绝圣弃智""绝巧弃利"。只有这样，人们才能"见（现）素抱朴，少私寡欲"[6]，保持纯朴的天性。

第四，否定人定法。道家认为："天下多忌讳（指法制禁令），则民弥贫。"统治者人为地制定出法律法令是徒劳无功的，而且会贻害无穷，即"法令滋彰，盗贼多有"。[7]由于统治者使用繁法苛刑，造成了囹圄遍地，死者相枕的悲惨局面，即"方今之世，仅免刑焉"。[8]这难道不是统治者的罪过吗？况且，这样做的结果，必将引起人民群起反抗，最终危及统治者的生存。因此，道家主张废弃一切法度和规定制度，从而达到"擿玉毁珠，小盗不起；焚符破玺，而民朴鄙；掊斗折衡，而民不争；殚残天下之圣法，而民始可与论议"的效果。[9]

---

[1]《老子》二章。
[2]《老子》三章。
[3]《庄子·在宥》。
[4]《老子》七十五章。
[5]《老子》十八章。
[6]《老子》十九章。
[7]《老子》五十七章。
[8]《庄子·人间世》。
[9]《庄子·胠箧》。

第五,"君人南面之术"。所谓"南面之术",就是最高统治者驾驭臣下、统治人民的一套方法和权术。从广义方面来说,上述"无为而治"、废弃仁义礼法等,都是"君人南面之术"。从狭义方面来说,"君人南面之术"则包括以柔克刚[1]、"欲夺先予"[2],以及愚民政策[3]等。

第二节 《老子》"道法自然"的法律思想

对于老子这个人和《老子》这部书,长期存在争论、意见分歧。当前,相当多的学者认为老子即老聃,姓李名耳,是生于春秋末期的楚国人。

据《史记·老子韩非列传》记载:"老子者,楚苦县厉乡曲仁里人也,姓李氏,名耳,字聃,周守藏室之史也。"

经近人马叙伦等人考证,老子即老聃,确与孔子同时而年辈稍长。马叙伦说:"老子生当定王、简王之世。孔子五十一岁见老子,为敬王十八年(公元前502年),盖已八九十岁,其卒年虽不可知,而《庄子》载秦失吊其死,作非不知所者也。"[4]

《老子》这本书,也称为《道德经》《老子五千言》,是道家学派的主要经典。它是否为老子所作,历来争论很大。相当多的学者认为它成书于战国初期,并非老子所作,但其思想大约是老子提出来的,应是老子一派的共同创作。1973年在长沙马王堆第三号汉墓中发现两部帛书《老子》,其编排方法与传统的《老子》不同,德经在前,道经在后。

---

[1]《老子》四十三章。
[2]《老子》三十六章。
[3]《老子》六十五章。
[4]《老子校诂》第36页。

第二编 奴隶社会向封建社会过渡的春秋战国时期的法律思想

一、"道法自然"说

所谓"道",其本义原为"道路"。《说文》云:"道,所行道也。"《老子》将"道"运用于人类社会生活,作为一定的原理和准则,为人们处事接物所应共同遵循的原则。道家所谓道,是以"自然"为中心,主要表现为从消极方面来防患于未然、一切顺应自然、正本清源、消弭祸患、无事以安民。

"道"是道家学说的核心,也是其哲学的最高范畴。在《老子》八十一章中,直接论"道"的有 37 章,"道"字出现 74 次,多方面地解说"道"。

《老子》认为,"道"是宇宙的本体,是万事万物的主宰。《老子》说:"有物混成,先天地生,寂兮寥兮,独立而不改,周行而不殆,可以为天下母,吾不知其名,字之曰道。"[1]这是说有一种浑然一体的东西,在天地出现之前就存在着,它看不见,摸不着,不依赖外来的力量,自己在那里独立地循环往复地运动着;万物由它产生,它是宇宙万物的母亲。我们不知道如何称呼它,给它起个名字叫"道"。《老子》所谓"道",从本质上看,它是第一性的,而现实世界是第二性的,它不是物质实体,而是一种绝对精神。可以说,《老子》的理论是一种客观唯心主义的思想体系。

《老子》认为,天地万物以及人类都受自然的支配,它们应当效法自然。"故道大、天大、地大、人亦大。域中有四大,而人居其一焉。人法地,地法天,天法道,道法自然。"[2]实际上,《老子》认为人类、天、地、道都要以自然为法,而在人定法之外有一种来源于自然的自然法。"天之道,不争而善胜,不言而善应,不召而自来,繟(缓慢的意思)然而善谋。天网恢恢,疏而不失。"[3]河上公注云:"天所网罗,恢恢甚大,

---

[1]《老子》二十五章。
[2]《老子》三十七章。
[3]《老子》七十三章。

虽疏远，司察人善恶，无有所失。"可见这种自然法网具有刑赏的力量，能够赏善罚恶，十分森严，所以人类必须力求顺天。这种自然的法网无比广大，网孔虽然稀疏，却不会有漏失呢！

《老子》认为，自然是"道"的本体。经过天和圣人相继取法自然，就成为"天之道"和"圣人之道"。它们是人类社会所遵循的规范。《老子》从各方面阐述了这种"天之道"和"圣人之道"。"功成身退，天之道。"[1]"天之道，其犹张弓欤？高者抑之，下者举之，有余者损之，不足者补之。天之道，损有余而补不足。人之道则不然，损不足以奉有余。"[2]"是以圣人处上而民不重（指负担）；处前而民不害。"[3]由此可见，自然法反映了人类社会普遍的道德原则，体现了人类生活的规范和法则，扩大了人类生存的美好意境。所以，人类应当遵循自然法，按照自然法的要求行事。

二、无为而治论

《老子》认为，自然的天道是"无为"的，人们遵循天道行事，就要自然无为。"天地不仁，以万物为刍狗；圣人不仁，以百姓为刍狗。天地之间，其犹橐籥（古代之风箱）乎？虚而不出，动而愈出。"[4]这是说天地毫不偏私，任凭万物自然生长；圣人也不偏私，任凭人民自由发展。这是《老子》对自然无为思想的说明。

当时，《老子》的作者看到"礼坏乐崩"的趋势已难以挽回，所以反对礼治；同时又认为"法令滋彰，盗贼多有"，因而也反对"法治"。《老子》肯定"为无为，则无不治"，[5]即最理想的治国方法是无为而治。什么叫无为呢？《老子》说："圣人处无为之事，行不言之教，万物

---

[1]《老子》九章。
[2]《老子》七十七章。
[3]《老子》六十六章。
[4]《老子》五十七章。
[5]《老子》三章。

作焉而不为始,生而不有,为而不恃,功成而弗居。"[1]这主要是说,无为就是要顺应自然,遵循事物的发展规律,不贪功冒进,成功之后也不居功自傲。简单说,就是"私志不得入公道,嗜欲不得枉正术",[2]即没有私欲的作为。若统治者实行无为,天下自然太平无事。"我无为而民自化,我好静而民自正,我无事而民自富,我无欲而民自朴。"[3]

《老子》认为天下之所以混乱,人民之所以难治,就是由于统治者喜欢有为。"民之难治,以其上之有为,是以难治。"[4]所以,它极力反对统治阶级的有为。

第一,抨击统治者骄奢淫逸。《老子》作者对当时社会现实中统治者的骄奢淫逸和贪婪腐败,深为不满,并加以猛烈抨击。"朝甚除(整齐清洁),田甚芜,仓甚虚,服文采,带利剑,厌(满足的意思)饮食,财货有余,是谓盗竽。"[5]

第二,反对苛征暴敛。《老子》反对统治者"有之以为利",用苛征暴敛的方法去剥削人民。"民之饥,以其上食税之多,是以饥……民之轻死,以其上求生之厚,是以轻死。"[6]这里,《老子》明确地把人民的饥饿贫困,轻生冒死,归咎于统治者繁重的赋税,归咎于统治者过分地追求享乐。

第三,反对战争。《老子》认为,战争是不祥之物,它荒芜土地,破坏生产,有道的人应远离战争。"以道佐人主者,不以兵强天下。其事好还(指报应),师之所处,荆棘生焉,大军之后,必有凶年。"[7]

第四,不尚贤。《老子》的作者看到春秋时期推行的尚贤政治,给贵族统治带来很大的危险,因而提出了不尚贤的主张。"不尚贤,使民

---

[1]《老子》二章。
[2]《淮南子·修务训》。
[3]《老子》五十七章。
[4]《老子》七十五章。
[5]《老子》五十三章。
[6]《老子》七十五章。
[7]《老子》三十章。

不争。"[1]显然，这种主张在客观上阻碍了新兴地主阶级势力的发展。

总的看来，《老子》所宣扬的无为而治的实质，在于以消解矛盾的方法避免斗争，使统治阶级对人民作出一些让步，减轻一些剥削和压迫，以维持社会安定。

三、否定仁义圣智说

《老子》从"天道自然"、无为而治的思想出发，反对人为地提倡仁义圣智，认为这些都是病态社会中的反常现象，不合乎人的本性。

《老子》认为，所谓仁义、智慧、孝慈、忠臣，等等，都是反常的，而统治者努力提倡，只能把社会搞乱。"大道废，有仁义；慧智出，有大伪；六亲不和，有孝慈；国家昏乱，有忠臣。"[2]在《老子》的作者看来，"大道"丧失后，才有所谓"德"；"德"不行之后，才有所谓"仁"；"仁"的提倡失败之后，又有了"义"；"义"行不通后，又有了"礼"。礼是最坏的，"夫礼者，忠信之薄而乱之首"。[3]

《老子》还认为，古代社会浑噩纯朴，人们一切顺乎自然，无忧无虑。后来各行各业兴起，人们产生各种妄念奇求，又有了智慧和技巧。"慧智出，有大伪。"这时，社会便成为恶人横行、奸宄肆虐的世界，再求拨乱反正又谈何容易！可见统治者倡导智慧，以智治国，实在是贻祸无穷。《老子》说："故以智治国，国之贼；不以智治国，国之福。"[4]

《老子》把智慧和技巧看成是致乱之源，因此提出"釜底抽薪"的办法，主张彻底抛弃它们，使人们返璞归真，少私寡欲，保持纯朴的天性。"绝圣弃智，民利百倍……绝巧弃利，盗贼无有……见素抱朴，少私寡欲"；[5]"天下多忌讳（指禁令），而民弥贫；民多利器，国家滋昏；

---

[1]《老子》三章。
[2]《老子》十八章。
[3]《老子》三十八章。
[4]《老子》六十五章。
[5]《老子》十九章。

人多伎巧，奇物滋起；法令滋彰，盗贼多有"。[1]照《老子》看来，所谓"圣智"想出来的教化、政令、法律、道德，等等，只对统治者有利，而对人民有害。所以绝圣而不为，弃智而不用，将会给人民带来百倍的利益。而人们的技术越精巧，奇怪的物品越多，越会引起人们的贪欲，以致去偷去抢。所以"绝巧弃利"，堵塞人们贪欲之心，就不会有盗贼了。

总的看来，《老子》摒弃仁义礼乐，在客观上有一定的积极意义。所谓仁义礼乐，是当时统治阶级的意识形态，是维护剥削阶级统治的工具，是天下罪恶的渊薮。但我们也应看到，春秋战国时代已是"文明社会"，人与人之间的关系复杂了，需要仁义礼乐之类的规范来加以调整，以维系整个社会的和谐。而《老子》忽视了人与人之间的关系，不懂得仁义礼乐的出现，是人类社会发展的必然，这是其认识片面性的表现。

至于《老子》否定"圣智"，这在理论上也是错误的。首先，它要取消人们内心的欲望和要求。殊不知，这些欲望和要求也是发乎自然，为人性所必有的，谁要是想随意取消它，反而抹煞了人性。其次，它要取消人们外在的一切圣智、文化和物质产品。殊不知，这些东西正是适应人类的要求而产生的，它们产生之后既为人们所接受，又促进了社会的发展，这是任何势力也阻挡不了的！

四、反人定法的主张

《老子》崇尚自然，推崇自然法，所以否定人为，反对人定法。它认为，制定法令本来是为了止盗，可是盗贼反而多有。为什么会酿成这样的局面呢？其根本原因在于法律禁令破坏了自然的和谐。《老子》说："天下多忌讳（指法制禁令），而民弥贫。民多利器，国家滋昏。人多伎巧，奇物滋起。"[2]这里，它把天下的混乱，直接归之于制定了各种法制

---

[1]《老子》五十七章。
[2]《老子》五十七章。

禁令，产生了许多人为的新奇物品。同时，《老子》把这些新奇事物统统视为统治者"有为"的结果，都是祸患；这些新的法律禁令都是统治者按照"人之道"制定出来的，不符合"天之道"，一律加以反对。

《老子》认为，制定法律禁令，是徒劳无功，贻害无穷的。"法令滋彰，盗贼多有"，[1]法律禁令越是繁多严密，人民就越贫穷，盗贼也就越多。显然，这是《老子》对当时出现的"法治"主张的批判。

在《老子》看来，在社会纷乱、人民日益贫穷而失去生路的情况下，统治者使用繁法苛刑不仅不能使人民屈服，反而会激起他们更强烈的反抗。"民不畏威，则大威至。"[2]这是说，到了人民不怕统治者威吓的时候，那么可怕的事就要发生了。

所以，《老子》以为用杀人的办法并不能解决问题。刑罚诛戮，如果不得已而用之，则其基础在于人民畏惧刑罚，不敢以身试法。然而，当人民备受压榨，生计艰难，无法为生之时，他们乃不再畏惧刑罚诛戮。既不畏惧，罚之又有何益？法令刑罚还有什么功效呢？"民不畏死，奈何以死惧之。"[3]

《老子》认为，统治者应当自然无为，不要任法用刑。如果任法用刑，则政事必多；政事多，则费用必繁；费用繁，则征税必多；征税多，则人民必饥；人民饥，则必轻死；人民轻死，自然不再惧怕刑罚诛戮了！

不论是奴隶主阶级的法和刑，还是封建地主阶级的法和刑，《老子》都予以抨击。特别是对于他们用繁多的法律禁令来制裁人民，它无情地加以揭露，这对人们认识剥削阶级的法的残酷性，有一定的积极作用。

第三节 《庄子》自然主义的法律观

庄子（约公元前369—前286），姓庄名周，与孟子同时代而稍晚一

---

[1]《老子》五十七章。
[2]《老子》五十三章。
[3]《老子》七十四章。

些。他是宋国蒙（今河南商丘县东北）人。庄子只做过管理漆园的小官，不久就隐退。他生活贫苦，终生潦倒，有时靠借贷过日子。当时学术界著名人物只有惠施和他经常往来，进行辩论。朱熹曾说过，庄子当时亦无人宗之，他只在僻处自说。

庄子的著作，司马迁说他"著书十余万言，大抵率寓言也"。《汉书·艺文志》说，《庄子》一书52篇。现存的《庄子》只有内篇7篇，外篇15篇，杂篇11篇，共33篇。一般认为，内篇为庄子自著，外篇、杂篇是其后学的著作。其实也未必尽然，外篇、杂篇中也可能有一些庄子自己的手笔。但大体可以说，《庄子》是庄学汇编。

一、自然法思想

《庄子》和《老子》一样，把"道"看成是天地万物的主宰，天地由它而生，万物由它创造。"夫道有情有信，无为无形；可传而不可受，可得而不可见；自本自根，未有天地，自古以固存；神鬼神帝，生天生地；在太极之先而不为高，在六极之下而不为深，先天地生而不为久，长于上古而不为老。"[1]这是说，这种永久存在、无影无形、制造鬼神上帝、创造天地万物的"道"，是宇宙的本体。所以说，《庄子》仍然继承了《老子》的本体论。但《庄子》的"道"和《老子》的"道"又有所不同。它说："有先天地生者，物邪？物物者非物。"[2]又："天地与我并生，而万物与我为一。"[3]这是说产生物质的东西并不是物质，而是精神；这种精神与世界万物混同一体，合而为一，万物就是我，我就是万物。很明显，《庄子》把《老子》客观唯心主义的"道"，从主观上加以夸大，发展为主观唯心主义的"道"了。

《庄子》和《老子》一样，认为"道"是自然无为的，人们对世间一切不要加以人为，所以它也主张无为而治。"君子不得已而临莅天下，

---

[1]《庄子·大宗师》。
[2]《庄子·知北游》。
[3]《庄子·齐物论》。

莫若无为。无为也，而后安其性命之情。"[1]只有无为而治，不伤害事物的自然本性，那才是治理国家最好的方法。

二、毁法论

虚无主义在《庄子》的政治法律思想方面表现将尤为突出。它和《老子》一样，崇尚自然法，反对人为法，主张毁弃一切法度。它认为统治者用法律禁令来统治人民，就伤害了他们的天性，约束了他们的自由，是要不得的。《大宗师》篇说："以刑为体，以礼为翼，以知（智，下同）为时，以德为循。以刑为体者，绰（宽的意思）乎其杀也；以礼为翼者，所以行于世也；以知为时者，不得已于事也；以德为循者，言其与有足者至于丘也。"它认为以刑为治之体，则任统治者杀戮；相反，以德为循顺天性，顺应世事，则无不能为；如同有足者之登山丘一样。说来说去，《庄子》还是主张除去人为，毁弃刑法，听任自然。

《庄子》从其崇尚自然的思想出发，对封建法制进行了严厉的抨击和批判。

第一，繁法严刑给人们带来了无穷的灾难。《庄子》对战国时代的繁法严刑进行了猛烈的抨击和尖锐的批判。《在宥》篇说："今世殊死者相枕也，桁杨（架绑在脚和颈上的刑具）者相推也，刑戮者相望也，而儒墨乃始离跂（阔步）攘臂乎桎梏之间。"《人间世》篇说："方今之时，仅免刑焉！"这是《庄子》对现实世界尖锐的批判。正是由于当时统治者使用繁法严刑，造成囹圄遍地、死者相枕的悲惨局面。在这种情况下，人们只求免死而已。这虽然是一种悲观的论调，但在当时却不失为一种深刻的揭露和沉痛的批判。

第二，刑赏不合于"性命之情"。《庄子》认为，自然的德性无所谓爱憎，所以统治者应当以无为的态度对待天下，不要使用刑法、仁义等进行统治。如果任凭人们自由发展，不施加人为的约束和惩治，天下就

---

[1]《庄子·在宥》。

能"不淫其性""不迁其德"。

《庄子》认为，君主统治着广大的天下，如果见善就赏，见恶就罚，其结果必然是赏不胜赏，罚不胜罚。这种赏罚制度怎么能行得通呢？天下乱哄哄的，百姓岂能"安其性命之情哉"？因此，《庄子》要求恢复人的放荡不羁的"性命之情"。《在宥》篇说："……故举天下以赏其善者不足，举天下以罚其恶者不给。故天下之大不足以赏罚。自三代以下者，匈匈焉（乱哄哄的样子）终以赏罚为事，彼何暇安其性命之情哉！"

既然统治者的法度是要不得的，它残害人们，伤害天性，所以《庄子》主张毁弃一切法度。"擿玉毁珠，小盗不起；焚符破玺，而民朴鄙；掊斗折衡，而民不争；殚残天下之圣法，而民始可与论议（指谈论大道）。"[1]可见《庄子》比《老子》走得更远，它不但要求毁弃一切法度，而且主张毁灭一切规章制度等文明成果，这无疑是消极倒退而违反历史发展规律的。然而，我们也应该看到，《庄子》对封建法律的揭露和批判是相当深刻的。它使人们认识到，地主阶级即使是在其上升阶段也是罪恶累累的。

三、反仁义圣智说

《庄子》认为，纯正的人性就是人的自然本性。而一切人为的仁义圣智，不但不合乎人性，而且伤性乱俗，毁掉了自然无为的道德。

（一）否定仁义礼乐

《庄子》认为，应当让人们按照自己的本性自然而然地生活，不要人为地加以干预。可是，孔子却用心尽力去倡导仁义，从而扰乱了人性。"老聃曰：'请问：何谓仁义？'孔子曰：'中心物恺（与物外相和悦），兼爱无私，此仁义之情也。'老聃曰：'意，几（危）乎后言！夫兼爱，不亦迂乎！无私焉，乃私也。夫子若欲使天下无失其牧（养）乎？……又何偈偈（用尽气力的样子）乎揭仁义，若击鼓而求亡子焉！意，夫子乱

---

[1]《庄子·胠箧》。

人之性也。'"[1]

《庄子》又进一步指出，统治者所提倡的仁义礼乐等，就像人体上的"骈拇枝指"，是畸形之物，是多余的东西，不但毫无用处，而且成为累赘，给社会带来不安。统治者那样用心费力地推行仁义，不厌其烦地搞什么礼乐，把人类那种纯朴的自然本性败坏殆尽，这正是他们的罪过啊！《庄子》说："骈拇枝指出乎性哉，而侈（多余）于德；附赘县疣出乎形哉，而侈于性；多方（多生枝节，下同）乎仁义而用之者，列于五藏（脏，下同）哉，而非道德之正也。是故骈于足，连无用之肉也；枝于手者，树无用之指也；多方骈枝于五藏之情者，淫僻于仁义之行，而多方于聪明之用也。"[2]由此可知，《庄子》对统治者提倡的仁义礼乐的揭露是相当深刻的。它们对治理国家不但毫无用处，反而给社会带来混乱。

《庄子》痛惜世人中仁义之类的毒太深了，以致难以领悟大道的深意。所以它把仁义之类的东西视为统治者加在人们身上的刑具，认为仁义使人得不到半点自由。可见，用仁义之类的东西来治理天下，不仅没有好处，而且是一种罪过。

（二）否定文化技艺

《庄子》对圣智采取怀疑和不信任的态度，认为它是导致社会混乱的根源。

第一，非难"圣智"。《庄子》认为，在道德高尚的"至德之世"，人的本性纯朴，淡情寡欲，无须圣智，无须教化，天下就太平无事。而人们提倡圣智，却弄得天下混乱。所以，只有"绝圣弃知（智）"，才能使天下太平。《胠箧》篇说："将为胠（撬开）箧探囊发匮（开柜子）之盗而为守备，则必摄（绑紧）缄縢（都是绳子）、固扃鐍，此世俗之所谓知（智，下同）也。然而巨盗至，则负匮揭箧担囊而趋，唯恐缄縢扃鐍之不固也。然则乡之所谓知者，不乃为大盗积者也？……由是观之……掊

---

[1]《庄子·天道》。
[2]《庄子·骈拇》。

击圣人，纵舍盗贼，而天下始治矣。"

确实，《庄子》不懂得历史的发展是不断进步的。三代以前是原始社会，夏、商、西周是"文明"的奴隶社会；在历史上，"文明"的奴隶社会的出现是历史的一大进步。贵族统治者利用"圣智"来欺骗和压迫人，这是应该批判的，但他们对人类智慧的发展及其运用，则应该予以肯定。

第二，否定文化技艺。《庄子》认为，客观世界本来不可知，因此，所谓知识、言语、辩论等都是多余的。它特别反对追求知识，认为人的生命有限而知识无限，用有限的生命去追求无限的知识，那不是太危险了吗！"吾生也有涯，而知也无涯。以有涯随无涯，殆已；已而为知者，殆而已矣。"[1]

《庄子》所说的生命有限而知识无限，这是对的；但把认识客观世界、追求知识当成是危险的、徒劳的，那就错了。世界是可知的，认识是无限的，人们能够认识客观世界，知识要靠一代一代来积累。

同时，《庄子》还认为知识是祸害。"知也者，争之器也"[2]，它给人们带来斗争，引起不幸。

《庄子》对人类文化和技艺的进步也持反对态度。他主张毁弃人类创造的符玺、度量衡、音乐、文彩和一切技艺。《庄子》说："擿玉毁珠，小盗不起；焚符破玺，而民朴鄙；掊斗折衡，而民不争……擢乱六律，铄绝竽瑟，塞瞽旷之耳，而天下始人含其聪矣；灭文章，散五采，胶离朱之目，而天下始人含其明矣；毁绝钩绳而弃规矩，攦工倕之指，而天下始人有其巧矣。"[3]

当然，《庄子》否定文化技艺的主张是错误的。随着社会的发展，人类智慧以及文化科学技术也相应地发展起来，这是历史的进步，应予以肯定。但《庄子》不分青红皂白，怀疑一切、打倒一切，连文化知识和

---

[1]《庄子·养生主》。
[2]《庄子·齐物论》。
[3]《庄子·胠箧》。

科学技术都要毁弃，这是违反历史发展规律的。

第三，嘲笑儒墨。《庄子》所说的圣人、圣者、智者，实际上主要是指儒、墨两家的知识分子。它对他们一概加以嘲笑，甚至辱骂，猛烈地加以抨击。《骈拇》篇说："枝于仁者，擢德塞性以收名声，使天下簧鼓以奉不及之法非乎？而曾、史是已！骈于辩者，累瓦结绳窜句（多方搜罗事例、玩弄文辞的意思），游心于坚白同异之间，而敝跬（借为蹩躠）誉无用之言非乎？而杨、墨是已！"儒、墨两家是战国时代著名的学派，而庄子却嘲笑儒、墨不过是一些自我标榜、沽名钓誉之徒。他们所从事的都是趋世应时的学问，如同"朝三暮四""朝四暮三"地愚弄猴子的把戏一样，是于事无补的东西。

显然，《庄子》一概否定圣智的主张也是错误的。在历史上，随着奴隶社会的出现及其向封建社会的发展，也带来了人类智慧、文化、科学技术的发展，并使之造福于人类。总体来说，这是好事。至于它们也给人类带来争斗、恐惧，那只是次要的方面。

思考题

1. 简评《老子》"道法自然"和无为而治的思想。
2. 《庄子》的法律虚无主义思想表现在哪些方面？

第七章

法家的法律思想

内容分析和要点提示

本章全面阐述了法家的法律思想。它是本课程最重要的章节之一，应认真掌握。具体说来，本章所阐述的是法家的法律观和"法治"学说，以及法家的重要代表人物商鞅、慎到、韩非的法律思想。

本章的基本知识、基本理论有：（1）法家的法的起源论。（2）法家的变法论。（3）法家的"以法治国"论。（4）法家的赏刑论。（5）法家的"势治"论。（6）法家的"术治"论。（7）法家的文化专制论。（8）商鞅的变法论。（9）商鞅的"任法而治"论。（10）商鞅的重刑论。（11）慎到的"立公弃私"论。（12）慎到的"势治"论。（13）韩非的君主专制"法治"论。（14）韩非的法、术、势相结合论。（15）韩非的文化专制主张。

本章的基本概念有：（1）"法治""以法治国"。（2）"势治"。（3）"术治"。（4）"不法古，不修（循）今"。（5）"法与时转则治"。（6）"定分止争"。（7）兴功禁暴。（8）信赏必罚。（9）任法去私。（10）"禁奸止过，莫若重刑"。（11）刑无等级。（12）法不阿贵。（13）"抱法处势"。（14）"唯法为治"。（15）法、术、势相结合。

第一节 法家学派及其法律思想概述

法家是先秦诸子百家中代表新兴地主阶级利益，主张"以法治国"

的一个学派，它形成于战国中期。

春秋战国时期，地主阶级为了维护其私有财产和巩固其政治统治，一方面，不断加强国家机器，把自己的意志上升为法律，强迫人民遵守；另一方面，又要对他们的统治经验进行理论上的总结。这样，法家就作为地主阶级的代言人应运而生了。

法家学派的形成，有一个历史发展过程。

春秋时期，法家先驱管仲、子产、邓析等人提出过一些"法治"思想，但都没有建立起自己的思想理论体系。

到了战国时期，随着新兴地主阶级力量的进一步发展壮大，反映其意志和利益的法家学说也逐渐发展起来。战国初期的李悝汇集当时各国法律，编撰成我国第一部比较系统的封建法典《法经》，较集中地反映了一些根本的封建立法思想。战国中期的商鞅，对变法和任法，重势和重术作了理论上的论证，提出了系统的"法治"理论。他是法家思想理论的主要奠基者。同时，主张"势治"的慎到和主张"术治"的申不害都对法家理论的形成作出了重要贡献。而且，在《管子》中，也反映出齐法家的思想已有相当完整的体系。战国末期的韩非，继承和发展了李悝、商鞅等人的思想，形成了更完整的法、势、术相结合的"法治"理论，成为先秦法家学说的集大成者。韩非的同学李斯既属先秦法家中的理论贡献者，又是先秦法家理论在秦的实践者，人们称他为法家事业的集大成者。

法家理论的主要内容如下：

第一，法的起源与变法论。它们是法家主张社会变革和变法的理论根据。

法的起源论。商鞅把人类社会的发展分为上世、中世、下世三个阶段。"上世亲亲而爱私，中世上（尚）贤而说（悦）仁，下世贵贵而尊官。"在"以强胜弱，以众暴寡"的下世，争夺激烈，为了"定分止争"，需要"立禁、立官、立君"，即产生了国家和法律。商鞅关于法的产生的论述，以后成为法家共同主张的法的起源论。

变法论。商鞅认为人类社会是不断发展的，统治者应"当时而立法，因事而制礼",[1]实行变法是历史的必然。其他法家人物特别是韩非也强调变法的重要性。"治民无常，唯法为治。法与时移则治，治与世宜则有功。"[2]

第二，"以法治国"论。

以法治国。法家认为，"以法治国，则举措而已"。[3]如果统治者以法治国，那只要举手之劳就能把国家治理好。统治者应当做到"事断于法"，将法作为是非功过和罪与非罪的标准。

法的性质。其一，法的规范性。"法者，国之权衡也",[4]法是人们行为的规则和规范。其二，法的公正性。法是公正无私的表现。"法者，至公（极公正）大定之制也。"[5]因此，要反对统治者枉法任私。其三，法的平等性。"刑无等级，自卿相将军以至大夫庶人，有不从王令、犯国禁、乱上制者，罪死不赦。"[6]这是说刑罚不分贵贱等级，不因人而异。其四，法的公开性。"圣人为法，必使之明白易知。"[7]立法力求做到家喻户晓。

法的作用。在法家看来，法之所以重要，是因为它有"定分止争"、兴功禁暴的作用。其一，"定分止争"。必须确定事物的权利名分，"分定不可争也"[8]，权利名分确定了，就可以禁止争夺。其二，兴功禁暴。"入令民以属农，出令民以计战。"[9]如此可以发展国家经济实力，增强军事力量。所谓"禁暴"，主要指压迫被统治者，使其不敢反抗，"故善治者塞（遏）民以法"。[10]

---

[1]《商君书·更法》。
[2]《韩非子·心度》。
[3]《管子·明法》《韩非子·有度》。
[4]《商君书·修权》。
[5]《慎子》佚文。
[6]《商君书·赏刑》。
[7]《商君书·定分》。
[8]《商君书·定分》。
[9]《商君书·算地》。
[10]《商君书·画策》。

第三，刑赏论。

法家说："凡赏者文也，刑者武也。文武者法之约（要）也。"[1]赏和刑是法的纲要。治国必须赏刑并用，应当做到"信赏必罚""重刑少赏"，其实质在于重刑。"重刑连其罪，则民不敢试。民不敢试，故无刑也。"[2]

第四，"势治"论。

法家所讲之势，是指君主的权势。"尧为匹夫，不能使其邻家，至南面而王，则令行禁止。"[3]但势和法必须结合起来，"抱法处势则治"。[4]既坚持"法治"，又掌握权势，国家就能治理好。法家主张"权制独断于君"，[5]建立起中央君主集权制度。

第五，"术治"论。

法家所讲之"术"，是指君主驾驭臣下的方法和手段。"为人君者操契以赏（责）其名"[6]，即指君主公开任免、考核、赏罚官吏的方法。"藏于无事，窜端匿疏，示天下无为"，则指君主暗中驾驭臣下的阴谋权术。法家还主张将法和术结合起来，"君无术则蔽于上，臣无法则乱于下。此不可一无，皆帝王之具也"。[7]

第六，文化专制论。

法家主张"燔《诗》《书》而明法令"，[8]即毁弃一切文化典籍，取缔一切学术派别，定法家学说于一尊。"无书简之文，以法为教；无先王之语，以吏为师。"[9]一切言论"必轨于法"。

总体看来，法家的思想理论顺应了历史发展的要求，适应了当时地

---

[1]《商君书·修权》。
[2]《商君书·赏刑》。
[3]《慎子·威德》。
[4]《韩非子·难势》。
[5]《商君书·修权》。
[6]《申子·大体》。
[7]《韩非子·定法》。
[8]《韩非子·和氏》。
[9]《韩非子·五蠹》。

主阶级取得政权的需要，在当时是一种先进的理论。但法家把人民只当作奴役和剥削的对象，为达此目的而不惜使用严刑峻法，充分暴露出其地主阶级的本性。

第二节　商鞅的"法治"理论

商鞅（约公元前390—前338），卫国人，因是卫公的同族，故称为公孙鞅或卫鞅。后其因功被秦封于商（今陕西商县西南），故又称商鞅。商鞅的家世不详，大概到商鞅时已经丧失了贵族世袭的特权。他当时的地位大概和一般的士差不多，只能从师游说，在权贵门下做家臣，以此作为政治上进一步发展的阶梯。

商鞅年少时"好刑名之学"，[1]及长，来到魏国，在相国公叔痤门下为中庶子。公元前361年公叔痤病死。商鞅本来就不甘心屈居中庶子这样的小官，在这种形势下，更觉得在魏国已不能施展自己的政治抱负。就在这时，秦孝公下令求贤，商鞅于是带着李悝的《法经》来到秦国。秦孝公相信商鞅的法治主张是富国强兵之道，全力支持商鞅变法。商鞅在其执政的20多年中，进行了两次变法，都取得了成功。

公元前338年秦孝公去世，秦国旧贵族诬告商鞅谋反，他被车裂而死。

商鞅在秦变法的成功，说明商鞅提出的理论和政策符合历史发展的要求，为解决新的历史任务提供了办法。因此，商鞅的学说得到广泛的重视，学习商鞅学说之风很盛。韩非说："今境内之民皆言治，藏商、管之法者家有之。"[2]可见商鞅死后到战国末年的100余年间，曾流行一种关于商鞅的书，它可能是今本《商君书》的最初版本。

《商君书》在西汉也有传本。司马迁说："余尝读商君开塞耕战

---

[1]《史记·商君列传》。
[2]《韩非子·五蠹》。

书。"[1]班固说:"诸子法家,商君二十九篇。"[2]商鞅不仅著有政治法律的书,而且著有兵书,"兵家权谋,《公孙鞅》二十七篇"。[3]

今本《商君书》共24篇,经后人考订,其中有商鞅自著,也有其他法家的作品。

一、变法论

在商鞅变法以前,秦国也曾进行过一些改革。如秦献公时的"止从死",[4]即废止用人殉葬制度;以及"为户籍相伍",[5]即五家编为一伍,建立户籍制度等,从而使封建制度在秦国有所发展。然而,许多落后的奴隶制度并未根本废除,旧贵族势力也未受到彻底打击。献公死后,秦孝公立志继承献公的改革事业,励精图治。他听从商鞅的建议,准备实行变法,使秦国富强起来,成就帝王之业。然而,这却遭到旧贵族势力的阻挠和反对。在秦国变法前夕,商鞅同旧贵族的代表甘龙、杜挚进行了激烈的辩论,争论的焦点是秦国到底要不要实行变法。《更法》篇生动地记录了这次辩论的内容。

商鞅从社会是不断发展变化的观点出发,总结了古代新兴帝王"各当时而立法,因事而制礼"的历史经验,认为礼与法不应该一成不变,如果过去的礼法已经不适应当前的需要,就应该加以改变。"法者所以爱民也,礼者所以便事也。是以圣人苟可以强国,不法其故;苟可以利民,不循其礼。"显然,商鞅说爱民是假,想通过变法以强国才是真实的。

商鞅还进一步指出,古代的政教不同,我们去效法谁?帝王的礼也不一样,我们去拘守谁的礼?他认为古代新兴帝王的做法是:"各当时而立法,因事而制礼。礼法以时而定,制令各顺其宜……治事不一道,便

---

[1] 《史记·商君列传》。
[2] 《汉书·艺文志》。
[3] 《汉书·艺文志》。
[4] 《史记·秦本纪》。
[5] 《史记·秦始皇本纪》。

国不必法古。"这是一种崭新的顺应历史发展的进步思想。

商鞅不但反对复古倒退，而且反对保持现状，故步自封，明确提出"不法古，不修（循）今"的主张。他认为，"法古则后于时，修（循）今则塞于势"，[1]只有"因世而为之治，度俗而为之法"，才能治理好国家。

商鞅的变法主张，得到秦孝公的支持。他的"不法古，不修（循）今"的变法论成为当时秦国变法运动的指导思想。

二、"法治"论

法是取得胜利、掌握国家政权的统治阶级的意志的体现。作为新兴地主阶级代言人的商鞅，不可能对法的本质有所认识。但他对法的重要性和作用，以及法的特征等仍然作了较全面的论述，并主张"一任于法""法任而国治矣"。

（一）以法治国

战国时代，贵族统治者宣扬的"以礼治国"已失去原来的作用。商鞅极力主张以"法治"代替礼治，建立起封建社会新秩序。他认为，"法治"优于礼治，它是一种划时代的治国之道。

商鞅把代表新兴地主阶级意志的"法"，视为治理国家的唯一工具和判定是非功过的唯一标准。他在论述法的重要性时说："法令者民之命也，为治之本也，所以备民也。为治而去法令，犹欲无饥而去食也，欲无寒而去衣也，欲东而西行也，其不几亦明矣。"[2]所以，他反复劝告人君"不贵义而贵法"[3]，"不可以须臾忘于法"[4]。一切依照法度，国家就治理好了。故曰："法任而国治矣。"[5]商鞅之所以不厌其烦地论述

---

[1]《商君书·开塞》。
[2]《商君书·定分》。
[3]《商君书·画策》。
[4]《商君书·慎法》。
[5]《商君书·慎法》。

法治的重要性，其目的在于劝告统治者，要想富国强兵，成就霸王之业，唯一的出路是以法治国，而没有其他选择。

(二) 法的作用

商鞅认为，法之所以重要，是由于法具有"定分止争"和"兴功禁暴"的作用。

1."定分止争"

所谓"定分"，就是确定事物的权利名分，其实质是要求把封建私有制和等级制用法令形式固定下来。事物的权利名分明确，人们才不致互相争夺，纷乱不已。商鞅举例说："一兔走，百人逐之，非以兔可分以为百也，由名分之未定也。夫卖兔者满市，而盗不敢取，由名分已定也。"[1]他认为事物的权利名分没有确定以前，尧、舜、禹、汤也会像奔马一样地去追逐；在权利名分确定以后，穷苦的盗贼也不敢去夺取。很明显，商鞅把法和财产关系直接联系起来，主张用法律确认私有财产权，其目的在于保护地主阶级的经济利益。同时也反映了地主阶级迫切要求运用国家法律稳定和巩固自己统治的愿望。

2."兴功禁暴"

所谓"兴功"，主要指富国强兵。而要富国强兵，就必须重视农战。"圣人之为国也，入令民以属农，出令民以计战……入使民尽力，则草不荒；出使民致死，则胜敌。胜敌而草不荒，富强之功，可坐而致也。"[2]

所谓"禁暴"，是指制止被压迫者的反抗。商鞅认为，法是"制民之本"，所以善于治理天下的人必须用法来镇压被压迫者的反抗。"昔之能制天下者，必先制其民者也；能胜强敌者，必先胜其民者也。故胜民之本在制民，若冶于金，陶于土也。本不坚则民如飞鸟禽兽，其孰能制之？民本，法也。故善治者塞（遏）民以法。"[3]这段话讲得很清楚，法的根本作用在于制裁人民，如同铁匠打铁、陶工摆弄泥土一样，要随心所

---

[1]《商君书·定分》。
[2]《商君书·算地》。
[3]《商君书·画策》。

欲地把人民制服,任凭统治者去驱使和奴役。

(三) 法的特征

地主阶级的代言人商鞅,对作为阶级统治工具的法的本质,即法的阶级性,不可能有科学的认识。但是,他对法的一些外部特征作了多方面的阐述。

1. 法的规范性

法是表现为国家意志的统治阶级意志,具有普遍的约束力。它是国家权力管辖范围内一切人都必须遵守的行为规范。商鞅特别强调法的这种规范性,常常把它比作规矩、准绳、度量衡。商鞅说:"故法者,国之权衡也。"[1]同样,要治理国家,也必须以法作为人们共同遵守的行为准则。

2. 法的公正性

在商鞅看来,法又是公正无私的表现。他主张"任法去私",反对"释法任私"。他说:"世之为治者,多释法而任私议,此国之所以乱也……君好法,则端正之士在前;君好言,则毁誉之臣在侧。公私之分明,则小人不嫉贤,而不肖者不妒功。"[2]他认为,法的公正性应表现为"立法为公","非私天下之利也,为天下位天下"。[3]他要求国君牢牢掌握体现地主阶级整体利益的"公法",以维护和巩固地主阶级政权。

3. 法的平等性

法代表国家和社会的整体利益,就应当具有普遍适用的平等性;刑罚不分贵贱等级,不因人而异。商鞅把这种平等性叫"一刑"。所谓"一刑者,刑无等级。自卿相将军以至大夫庶人,有不从王令、犯国禁、乱上制者,罪死不赦"。[4]这明显体现出商鞅的法律面前贵贱平等的思想。

---

[1]《商君书·修权》。
[2]《商君书·修权》。
[3]《商君书·修权》。
[4]《商君书·修权》。

4. 法的公开性

商鞅继承了法家先驱子产等人公布成文法的思想，主张公布成文法。《定分》篇说："故圣人为法，必使之明白易知，名正，愚知（智）徧能知之。"在商鞅看来，统治者制定法令，必须使之明白易懂，无论愚人或有智慧的人都能理解。然后广为宣传，公之于众。他认为公布成文法有两个好处。

第一，使"万民皆知所避就"。[1]这是说，使人民知道什么行为是法律许可的，什么行为是法律禁止的，从而使人民能够谨慎地行事。

第二，"吏不敢以非法遇民，民不敢犯法以干法官。"[2]当人们都知道法律的规定以后，就可防止官吏任意断罪，也使罪犯不敢法外求情或刁难法官。

(四) 法的执行

商鞅主张各方面都要有法，做到有法可依。但他也认识到立法固然重要，执法则更为复杂，也更加重要。所以，他特别强调法律的执行权必须集中于君主。"权者，君之所独制也……权制独断于君则威。"[3]这个权就包含有法律的执行权。在商鞅看来，法律执行权中最重要的是实行赏罚的权力。"人主之所以禁使者，赏罚也。赏随功，罚随罪。故论功察罪，不可不审也。"[4]这个赏罚的权力，要完全由君主掌握，不许臣下分权。

至于如何执法，商鞅也提出了一些要求和原则：

第一，严格执法。商鞅认为，有了法就要严格地依法办事，"故立法明分，中程者赏之，毁公者诛之，赏诛之法，不失其议，故民不争，授官予爵"。[5]

第二，执法必"信"。商鞅强调执法必"信"，即通过君主和官吏严格执法，使人民信法。所谓民信法，就是使人民相信国家的赏和刑，该

---

[1]《商君书·定分》。
[2]《商君书·定分》。
[3]《商君书·修权》。
[4]《商君书·禁使》。
[5]《商君书·修权》。

赏的一定赏，该罚的一定罚。商鞅说："赏厚而信，刑重而必，不失疏远，不违亲近。"[1]又说："信者，君臣之所共立也……民信其赏，则事功成，信其刑，则奸无端。"[2]他认为人民信法，就会亲近君主，从而树立君主在臣民中的威信，使国家的法律、法令得到贯彻和执行。

为了做到法信于民，据说商鞅搞了一次"徙木立信"的活动。《史记》载："令既具，未布。恐民之不信己，乃立三丈之木于国都市南门，募民有能徙置北门者，予十金。民怪之，莫敢徙。复曰：能徙者予五十金。有一人徙之，辄予五十金，以明不欺。卒下令。"[3]

第三，执法官吏刚正不阿。商鞅主张，君主要带头守法，严格执法。同时要求执法官吏刚正不阿，用法无私。他主张自天子以至郡县都设置法官，严格执法，以期达到天下臣民"不能开一言以枉法"的成效，"天子置三法官：殿中置一法官，御史置一法官及吏，丞相置一法官。诸侯郡县皆各为置一法官及吏，皆奉此一法官。郡县诸侯一受禁室之法令，学问其所谓（指法令所说的内容）。吏民知法令者，皆问法官。故天下之吏民无不知法者……如此，天下之吏民虽有贤良辩慧，不能开一言以枉法；虽有千金，不能以用一铢"[4]。

总体看来，商鞅的"法治"思想，在那个时代是一种先进的思想。它强调发挥法的作用，以法治国，富国强兵，这成为先秦法家的共同主张。但商鞅把法作为"制民""胜民""禁暴"的工具，这又反映出其法治的锋芒主要是指向劳动者的。

三、重刑论

商鞅是重刑论者。他认为重刑是力量的源泉，是禁奸、止过的根本，可以导致"无刑"。他说："重刑，连其罪，则民不敢试。民不敢试，故

---

[1]《商君书·修权》。
[2]《商君书·修权》。
[3]《史记·商君列传》。
[4]《商君书·定分》。

无刑也。夫先王之禁，刺杀，断人之足，黥人之面，非求伤民也，以禁奸止过也。故禁奸止过，莫若重刑。刑重而必得，则民不敢试。故国无刑民。"[1]这段文字集中反映了商鞅的重刑思想。他认为用重刑和实行连坐法，人们就不敢以身试法，自然也就用不着刑罚了。刑罚的作用在于禁奸、止过，而要禁奸、止过，没有比用重刑再好的方法了。

商鞅主张通过重刑以达到"无刑"，是其法治的最高理想。"以杀去杀，虽杀可也；以刑去刑，虽重刑可也。"[2]这种理论，充分反映出他的地主阶级的残暴本质。

商鞅的重刑理论，从商鞅变法开始，一直贯彻于秦的司法实践中。在贯彻重刑时，商鞅制定出了一些原则和具体措施。

第一，重轻罪。

商鞅不但主张轻罪重刑，反对重罪轻刑，而且也反对重罪重刑、轻罪轻刑的罪刑相称的判决。他认为后者是就事论事的办法，达不到"以刑去刑"的目的。他说："故行刑重其轻者，轻者不生，则重者无从至矣，此谓治之于其治也。行刑，重其重者，轻其轻者，轻者不止，则重者无从止矣，此谓治之于其乱也。故重轻，则刑去事成，国强。重重而轻轻，则刑至而事生，国削。"[3]这主要是说，对犯重罪的用重刑，犯轻罪的用轻刑，那么，轻罪不能制止，重罪也无从制止，这是用导致乱的方法去治理国家，国家必然削弱，不能达到"以刑去刑"的目的。要想"去刑"，只能"重轻罪"，实行重刑。我们从执行刑罚的实际情况来看，既然轻罪重刑，那么对重罪施行刑罚就更重了。然而刑罚总是有一个最大限度的，剥夺犯人的生命就是最重的刑罚了。最后，实际上就等于轻罪重罪同罚。

第二，"刑用于将过"。

商鞅主张，在人们将要犯罪而尚未构成犯罪时，就处以刑罚。他说：

---

[1]《商君书·赏刑》。
[2]《商君书·画策》。
[3]《商君书·说民》。

"刑加于罪所终,则奸不去,赏施于民所义,则过不止。刑不能去奸,而赏不能止过者,必乱。故王者刑用于将过,则大邪不生;赏施于告奸,则细过不失。"[1]在商鞅看来,只有把刑罚用在人们将要犯罪的时候,大罪才不会发生;如果把赏赐给予告奸的人,那连"细过"也逃脱不了。但我们从犯罪构成的学说来看,将要犯罪仅仅是有了犯罪的思想(所谓"罪意"),尚未实施犯罪的行为,尚未产生危害社会的后果,就不应定罪处罚。因此,处罚"将过",实际上是按照人们的思想来定罪,而不是按照他们的行为来定罪。这就为统治者扩大惩罚面提供了理论根据。

第三,不赦不宥,"刑人必得"。

商鞅主张"不宥过,不赦刑","刑人必得"。他坚决反对赦罪,认为:"刑人复漏,则小人辟淫而不苦刑,则侥幸于民上。侥幸于民上以利求,显荣之门不一,则君子事势以成名。小人不避其禁,故刑烦,君子不设其令,则罚行。"[2]如果该受刑罚的人一再地赦免、漏网,他们不知刑狱之苦,对君主就会有侥幸心理,势必还得继续干坏事。

在商鞅看来,虽然制定了对奸邪盗贼处死刑的法律,奸邪盗贼还是断不了,是因为奸邪盗贼不能够一定捉到。所以他主张"刑重而必得"[3],任何犯法者都逃脱不了惩罚。那么,人们就不敢以身试法,国内就没有受刑的人了。

第四,族刑连坐。

商鞅把实行族刑连坐作为他推行重刑主义的一项措施。据《汉书·刑法志》载:"秦用商鞅连相坐之法,造参夷之诛。"颜师古注曰:"参夷,夷三族。"商鞅所规定的族刑和连坐法在秦一直是贯彻实施了的。据《史记》记载,商鞅"令民为什伍,而相牧司连坐"[4],"有敢偶语诗书

---

[1]《商君书·开塞》。
[2]《商君书·算地》。
[3]《商君书·赏刑》。
[4]《史记·商君列传》。

者弃市,以古非今者族"[1]。就连商鞅到最后也被处以族刑。

由上可知,商鞅主张对人们轻微的犯罪行为也处以严刑,迫使他们畏惧地主阶级的法,"使民不敢犯"。这是一种赤裸裸的血腥恐怖政策,充分暴露了地主阶级的残酷本性。

综上所述,商鞅适应时代的要求,在总结前人的"法治"思想和刑法改革经验的基础上,形成了相当完整的"法治"理论。在中国历史上,他第一次较全面地阐述了法的基本理论,其认识水平超过和他同时代的慎到、申不害和孟子。他的"法治"论,在那个时代是先进的理论。商鞅变法,促进了社会生产力的发展,使秦国由弱变强。但是他毕竟是地主阶级的政治家、思想家,其"法治"理论特别是重刑论,主要是针对劳动人民的。

第三节 慎到的"势治"理论

慎到(约公元前395—前315),赵国人,战国中期法家的重要代表人物。曾在当时的齐国都城临淄的稷下学宫讲学,负有盛名,受到齐宣王的礼遇。《史记》说:"慎到,赵人。田骈、接子,齐人。环渊,楚人。皆学黄老道德之术,因发明序其指(旨)意。故慎到著《十二论》。"[2]《汉书·艺文志》则在法家类著录《慎子》42篇。其书大部分已失传,今残存《威德》《因循》《民杂》《德立》《君人》5篇。严可均等人又从《群书治要》中辑出《知忠》《君臣》2篇,合计共7篇。他的思想言论还散见于《韩非子》《吕氏春秋》等著作中。

《史记》说慎到早年学黄老道德之术,从其"弃知去己""无用智贤"等观点来看,慎到的主张确有与道家相似之处。然而,从荀子、韩非对他的评论以及对现在他的著作作全面考察,便可了解到他是从道家

---

[1]《史记·秦始皇本纪》。
[2]《史记·孟子荀卿列传》。

第二编 奴隶社会向封建社会过渡的春秋战国时期的法律思想

中分化出来的法家。慎到虽以重"势"著称,但也"尚法",也谈"术",他是法家中的一位重要理论家。

一、事断于法论

慎到反对儒、墨两家所宣扬的人治,主张法治。他认为治理国家不能没有法,而社会之所以动荡,就是因为"国无常道,官无常法。"[1]他还指出:"法虽不善,犹愈于无法,所以一人心也。"[2]有善法固然好,即使法不善,也比无法好。所以说:"事断于法,是国之大道也。"[3]

在慎到看来,法治之优于人治,是由法的性质决定的。他和商鞅等法家人物一样,认为法具有规范性、公正性、平等性等特性。

第一,法的规范性。慎到十分重视法的规范性,认为法是一种客观标准,是判断是非功过的客观尺度。他说:"有权衡者,不可欺以轻重;有尺寸者,不可差以长短;有法度者,不可巧以诈伪。"[4]

与此相反,如果君主对诛赏予夺没有一个客观标准,全凭主观臆断,势必造成同功不同赏,同罪不同罚。这样,人们出于私心,便要对赏"望多无穷",对罚则"望轻无已"。[5]所以,治国必须用法,充分发挥它的规范社会生活的作用。

第二,法的公正性。在慎到看来,法又是公正无私的表现,它体现了社会共同利益。他说:"故蓍龟所以立公识也,权衡所以立公正也,度量所以立公审也,法制礼籍所以立公义也。"[6]正由于法具有"立公义"的性质,它是极公正的,所以人人都必须遵守法律。

第三,法的平等性。慎到说:"法者,所以齐天下之动。至公大定之制也,故智者不得越法而肆谋(任意谋利的意思),辩者不得越法而肆

---

[1] 《慎子·威德》。
[2] 《慎子·威德》。
[3] 《慎子·君人》。
[4] 《慎子》佚文。
[5] 《慎子·君人》。
[6] 《慎子·威德》。

议，士不得背法而有名，臣不得背法而有功。"[1]这是说法具有平等性，在法律面前人人平等，没有贵贱等级的区分，没有智愚贤不肖的分别，任何人都不能超越法律。

同时，慎到认为治国必须"事断于法"，把法当作判断是非功过的标准。他指出，"身治"（人治）没有一定标准，随心而定，必然引起人们的不平和不满。他说："君人者，舍法而以身治，则诛赏予夺，从君心出矣。然则受赏者虽当，望多无穷；受罚者虽当，望轻无已。君舍法而以心裁轻重，则同功殊赏，同罪殊罚矣，怨之所由生也。"[2]因此，他反对人治，主张法治，国君对待一切事情都应以法为断，做到赏罚得当。

二、"势治"论

慎到在提倡"法治"的同时，还特别强调"势"。他的"势治"论主要有以下三方面的内容：

（一）"权重位尊"

慎到认为，国君要推行"法治"，使臣民服从法令，必须依靠自己的权势，并使自己的权势远远超过一切臣僚。他说："君臣之间，犹权衡也。权左轻则右重，右重则左轻。轻重迭相橛，天地之理也。"[3]所谓"相橛"是互相打击的意思。这是说君臣之间，谁的权力大谁就有指挥权。慎到是主张国君指挥一切、大权独揽的。

慎到在论述国君的权力、权势的重要性时说："腾蛇游雾，飞龙乘云，云罢雾霁，与蚯蚓同，则失其所乘也。故贤而屈于不肖者，权轻也；不肖而服于贤者，位尊也。尧为匹夫，不能使其邻家；至南面而王，则令行禁止。由此观之，贤不足服不肖，而势位足以屈贤矣。"[4]这段话集中表达了慎到的"势治"思想。他认为法与权势相比，权势更加重要。

---

[1]《慎子》佚文。
[2]《慎子》佚文。
[3]《慎子》佚文。
[4]《慎子·威德》。

没有权势，"不能使其邻家"；有了权势，就能"令行禁止"。他从历史和现实中看到，在政治上谁服从谁，不是以贤智、道德为标准，而是看权势的大小。

（二）权势以"下"为基础

虽然慎到要求把权势集中于国君之手，但他并不主张国君的权势脱离臣民，使自己成为孤家寡人。相反，他认为权势要以"下"为基础，即要得到众人的帮助。他说："身不肖而令行者，得助于众也。故举重越高者，不慢于药（约）；爱赤子者，不慢于保；绝险历远者，不慢于御。"[1]这里讲了"得助于众"的重要性。在慎到看来，人们的才能各有不同，各有所长，各有所短。英明的国君应兼容并蓄，善于用其所长。国君拥有的臣民越多，自己的地位就越稳固，权势就越大。所以说，"多下谓之太上"。[2]

慎到权势以"下"为基础的观点，反映了战国时期新兴地主阶级力图争取人民群众的支持，以期统一天下的愿望。

（三）立天子以为天下

所谓"立天子以为天下"，就是说人君应当为天下掌权，而不要借权吞并天下。慎到说："古者立天子而贵之者，非以利一人也……立天子以为天下，非立天下以为天子也。立国君以为国，非立国以为君也。"[3]

这种设立天子、国君为了服务于天下国家的说法，和孟子提出的"民为贵，社稷次之，君为轻"的思想有相似之处，在一定程度上体现了春秋以来所出现的"民贵君轻"思想。

第四节 韩非法、术、势相结合的理论

韩非（约公元前280—前233），韩国人，与李斯同为荀子的学生，

---

[1]《慎子·威德》。
[2]《慎子·威德》。
[3]《慎子·民杂》。

法家理论的集大成者。他是韩国公子，目睹朝政腐败，国势日衰，曾多次向韩王进谏，都未被采纳，遂退而著书，阐明自己的思想主张。他喜欢研究刑名法术，"而其本归于黄老"。其著作传到秦国，秦王政（后来的秦始皇）非常赞赏，说："寡人得见此人与之游，死不恨（遗憾）矣！"公元前233年，韩非被韩王派遣，出使秦国。韩非到秦后，遭到李斯、姚贾的陷害，被关进监狱，不久服毒自杀。

现存《韩非子》55篇，其中大部分是韩非的手笔，但也掺入了一些他人的作品。

一、对法家思想的综合

韩非的法、术、势相结合的"法治"理论，适应了战国末期即将建立统一的中央集权的封建国家的需要。

韩非继承和发展了李悝、商鞅、慎到、申不害等人的思想，形成了更系统、更完整的"法治"理论，成为先秦法家理论的集大成者。他认为，商鞅、申不害"之于法术，皆未尽善也"。申不害重"术"，但由于"不擅其法，不一其宪令"，不能确定人们共同遵守的行为准则。商鞅的法很完善，但他"无术以知奸"，致使大臣们有机可乘，利用秦国的富强来扩张自己的势力。所以，他主张把法、术结合起来，指出三者"不可一无，皆帝王之具也"。[1]关于慎到的"势治"理论，韩非认为，其偏重"自然之势"，即帝王"生而在上位"的自然之势，人力无可奈何。而韩非所强调的是"人为之势"，即依靠君主的地位和权势推行"法治"。他提出"抱法处势"[2]的主张，要求把法和势结合起来。韩非这种法、术、势相结合的"法治"理论，成为地主阶级建立统一的中央集权制国家的理论武器。

---

[1]《韩非子·定法》。
[2]《韩非子·难势》。

二、变法论

韩非继承了前期法家的历史进化观点,把以往的历史分为上古、中古、近古、当今四个时期。"上古之世"是人口稀少,鸟兽众多,构木为巢和钻木取火的时代;"中古之世"是洪水泛滥,鲧、禹决渎,排洪治水的时代;"近古之世"是桀、纣暴乱,汤、武征伐的时代;而所谓"当今",则指春秋战国由奴隶制向封建制转变的时代。

韩非认为,不同的时代有不同的历史任务,"世异则事异","事异则备变"。这就需要根据新情况,解决新问题。所以,实行"法治"是历史的必然。他说:"法与时移则治,治与世宜则有功。"[1]又:"上古竞于道德,中世逐于智谋,当今争于气力……夫古今异俗,新故异备。如欲以宽缓之政,治急世之民,犹无辔策而御悍马,此不知之患也。"[2]他认为,在"争于气力"的战国时代,列国竞争激烈,没有实力是难以保住国家的;而要使国家实力增强,就必须实行变法。

三、法、术、势相结合论

韩非在总结前期法家法、术、势三派得失的基础上,形成了一套更加完整的法、术、势相结合的"法治"理论体系。

(一)"以法治国"

韩非和齐法家在中国历史上首先明确提出"以法治国"的口号,这在当时的历史情况下,无疑具有巨大的进步意义。

韩非认为,要实行"法治",首先必须有"法"。什么是法呢?韩非说:"法者,宪令著于官府,赏罚必于民心,赏存乎慎法,而罚加乎奸令者也。此臣之所师也。"[3]这是说,法是由官府制定、颁布的法令,它使

---

[1]《韩非子·心度》。
[2]《韩非子·五蠹》。
[3]《韩非子·定法》。

百姓确信守法的一定受赏、犯法的一定受罚。这是官吏和百姓都必须遵守的。

韩非对法的重要性作了较全面的论述，以为治国必须"以法为本"，"本治者名尊，本乱者名绝"。[1]执政者依法办事，国家可以由弱变强，"奉法者强则国强，奉法者弱则国弱"。[2]社会的治乱，关键也在于依法办事，"能去私曲就公法者，民安而国治；能去私行行公法者，则兵强而敌弱"。正因为法如此重要，所以他认为法是治国的唯一标准，是统一人们行动的准则。"故曰：巧匠目意中绳，然必先以规矩为度；上智捷举中事，必以先王之法为比。故绳直而枉木斲，准夷而高科削，权衡县（悬）而重益轻，斗石设而多益少。故以法治国，举措而已。"[3]在韩非看来，如果"以法治国"，只要举手之劳，就能轻易地把事情办好。所以全体臣民必须严格守法，不得超越法的规定，"动无非法"。

在执法方面，韩非还要求司法官吏刚正不阿，不得徇私枉法。他认为官吏在执法方面起着关键性作用，"故吏者民之本纲者也"。[4]如果他们一身正气，刚正不阿，那么，行贿舞弊的行为便不会发生，一切事情都能依法处理。"明主之国，官不敢枉法，吏不敢为私利，货赂不行，是境内之事尽如衡石也。"[5]

特别值得提出的是，韩非看到统治者的特权是破坏法律执行的主要原因。"犯法为逆以成大奸者，未尝不从尊贵之臣也；而法令之所以备，刑罚之所以诛，常于卑贱。是以其民绝望，无所告愬（诉）。"[6]这比较深刻地揭露了统治者破坏法制、践踏法律的实质。

在韩非的"以法治国"论中，重刑说占有重要地位。他主张："峭其法而严其刑。"为什么要实行严刑峻法呢？韩非说："重一奸之罪，而止

---

[1]《韩非子·饰邪》。
[2]《韩非子·有度》。
[3]《韩非子·有度》。
[4]《韩非子·外储说右下》。
[5]《韩非子·八说》。
[6]《韩非子·备内》。

境内之邪，此所以为治也。重罚者，盗贼也；而悼惧者，良民也，欲治者奚疑于重刑。"[1]他认为把重刑加于"盗贼"身上，就能使尚未犯罪的人感到畏惧，从而不敢以身试法。这清楚地表明，他主张严刑峻法，是为了杀一儆百，防范和镇压人民的反抗。

（二）法、势结合论

韩非主张"抱法处势"，即要求君主既坚持"法治"又掌握权势。这是韩非"法治"理论的一项重要内容。

最先主张"任势"的法家，大概是慎到。但韩非进一步发展了慎到的"势治"说。

韩非把"势"分为"自然之势"和"人为之势"。他认为："夫尧舜生而在上位，虽有十桀纣不能乱者，则势治也。桀纣亦生而在上位，虽有十尧舜亦不能治者，则势乱也。故曰：'势治者则不可乱，而势乱者则不可治也。'此自然之势也，非人之所得也。"[2]这种"自然之势"，人力无可奈何。但韩非所强调的是"人为之势"，即依靠君主的地位和权势，来推行"法治"。

韩非认为，慎到的"势治"说偏重于"自然之势"。因为尧、舜、桀、纣那样的君主千世才出现一个，对中等才能的君主来说，"抱法处势则治，背法去势则乱"。[3]这里，韩非明确提出了法、势结合的思想。这是对慎到"势治"的重大发展。

韩非讲"势"的目的，在于强化君主的权势，确立君主的无上权威，从而有效地维护封建统治。他强调说："事在四方，要在中央；圣人执要，四方来效。"[4]这集中体现了他主张建立中央集权的君主专制制度的思想。

（三）法、术结合论

韩非自称是"法术之士"，主张用法行术，使法和术结合起来。

---

[1]《韩非子·六反》。
[2]《韩非子·难势》。
[3]《韩非子·难势》。
[4]《韩非子·扬权》。

有人曾问韩非，申不害、商鞅这两家学说，哪一种对于治理国家更急需。他回答说："是不可程（量，比较）也。人不食，十日则死；大寒之隆，不衣亦死。谓之'衣食孰急于人？'则是不可一无也，皆养生之具也……君无术则蔽于上，臣无法则乱于下，此不可一无，皆帝王之具也。"[1]他认为，对于君主来说，法和术就像衣和食一样，二者缺一不可，是须臾不可离开的东西。

韩非论术的内容很多，归纳起来，主要有两类：

1. 综核名实之术

韩非给"术"下的一个定义是："术者，因任（能）而授官，循名而责实，操生杀之柄，课群臣之能者也。此人主之所执也。"[2]这种术是人君公开任免、考核、赏罚官吏的方法。

第一，因能授官。君主应当按照臣下能力的大小而授予相应的官职，使他们才职相称，各尽其能。韩非说："治国之臣，效功于国以履位，见能于官以授职，尽力于权衡以任事，人臣皆宜其能，胜其官，轻其任，而莫怀余力于心，莫负兼官之责于君。"[3]

第二，循名责实。韩非以为君主督责群臣，必使言行相合，名实相符。具体说来，臣下所达到的功效必须与其所任职务相合，所任职务必须与其诺言相合，这样就给予奖赏。反之，就要受到惩罚。对于"言大而功小者"和"言小而功大者"，都要受罚。这样才能使臣下守法尽职，言行一致，从而起到禁奸的作用。

第三，迁官袭级。法家反对人治，但并不反对任用有才能的人。韩非也是这样。他认为君主不能单看人的相貌衣着，光听他的言辞谈论，而应当授予他官职，考核他的工作成绩，凡迁官袭级，必因其功，通过实践的考验，袭节而进。他的"宰相必起于州部，猛将必发于卒伍"的名

---

[1]《韩非子·定法》。
[2]《韩非子·定法》。
[3]《韩非子·用人》。

言，集中表达了法家用人的原则。"明主之国，迁官袭级，官爵受功。"〔1〕"观容服，听辞言，则仲尼不能以必士；试之官职，课其功伐，则庸人不疑于愚智。故明主之吏，宰相必起于州部，猛将必发于卒伍。"〔2〕

显然，这种选拔那些经过考查，并具备实际工作经验的人来充任重要官职的主张，否定了过去只讲出身和宗法关系的世卿世禄制度，具有积极意义。

2. 无为而为与禁奸之术

韩非给"术"下的另一个定义是："术者，藏之于胸中，以偶众端，而潜御群臣者也。"〔3〕这种术是君主暗地里驾驭臣下，防止臣下作奸之术。它是秘密的，不可以示人，即通常所说的阴谋权术。

韩非吸取道家带有一定消极意义的无为思想，将其转变成积极进取的人君"南面之术"。他主张君主无为，而臣下有为；君主不亲细民，不躬琐事。这样，就不会示臣下以短，而且无论他们干好干坏，君主都能从中得到好处。"明君无为于上，群臣竦惧于下。明君之道：使智者尽其虑，而君因以断事，故君不穷于智；贤者敕其材，君因而任之，故君不穷于能。有功则君有其贤，有过则臣任其罪，故君不穷于名。"〔4〕

同时，韩非又主张，君主不可"以情借臣"，以防止臣下作奸。所谓不"以情借臣"，是说君主要隐匿真情，不要向臣下表露自己的好恶，使人莫测高深。他说："故君见（现，下同）恶，则群臣匿端；君见好，则群臣诬能。人主欲见，则群臣之情态得其资矣……故曰：'去好去恶，群臣见素。'群臣见素，则大君不蔽矣。"〔5〕在韩非看来，人臣之情是绝不会爱戴其主的，如果君主不掩情匿端，是十分危险的。君主必须把臣下

---

〔1〕《韩非子·八说》。
〔2〕《韩非子·显学》。
〔3〕《韩非子·难三》。
〔4〕《韩非子·主道》。
〔5〕《韩非子·二柄》。

当作乱臣贼子来防范，才能保住自己的势位。

显然，韩非过分夸大了君臣之间的矛盾和利害冲突，把他们置于绝对对立的地位，千方百计地为君主设计出各种察奸、防奸、禁奸的方法和手段，以达到维护君主专制统治的目标。

四、文化专制论

韩非主张，实行文化专制主义，毁弃一切文化典籍，取缔一切学术派别，定法家学说于一尊。"明主之国，无书简之文，以法为教；无先王之语，以吏为师……其言谈者，必轨于法。"[1]由此可见，在韩非理想的国家里，完全是法家思想统治一切，人民没有一点思想学术的自由。

韩非认为，记载先王之语的儒家典籍，已经成为破坏"法治"的工具。他明确地把儒家作为打击的重点，同时也批判纵横家、侠客、逃避兵役者和工商之民。《五蠹》篇说："儒以文乱法，侠以武犯禁，而人主兼礼之，此所以乱也。夫离法者罪，而诸先生以文学（指儒家学术）取；犯禁者诛，而群侠以私剑养。故法之所非，君之所取；吏之所诛，上之所养也。法、趣（取）、上、下，四相反也，而无所定，虽有十黄帝不能治也。"

而韩非主张用法家思想统治一切，在教育方面，他要求以法律作教材，以官吏为老师。据此，他主张远仁义，摒德治，实行愚民政策。

韩非是先秦法家理论的集大成者。他主张建立统一的中央集权的君主专制国家，适应了时代发展的要求，在当时具有反对封建割据和促进天下统一的进步作用。但他过分迷信暴力，异常迷信权势，主张运用阴谋权术，这些都充分反映了其地主阶级本性。

---

[1]《韩非子·五蠹》。

第二编 奴隶社会向封建社会过渡的春秋战国时期的法律思想

思考题

1. 先秦法家对中国古代法律思想有哪些贡献？
2. 儒法两家法律思想上的对立表现在哪些方面？
3. 简述商鞅的"法治"论。
4. 试述慎到的"势治"论。
5. 简述韩非的法、术、势相结合论。

第三编 封建社会秦汉至隋唐时期的法律思想

第八章

秦汉时期法律思想的变化与发展

内容分析和要点提示

本章主要阐述了秦汉时期法律思想的变化、发展以及封建正统法律思想的形成。我们应掌握此时期先后出现的秦朝"法治"、汉初黄老学派的法律思想和西汉中期形成的以董仲舒新儒学为核心的封建正统法律思想的主要内容。特别需要指出的是,封建正统法律思想一经形成,就成为官方统治思想,统治中国社会达2000年之久,因此它属于本课程重中之重的内容。

本章的基本知识、基本理论有:(1)秦朝"法治"思想的主要内容。(2)秦朝统治者推行"法治"主张的得与失。(3)秦汉之际法律思想的变化。(4)汉初黄老学派法律思想的主要内容。(5)封建正统法律思想中"礼法融合"的内容。(6)封建正统法律思想中"三纲"的内容。(7)董仲舒的"德主刑辅"论。(8)董仲舒的《春秋》决狱主张。(9)王充对"天刑"论的批判。

本章的基本概念有:(1)五德终始。(2)事皆决于法。(3)"深督轻罪"。(4)"以法为教,以吏为师"。(5)"黄老"。(6)无为而治,"与民休息"。(7)文武并用。(8)约法省刑。

第一节 秦汉社会与法律思想的变化和发展

秦汉两代是我国统一的中央集权制封建国家建立和巩固的时期。秦汉法律思想的发展，经历了秦朝"法治"、汉初黄老"无为"、封建正统法律思想形成以及谶纬神权法思想统治和反谶纬神权法思想斗争诸阶段。

公元前221年，秦灭六国，建立起我国历史上第一个统一的中央集权制的封建国家。为了巩固统一和维护秦王朝的统治，秦始皇采取了一系列措施。其创立皇帝制度，建立以皇帝为中心的封建官僚制度；宣布"使黔首自实田"，[1]肯定了土地私有制；统一文字；统一度量衡和货币。秦始皇尤其注重法制，制定和颁布了一系列法律、法令，凡事"皆决于法"。[2]但是，秦统治者过于迷信法家的"法治"理论，实行严刑峻法，"用刑太极"；[3]大事兴作，赋敛无度；只许"以法为教"，[4]实行文化专制主义。结果，秦朝只存在14年就被农民大起义浪潮所吞没。这对刚刚登上政治舞台的地主阶级来说，是一个极大的震动。

西汉建国之初，由于经过长期的战争，社会经济濒临崩溃的边缘。"大城名都民人散亡，户口可得而数，裁什二三"；[5]国库空虚，民生艰难。当时，"黎民得离战国之苦，君臣俱欲休息乎无为"。[6]在这种形势下，西汉统治者从恢复和发展经济、安定社会秩序、巩固政权的需要出发，在继承秦朝政治经济制度的同时，十分重视总结秦朝单纯实行"法治"而骤亡的教训，转而采取"治道贵清静而民自定"[7]的黄老学说作为治国的指导思想，但在内容上又兼采儒、法各家的一些思想。在法律思想方面，他们主张无为而治，"与民休息"；文武并用，德刑兼施；约法省刑，"禁用疏阔"；以农为本，轻徭薄赋。

汉初黄老之治获得暂时的成功，社会出现了"政宽人和"的局面。到西汉中期，具有"雄才大略"的汉武帝急功进取，一反其先辈"无为

---

[1]《史记·秦始皇本纪》。
[2]《史记·秦始皇本纪》。
[3]《新语·无为》。
[4]《史记·秦始皇本纪》。
[5]《汉书·功臣表》。
[6]《史记·吕太后本纪》。
[7]《史记·曹相国世家》。

而治"的方针,采取积极有为的政策,"外事四夷,内兴功利。"[1]在这种形势下,主张加强专制皇权和维护封建大一统的董仲舒新儒学便应运而生,而以新儒学为特征的封建正统法律思想也开始形成。这种封建正统法律思想强调皇权至上,法自君出;以经断狱,礼法融合;以"三纲"作为封建立法的根本原则;主张"大德而小刑",德主刑辅。

西汉后期,各种社会矛盾日趋激化,汉王朝的统治摇摇欲坠,统治阶级乃乞灵于神学迷信思想,企图假借天命神权以延续刘氏政权的寿命。于是谶纬神权法思想大肆泛滥,并成为政治斗争的工具。

东汉光武帝的兴起,就利用了谶纬。称帝后,其"宣布图谶于天下"[2],把谶纬神学确立为官方统治思想。章帝时的《白虎通义》是谶纬和儒家经典的结合。它成为东汉王朝的"国宪"(根本大法),具有神学法典的性质。谶纬直接影响国家的立法、司法活动。

然而,在谶纬神权法思想流行的同时,反谶纬神权法思想的斗争随之出现,其代表人物是唯物主义思想家桓谭、王充等人。他们"极言谶之非经"[3],主张"威德更兴""文武张设";要求统一法度,反对"舞文巧法";否定"阀阅取士",要求重用贤才。对虚妄不实的谶纬之说,进行了针锋相对的斗争。

东汉中后期,朝廷政治更加腐朽,外戚与宦官之间的斗争愈演愈烈,最终酿成外戚、宦官之祸。朝政腐败,人民饱受灾难,因此农民起义连绵不断,社会陷入动乱之中。在这种形势影响下,出现了王符等一批批判家。他们根据循名责实的精神,针对当时政治腐败、法律松弛、道德沦丧等现象,进行了严厉的批判。这些批判中也包括对谶纬神权法思想的批判,形成了一股社会批判思潮。

---

[1]《汉书·食货志》。
[2]《后汉书·光武帝纪》。
[3]《后汉书·桓谭传》。

第二节 秦朝统治集团的"法治"思想与实践

一、"法令由一统"的主张

秦始皇(公元前259—前210),姓嬴名政,出生于赵国京城邯郸,故又名赵政,13岁时继承秦国皇位。当时,丞相吕不韦和太后宠信的宦官嫪毐专权用事。公元前238年,秦始皇亲政,即镇压了嫪毐叛乱。次年,又免去吕不韦丞相职务。公元前221年,统一了中国。在他50岁的时候,病死在出巡途中。

秦王朝虽然只存在14年,但由于奉行法家的"法治"主义,"事皆决于法",所以其"法治"思想是很突出的。

秦朝统治者极力推行"法治",一切均有"法式"。实际上,法家思想是秦王朝占统治地位的指导思想。

根据"法令由一统"[1]的原则,秦朝统治者在秦国原有法律的基础上,加以修订、补充,制定了统一的法律,颁布全国。秦朝法律条文早已佚失。1975年12月在湖北省云梦县睡虎地秦墓中,出土了大量秦代竹简,其中载有秦朝的部分法律。这些法律主要有三部分:一是法律条文;二是法律答问;三是治狱程式。由于该墓墓主死于秦始皇三十年(公元前217年),即秦王朝建立后的第五年,所以这些法律应是经过秦始皇认可,当时通用于全国的法律。这些秦简反映出秦始皇统一中国前后,秦已具有比较完备的法律制度。

秦朝的法律,还包括皇帝颁布的有关政治、经济、文化等方面的诏令。"命为制,令为诏"[2],皇帝的诏令具有最高的法律效力,全体臣民都必须认真执行。

秦朝统治者"法令由一统"的思想以及根据这种思想而制定的法律,

---

[1]《史记·李斯列传》。
[2]《史记·秦始皇本纪》。

对巩固全国的统一与加强秦王朝的中央集权，曾起了积极的作用，但也暴露出它的残酷镇压人民的地主阶级本质。

二、"事皆决于法"

封建法律是地主阶级意志的表现。秦朝统治者为了保持自己的权力，维护和加强封建统治，制定了各种法律。据史籍记载，当时在政治、军事、工农业生产、市场管理、货币流通、行政管理、官吏任免、案件审理等方面，确实"皆有法式"，充分体现了"事皆决于法"[1]的"法治"思想。

这种"法治"思想还突出表现在巡行天下时所立的碑刻颂辞中。

《琅邪刻石》说："维二十八年，皇帝作始。端平法度，万物之纪。以明人事，合同父子……除疑定法，咸知所辟（避）。方伯分职，诸治经易。举错（措）必当，莫不如画。皇帝之明，临察四方。尊卑贵贱，不逾次行。奸邪不容，皆务忠良。细大尽力，莫敢怠荒……驩（欢）欣奉教，尽知法式。"[2]

这里，秦朝统治者首先说明"端平法度"，即建立法度的必要胜。而他们"作制明法"的一个重要目的是使"臣下修饬"，即"明法"有利于皇帝驾驭臣下，是实现极端君主专制的重要方法。其次，说明一切"皆有法式"之后，能使国家的一切措施得当，政理齐整，分明"如画"。最后，强调尊卑贵贱"不逾次行""奸邪不容""细大尽力"，实际上就是要农民服服帖帖地服从封建法律，遵守法律等级制度，尽力劳动，不允许有任何"越轨"的行为，以建立起有利于地主阶级专政的统治秩序。

然而，在秦朝统治者的"法治"主张中，特别强调要维护极端君主专制，皇帝要"独制于天下"，实行独裁。对此，李斯说得很清楚："明

---

[1] 《史记·秦始皇本纪》。
[2] 《史记·秦始皇本纪》。

主圣王之所以能久处尊位，长执重势而独擅天下之利者，非有异道也。能独断……"[1]事实正是如此，秦朝皇帝集国家权力于一身，完全实行独裁统治。

三、实行严刑峻法

秦朝统治者继承了先秦法家的严刑峻法思想，并把它发展到了极端的地步。在秦朝统治者看来，只有苛法在其前，刀剑随其后，才能有效地统治人民。《汉书·刑法志》说："（秦始皇）专任刑罚，躬操文墨（指律令、判状）……赭衣塞路，囹圄成市。"秦二世上台后，更是"法令诛罚，日益深刻"。[2]

大致说来，秦朝的严刑峻法具有以下的特点：

第一，法网严密。地主阶级对农民统治的严酷，集中表现在法网的严密上，而秦朝尤为突出。秦代农民的生产、生活、行动和思想，都要受到国家法律的严密控制。例如，秦朝实行什伍连坐之法，农民不得随便迁徙，外出要有"符"之类的证明，什伍之间要互相监督，一人犯罪，"举家及邻伍坐之"。采用这种方法，其目的在于控制和镇压农民，使"奔亡者无所匿，迁徙者无所容。"甚至对人民穿鞋这类小事都有限制，"毋敢履锦履"。[3]另外，"百姓居田舍者，毋敢酤酒"[4]；"妄言者无类"[5]；"有敢挟书者族"[6]；"有敢偶语《诗》《书》者弃市，以古非今者族"[7]；等等，都反映出秦朝法网之严密。

人民生活在这样严密的法网之下，动辄得咎，以致"赭衣半道，断狱岁以千万数"，全国变成了一座大监狱。

---

[1]《史记·李斯列传》。
[2]《新书·过秦论》。
[3]《睡虎地秦墓竹简·法律答问》。
[4]《睡虎地秦墓竹简·秦律十八种·田律》。
[5]《史记·郦生陆贾列传》。
[6]《汉书·惠帝纪》，张晏注。
[7]《史记·秦始皇本纪》。

第二，轻罪重刑。秦朝的法律突出地反映了先秦法家轻罪重刑的立法指导思想，对轻微的犯罪，也要处以重刑。先秦法家极力主张重刑，认为轻罪重刑，才能杜绝犯罪。商鞅说："禁奸止过，莫若重刑。"[1]韩非说："行刑，重其轻者，轻者不至，重者不来，此谓以刑去刑。"[2]秦朝法律把这种轻罪重刑的主张具体化了。《睡虎地秦墓竹简》载："五人盗，赃一钱以上斩左止（趾）。"[3]"或盗采人桑叶，赃不盈一钱，何论？赀徭三旬。"[4]像这样轻罪处重刑的规定，在秦律中比比皆是。轻罪处重刑，重罪当然要受更严厉的惩处了。这是一种赤裸裸的恐怖政策，充分暴露了秦朝法律反动性的一面。

第三，刑罚残酷，名类繁多。为了加强对人民的镇压，秦朝的法律规定了名目繁多、手段残酷的刑罚。在奴隶社会，奴隶主为了镇压奴隶，经常使用"五刑"，即墨、劓、剕、宫、大辟。前四种是肉刑，第五种是死刑。秦律不但保留了奴隶社会的"五刑"，而且扩大了刑罚的种类。据史籍记载，单死刑就有十几种之多，如弃市、腰斩、车裂、戮死、枭首、剖腹、釜烹、磔、坑、凿、颠、抽胁、囊扑、具五刑等。此外，还有赀、笞、迁（迁）、耐、髡等刑徒名，更有司寇、鬼薪、白粲、城旦等刑名。秦法的残酷，是骇人听闻的。拿"具五刑"来说，就是"先黥劓，斩左右趾，笞杀之，枭其首，菹其骨肉于市"，犯了诽谤罪的还要先断舌。[5]

在秦王朝严刑峻法的统治下，残酷、野蛮的刑罚随时都可以加到秦国人民的头上，整个社会笼罩在恐怖气氛中。然而，哪里有压迫，哪里就有反抗，不堪忍受秦始皇严刑峻法的压迫和残酷剥削的农民、刑徒和奴隶，纷纷逃往山林水泽，进行反抗斗争。

---

[1]《商君书·赏刑》。
[2]《韩非子·饬令》。
[3]《睡虎地秦墓竹简·法律答问》。
[4]《睡虎地秦墓竹简·法律答问》。
[5]《汉书·刑法志》。

四、实行文化专制

秦始皇的专制独裁统治，主要是依靠暴力，即用严刑峻法来恐吓和镇压人民；同时，他也依靠愚民的文化专制，即思想禁锢，来约束人民，不允许有思想言论自由。

战国以来，"诸侯并争，厚招游学"，"人闻令下，则各以其学议之"。这同主张搞集权专制的秦始皇是格格不入的。秦朝统治者要在文化思想上实行"统一"，搞文化专制主义，推行愚民政策。在这样的形势下，就出现了"焚书坑儒"事件。

秦始皇三十四年（公元前213年），在一次会上仆射周青臣极力颂扬秦始皇平定海内，"以诸侯为郡县……自上古不及陛下威德"。秦始皇听了很高兴。而博士淳于越却反驳说，殷、周之王千余岁，"封子弟功臣自为枝辅"。如果现在不分封子弟功臣，一旦天下有事，何以相救呢？博士还提出："事不师古而能长久者，非所闻也。"这牵涉臣"师古"与"师今"的问题。

针对淳于越提出的"师古""师今"的问题，丞相李斯严加驳斥，并指责"诸生"的言行不利于秦始皇政权，他们"不师今而学古""道古以害今"，用以古非今的方法来否定现行的政治措施，鼓动人民反对当今的政令。李斯把诸生对秦始皇政权的不满，归结为各家著述存在这一原因，于是提出了焚书的建议。

据史籍记载，李斯上书曰："臣请：史官非秦记皆烧之。非博士官所职，天下敢有藏《诗》、《书》、百家语者，悉诣守、尉杂烧之。有敢偶语《诗》、《书》者弃市。以古非今者族。吏见知不举者与同罪。令下三十日不烧，黥为城旦。所不去者，医药、卜筮、种树（指农业）之书……"制曰："可。"[1]

"焚书"第二年，方士侯生、卢生也批评秦始皇，说他"天性刚戾自

---

[1]《史记·秦始皇本纪》。

用""专任狱吏""乐以刑杀为威""贪于权势""不闻过而且骄"。秦始皇以"诽谤我,以重吾不德""为妖言以乱黔首"的罪名,"使御史悉案问诸生;诸生传相告引,乃自除犯禁者四百六十余人,皆坑之咸阳"。当时,始皇长子扶苏谏曰:"天下初定,远方黔首未集。诸生皆诵法孔子,今上皆重法绳之,臣恐天下不安,惟上察之。"[1]始皇怒,使扶苏北监蒙恬于上郡。

同时,秦朝统治者还实行韩非所倡导的"以法为教,以吏为师"[2]的主张,严禁私学。李斯向秦始皇建议:"若有欲学者,以吏为师。"始皇可其议。[3]

毫无疑问,秦始皇"焚书坑儒",实行愚民政策,是一种野蛮的文化专制主义暴行,其目的在于钳制人民的思想言论,维护自己至高无上的权威,以巩固秦王朝的统治。"焚书坑儒"的直接结果是窒息了人民的思想,堵塞了言路,扼杀了文化的发展,从而把秦始皇的专制独裁推向了更高峰。秦朝统治者沿着这种极端政策走下去,加速了自己的灭亡。

第三节 汉初黄老学派的法律思想

一、汉初黄老学派

秦朝的迅速灭亡,表明了法家学说在政治上的破产。继秦而起的西汉王朝,出于恢复和发展经济、安定社会秩序、巩固政权的需要,严厉批判了"专任刑罚"的法家思想,转而以主张无为而治、与民休息的黄老学说作为治国的指导思想,并将它运用到政治和法制实践中去。

何谓"黄老"?王充说:"黄者,黄帝也;老者,老子也。"[4]黄老之学主张"无为自化",不求功求名,"本不求功,而功自立;本不求名,

---

[1]《史记·秦始皇本纪》。
[2]《韩非子·五蠹》。
[3]《史记·李斯列传》。
[4]《论衡·自然》。

而名自成"。黄老之学产生于战国中期,是齐国稷下学宫的一个学派。《老子》是黄老学派的思想渊源。此外,1973年长沙马王堆出土的《黄帝四经》——《经法》《十六经》《称》《道原》,以及1973年河北定县汉墓出土的《文子》,经初步考证,都是早期黄老学派的代表作。

汉初统治者从黄老学派中找到了自己所需要的理论武器,并有意识地提高和宣传黄老学说,使黄老思想风靡一时。特别是陆贾的《新语》,为汉初统治阶级提供了一套系统的无为而治、与民休息的治国理论。值得注意的是,汉初许多当权派人物,从高祖、惠帝、吕后到文帝、窦太后、景帝,从萧何、曹参到陈平、汲黯,都是黄老学说的信奉者和推行者。汉初黄老学说的发展,最终以刘安所辑《淮南子》一书的问世而达到顶峰。

二、无为而治论

汉初统治者面对长期战乱所造成的社会经济凋敝的状况,仍努力寻求摆脱危机的方法。他们懂得"夫饥寒并至,而能亡(无)为非者寡矣","民不足而可治者,非所闻也"的道理。[1]在这种情况下,汉初统治者不得不在治国指导思想等方面作相应的改变。他们找到了"治道贵清静而民自定"的黄老无为而治的理论作为治国的指导思想,但在内容上又兼采儒、法各家的一些思想。

西汉初期,君臣都从总结秦亡的教训出发,严厉批判了"专任刑罚"的法家思想,主张无为而治,与民休息。高祖在诏书中说:过去天下大乱,兵革四起,万民遭殃。现在天下初定,宜"偃兵息民"。[2]陆贾在《新语》一书中写了《无为》等篇,为汉初"黄老之治"提供了一套比较完整的治国理论。他说:"夫道莫大于无为,行莫大于敬谨。"[3]实行无为而治有莫大的好处,可以使天下大治。可是,秦朝所实行的,恰与

---

[1]《汉书·食货志》。
[2]《汉书·高帝纪》。
[3]《新语·无为》。

这种无为原则相对立，是有为，是"多欲图利"。陆贾说："蒙恬讨乱于外，李斯治法于内，事逾（愈，下同）烦，天下逾乱，法逾滋，而奸逾炽，兵马益设而敌人逾多。秦非不欲治，然失之者，乃举措（举动）暴众而用刑太极故也。"[1]这样看来，"无为"与"有为"相比较，孰优孰劣，不是很明显吗？

高祖死后，惠帝继位，吕后称制。这一时期，崇尚黄老之学的曹参、陈平等相继得到重用。《史记》说，曹参为齐相时，实行黄老无为政治，相齐九年，"齐国安集"。[2]后来，曹参继萧何为丞相，"举事无所变更，一遵萧何约束"，因而取得了恢复生产、安定百姓的成效。后来，陈平继曹参为丞相，继续推行无为政治，"理阴阳，顺四时，下育万物之宜"，"亲附百姓"，其成效也是很显著的。司马迁曾赞扬说："孝惠皇帝、高后之时，黎民得离战国之苦，君臣俱欲休息乎无为，故惠帝垂拱，高后女主称制，政不出房户，天下晏然，刑罚罕用，罪人是希（稀）。民务稼穑，衣食滋殖。"[3]文帝、景帝在位期间，继续实行无为而治，"轻徭薄赋""平狱缓刑"，移风易俗，以致"政宽人和"，天下富实，史称"文景之治"。

三、文武并用论

汉初封建统治者多数经历了秦朝的兴亡，对于秦朝不施仁义，"尚刑而亡"的教训记忆犹新。他们认识到，在崇尚和推行黄老"无为而治"的同时，还必须兼采儒、法各家的思想，以便更有效地统治天下。其中，儒家文武并用、礼法结合的思想理论自然就受到他们的重视了。

刘邦立朝之初，陆贾经常在他面前称道《诗》《书》。刘邦骂他说："乃公居马上而得之，安事《诗》《书》！"陆贾回答说："居马上得之，

---

[1]《新语·无为》。
[2]《史记·曹相国世家》。
[3]《史记·吕太后本纪》。

宁可以马上治之乎？且汤、武逆取而以顺守之，文武并用，长久之术也。"[1]刘邦听了觉得很有道理。陆贾认为，秦朝的速亡是由于"武"的一手用得太多了。他主张以仁义教化"劝善"，以法令"诛恶"，软硬兼施，以维护封建统治。

继陆贾之后，贾谊的礼法结合思想，对汉初实际政治影响较大。他认为，"主主臣臣，礼之正也；威德在君，礼之分也；尊卑大小，强弱有位，礼之数也"。[2]这是说礼是封建等级制的法纪条规，是统治者治国平天下的根本。但重礼并非不要法，统治者必须兼用礼和法这两种统治人民的工具，"夫礼者禁于将然之前，而法者禁于已然之后"，[3]各自发挥其作用。贾谊的主张颇为文帝所赏识。

文帝在位期间，重视礼义教化的作用，"专务以德化民""兴于礼义"。[4]同时，他也重视法律的作用。"法者，治之正，所以禁暴而卫善人也。"[5]他承认法是禁止"强暴"和保卫"善人"的工具。文帝甚至承认自己"德薄而教不明"，实际上摒弃了秦朝那种把刑罚作为治国的唯一手段的思想。

四、约法省刑说

秦王朝由于"专任刑罚"，与民为仇，导致天下多事，国无宁日，土崩瓦解。汉初统治集团十分重视总结秦朝实行"法治"的经验教训，认识到繁法苛刑不利于调整统治阶级内部关系，不利于缓和同被压迫阶级的矛盾，因而主张"约法省刑"，积极改革秦朝遗留下来的严刑苛法。

早在公元前206年刘邦初入咸阳时，就与百姓约法三章："杀人者死，伤人及盗抵罪。余悉除去秦法。"[6]"三章之法"虽然只是刘邦采取

---

[1]《史记·郦生陆贾列传》。
[2]《新书·礼》。
[3]《汉书·贾谊传》。
[4]《汉书·文帝纪》。
[5]《汉书·刑法志》。
[6]《史记·高祖本纪》。

的一种临时性政策措施，但它同繁苛的秦法相比，简要易懂，在当时历史条件下包含着去苛从宽、删繁就简的意义。

陆贾在总结秦亡的教训时说："秦非不欲为治，然失之者，乃举措暴众而用刑太极故也。"[1]他建议，"设刑者不厌轻，行罚者不患薄"[2]，不要单纯依靠那些"坚甲利兵"和"深刑刻法"。

随着国内政治形势发展的需要，高祖于公元前202年命令萧何搜集秦法，"取其宜于时者，作律九章"。[3]虽然《九章律》恢复了秦法，但总体说来，比秦法简约。

惠帝、吕后继承了"约法省刑"的传统，进一步采取了一些省刑除苛的措施。惠帝时，"省法令妨吏民者，除挟书律"[4]，保存儒家经书等不算犯法了。吕后"除三族罪，妖言令"[5]，刑罚也有所缓和。

文景时期，在"约法省刑"方面颇有建树，赢得"几致刑措"的好评。

文帝即位后，"绝秦之迹，除其乱法"，继续改革秦朝遗留下来的严刑苛法。他相继废除了连坐收孥法[6]、诽谤妖言法[7]和肉刑[8]。

还值得指出的是，景帝曾下诏允许狱疑上呈有司。他说："狱，重事也。人有愚智，官有上下。狱疑者谳有司。有司所不能决，移廷尉。有令谳而后不当，谳者不为失。欲令治狱者务先宽。"[9]这种允许上诉、上诉者无罪的原则和规定，是有积极意义的。

汉初，由于统治阶级采取了"约法省刑"等一系列对人民让步的措施，使社会矛盾有所缓和，出现了"政宽人和"的局面。

---

[1]《新语·无为》。
[2]《新语·至德》。
[3]《汉书·刑法志》。
[4]《汉书·惠帝纪》。
[5]《汉书·高后纪》。
[6]《史记·孝文本纪》。
[7]《汉书·文帝纪》。
[8]《汉书·刑法志》。
[9]《汉书·景帝纪》。

五、轻徭薄赋的主张

秦朝统治者对农民的剥削是极其残酷的。他们"赋敛无度""戍徭无已",使广大农民无法生活下去,只有起来拼死反抗。汉初统治集团吸取了秦亡的教训,在"约法省刑"的同时,还倡导"劝趣(促)农桑",轻徭薄赋,重视农业生产,适当地减轻对农民的剥削。

西汉建立之初,高祖先后颁布了"以有功劳行田宅"和"复从军吏卒"的法令,[1]把大量的田地和房屋赏赐给将吏士卒,免除他们的徭役,鼓励他们从事农业生产。同时,政府招抚流亡,解放奴婢。此外,官方还采取了减轻田租的办法,规定田租每年为十五税一。[2]

陆贾也建议高祖轻徭薄赋,他希望刘邦做到"国不兴无事之功,家不藏无用之器,所以稀力役而省贡赋也"。[3]

惠帝、吕后时期,"天下晏然,民务稼穑,衣食滋殖"[4],天下少事,农民安心生产,社会经济迅速发展。

文景时期,同样也实行了轻徭薄赋的政策。文帝前元二年(公元前178年)和前元十二年(公元前168年)两次实行收"田租之半",即把原来的十五税一减为"三十而税一"。[5]景帝时还把田租"三十而税一"正式定为制度。同时,徭役也有所减轻。

总的说来,汉初统治集团在黄老"无为"思想指导下,重视恢复和发展农业生产,轻徭薄赋,给农民提供了一个比较安定的生产环境。由于农民的负担有所减轻,故使农业生产迅速得到恢复和发展。

---

[1]《汉书·高帝纪》。
[2]《汉书·食货志》。
[3]《新语·本行》。
[4]《史记·吕太后本纪》。
[5]《汉书·文帝纪》。

第三编　封建社会秦汉至隋唐时期的法律思想

第四节　封建正统法律思想的形成

一、封建正统法律思想的形成背景

从社会思想发展的规律来看，封建正统法律思想的形成经历了一个漫长的过程。

春秋末期，儒家的创始人孔子继承了周公的思想，主张"为国以礼"，实行礼治，以礼作为适用刑罚的指导原则。孔子主张"礼乐不兴则刑罚不中，刑罚不中则民无所措手足"；[1]又主张"为政以德"，[2]实行德治，强调德礼的感化作用；还倡导"为政在人"，[3]强调有德的统治者在治国中的决定性作用。孔子重教化，轻刑罚，却从不否定刑罚的必要性。他认为，当人民不接受教化时，要诉诸暴力。

战国中期的孟子继承和发展了孔子的思想，他在封建制取代奴隶制已成为大势所趋的历史潮流面前，突出强调实施仁政的重要性。他认为，人君只有实行仁政和"以德服人"的王道，重视礼义教化的感化作用，"省刑罚，薄税敛"，[4]方能统一天下。

荀子所处的战国后期，虽然同孟子所处的时代没有本质的不同，都属于封建制确立时期，但也稍有区别。当时中国正是由"诸侯割据称雄的封建国家"走向"专制主义的封建国家"的前夜。诸子百家的政治法律主张，经过斗争实践的检验，已经证明，原先儒家那套德治、仁政的主张在现实政治中行不通，是迂腐之见。而法家"以法治国"的学说，在各国变法运动中却显示出巨大的威力和功效。现实给荀子以强烈影响，他抛弃儒家思想中不合时宜的东西，批判地吸收各家的精华，特别是把法家的"法治"思想纳入儒家的思想体系，建立起一套以"隆礼"、重

---

[1]《论语·子路》。
[2]《论语·为政》。
[3]《礼记·中庸》。
[4]《孟子·梁惠王上》。

法为核心的政治法律思想理论。一方面他赋予礼以新的内容，使之成为划分和维护封建等级的工具；另一方面又主张将礼法融合起来，使之成为相辅相成的维护封建统治的两种统治工具。这表明封建地主阶级的政治法律思想日益臻于完善和成熟。西汉中期开始形成的封建正统法律思想，在很大程度上受到荀子思想的影响。

秦在法家理论指导下统一中国。秦王朝建立后，利用政权的力量，在文化思想上实行"统一"，特别对儒家采取严厉打击的政策，儒学遂一蹶不振。当时，随着全国大一统趋势的发展，在意识形态领域已经酝酿着为封建制服务的思想的统一。但是，秦始皇等人无视意识形态发展的这种客观规律，企图依靠政治权力来树立法家学说的绝对权威，并禁绝其他各家学说，其结果适得其反。

秦王朝的骤亡，对刚刚登上全国政治舞台的地主阶级来说，是一次严重的打击。当时，在法家政治破产、社会经济极端凋敝的形势下，如何维护和巩固地主阶级政权，防止再度爆发农民大起义，就成为封建统治阶级命运攸关的问题和最重要的任务。他们摒弃法家学说，找到了"治道贵清静而民自定"[1]的黄老学说，作为治国的指导思想。实际上，他们也兼采儒、法等家中有利于巩固封建统治的思想，以期更有效地统治人民。

西汉中期董仲舒创造的新儒学已不同于先秦的儒学。它是以儒为主、儒法合流的产物，并吸收了道家、阴阳五行家以及殷周的天命神权等各种有利于维护封建统治的思想因素。从法律思想方面来看，董仲舒新儒学的出现，反映出地主阶级的法律思想已初步完善，封建正统法律思想已开始形成。这种封建正统法律思想，完全适应了加强专制皇权和统治人民的需要，成为他们实现"长治久安"、巩固封建统治的思想武器。

二、封建正统法律思想的主要内容

就封建正统法律思想的主要内容来说，大致有下列几项：

---

[1]《史记·曹相国世家》。

第三编　封建社会秦汉至隋唐时期的法律思想

（一）法自君出，"则天顺时"

秦始皇建立起以君主专制为核心的中央集权制度，皇帝大权独揽，自然是言出法立，即所谓"命为制，令为诏"，[1]全体臣民必须严格遵守。秦始皇的诏令，具有至高无上的权威，它可以取消法律、更改法律、补充法律、代替法律。后世所谓"君者出令者也"[2]，也是法自君出的意思。其他的"敕""格""式""例"，等等，都得由皇帝颁布和批准。在封建专制制度下，皇帝个人的意志神圣不可违抗，皇帝的言论是金科玉律，具有最高的法律效力。西汉廷尉杜周就直言不讳地说："三尺（法）安在哉？前主所是著为律，后主所是疏为令；当时为是，何古之法乎！"[3]这种法自君出的思想，完全为后代封建统治者所继承，一直成为各封建王朝立法的一项基本原则。

这种法自君出的根本依据是神化皇权。董仲舒对它作了全面的论证。他认为，天不但创造了万物和人类，而且为人类创造了君主，天通过君主来执行自己的意志。他说，"受命之君，天意之所予也"[4]，"王者承天命以从事"[5]，全体臣民必须服从，否则就是违反"天意"。

君主怎样体现"天意"来实施法律呢？儒家学者提出了"则天顺时"的思想，认为施政执法必须符合阴阳顺逆和四时运行的规律，并编造出"赏以春夏，刑以秋冬"说。[6]董仲舒云："圣人副天之所行以为政，故以庆副暖而当春，以赏副暑而当夏，以罚副凉而当秋，以刑副寒而当冬。庆赏罚刑，事异而同功，皆王者之所以成德也。"[7]他把天地间的阴阳与春夏秋冬四季对应，而春夏温暖是万物生长、繁荣的季节，这时只可施行庆赏仁德；秋冬寒冷，是万物萎缩、收敛的季节，这时可执

---

[1]《史记·秦始皇本纪》。
[2]《韩昌黎集·原道》。
[3]《汉书·杜周传》。
[4]《春秋繁露·深察名号》。
[5]《春秋繁露·尧舜汤武》。
[6]《左传·襄公二十六年》。
[7]《春秋繁露·四时之副》。

行刑罚。这种"赏以春夏，刑以秋冬"之说，《礼记·月令》篇阐述得更具体。

经过儒家的鼓吹，秋冬行刑遂成为一项法律原则。自汉以后，历代封建王朝把它定为制度。

(二) 礼法融合，引经决狱

儒家思想主要来源于西周的礼治论。据说西周杰出的政治家周公"制礼作乐"，把礼运用于社会政治领域，形成了所谓礼治。

春秋战国时期，儒家继承和发展了西周的礼治思想，极力倡导以礼治国；法家主张"以法治国"，实行法治。两相对峙，争鸣不已。到战国末期，荀子把礼和法融合起来。他说："礼者，法之大分（本），类之纲纪也。"[1]他认为礼中有法，法出于礼，实际上他是礼法融合的先行者。荀子之后，礼法融合经历了一个比较复杂而曲折的过程。

在由秦"专任刑罚"转变到黄老"无为"的这一过渡阶段中，贾谊是一位力主礼法融合，试图把儒家礼治理论具体化、制度化，并力求付诸实践的人物。他主张"法制度""兴礼乐""悉更秦之法"[2]。他主张用儒家精神改革法律，突出地反映了他的以礼入法的观点。

董仲舒的新儒学，具有以儒为主、儒（礼）法合流的特点。在他看来："礼者，继天地，体阴阳，而慎主客，序尊卑、贵贱、大小之位，而差外内、远近、新故之级者也。"[3]其认为，实行礼乐教化，天下就会"甘如饴蜜，固如胶漆"，[4]真是太好不过了！同时，统治者治国必须用法，"正法度之宜"，[5]并使"有功者赏，有罪者罚"，"赏罚用于实不用于名，则百官劝职争进其功"。[6]这种言论，离法家的法治主张相去不远。但他毕竟是儒家，在其法律思想中，法治思想处于次一等的地位，

---

[1] 《荀子·劝学》。
[2] 《史记·屈原贾生列传》。
[3] 《春秋繁露·奉本》。
[4] 《春秋繁露·立元神》。
[5] 《汉书·董仲舒传》。
[6] 《春秋繁露·考功名》。

其中心思想仍然是"德主刑辅"。

董仲舒还是将儒家经义应用于法律实践的第一人,他的《春秋》决狱较集中地体现了汉代礼法融合的趋势。

(三)"三纲"为封建立法的根本原则

早在春秋末期,孔子就主张实行维护君、父等级特权的礼治,强调各级贵族必须严格遵守周礼所规定的"君君、臣臣、父父、子子"[1]的等级名分,大家各安其位,从而导致政治的稳定。后来战国时期儒家的代表人物孟子、荀子基本上承袭了孔子的礼治思想,对君臣、父子的关系都有所论述。集先秦法家学说之大成者韩非从维护封建等级特权出发,对君臣、父子、夫妇的关系作了如下的归纳:"臣事君、子事父、妻事夫,三者顺则天下治,三者逆则天下乱。"[2]

董仲舒则对儒家君臣、父子、夫妇等伦理纲常思想和韩非的这一"常道",用阴阳学说加以附会和解释,提出了一套带有浓厚神学色彩的"三纲"说,以维护封建专制主义集权制。他说:"君臣、父子、夫妇之义,皆取诸阴阳之道。君为阳,臣为阴;父为阳,子为阴;夫为阳,妻为阴。"[3]在董仲舒看来,阳贵阴贱,阳尊阴卑;属于"阳"的君、父、夫居于主导地位,属于"阴"的臣、子、妻则处于从属地位。

东汉的"国宪"《白虎通义》则进一步将儒家的"三纲"法典化,借以论证君主至高无上的权威和封建统治的永恒性。"三纲法天地人……君臣法天,取象日月屈信(伸),归功天也。父子法地,取象五生转相生也。夫妇法人,取象六合阴阳,有施化端也。"[4]它把"三纲"说成是合乎"天意",正如同日月运行等自然规律一样,是永远不会改变的。

所谓"三纲",是以君为臣纲为主,父为子纲、夫为妻纲是从属于君为臣纲的。其目的在于维护君主至高无上的权力。"三纲"是封建立法的

---

[1]《论语·颜渊》。
[2]《韩非子·忠孝》。
[3]《春秋繁露·基义》。
[4]《白虎通义·三纲六纪》。

根本原则，根据这种原则而制定出各种法律、法令，强迫人民遵守，稍有违反，即严加惩处。如所谓"十恶"罪中，便以属于违犯"三纲"的居多，要处重刑或极刑，决不赦免。由于关于"三纲"的立法特别符合封建统治阶级的需要，所以自西汉到明清，一直为他们所沿用，不过稍有"损益"而已。

（四）"大德而小刑"，德主刑辅

儒家的德主刑辅主张和周公的"明德慎罚"[1]思想有明显的继承关系。

孔子在主张恢复周公之礼的同时，又主张德治，强调以德服人，依靠道德教化的力量进行统治。"道（导，下同）之以政，齐之以刑，民免而无耻；道之以德，齐之以礼，有耻且格。"[2]可见他把德与礼的统治方法放在第一位，把政与刑的统治方法放在第二位。孟子继承和发挥了孔子德主刑辅的思想，突出强调实施仁政的重要性。他认为，统治者只有实行德治，注重礼义教化，"省刑罚，薄税敛"，[3]实行仁政，方能统一天下。在他看来，"徒善不足以为政，徒法不能以自行"；[4]治国固然要有法律，但礼义教化是主要的，法律只能起配合和辅助的作用。至于既"隆礼"又重法的荀子，也没有离开儒家德主刑辅的原则。在礼义道德和刑罚的关系上，他主张先礼后法、先教后诛。"不教而诛，则刑繁而邪不胜；教而不诛，则奸民不惩。"[5]教化并非万能，对那些教而不化者，就必须诉诸刑罚。

西汉初期的思想家、政治家们，无论其主要思想倾向如何，他们惩亡秦之弊，大都谴责秦朝"专任刑罚"，不行德政，主张把仁义道德作为治国的一种手段。这在"汉初黄老学派的法律思想"一节中已有所论述。

到西汉中期，董仲舒在继承前人德主刑辅思想的基础上，以阴阳学

---

[1]《尚书·康诰》。
[2]《论语·为政》。
[3]《孟子·梁惠王上》。
[4]《孟子·离娄上》。
[5]《荀子·富国》。

说相比附，提出了一套完整的"阳德阴刑"的德主刑辅论，他在《春秋繁露·精华》篇中说："教，政之本也；狱，政之末也。其事异域，其用一也。"这是说教化是"本"，刑罚是"末"，然而二者都是统治者统治人民的武器，它们在不同领域为维护地主阶级政权起作用。值得注意的是，董仲舒的德主刑辅论具有鲜明的特色，那就是以阴阳学说相比附，形成一种独特的"阳德阴刑"论。他说："天道之大者在阴阳。阳为德，阴为刑；刑主杀而德主生……以此见天之任德不任刑也。"[1]他认为"德主刑辅"是从天道引申出来的，天有阳有阴，亲阳而疏阴，"大德而小刑"，[2]那么人间也要有德教，有刑罚，而以德教为主。

儒家的德主刑辅思想的发展，到董仲舒时已形成一套完整的"阳德阴刑"的德主刑辅论。此后，历代一些著名的思想家、政治家的思想主张，如王充的"文武张设"[3]；韩愈的"德礼为先，而辅以政刑"[4]；丘濬的"礼教刑辟，交相为用"[5]；康熙的"以德化民，以刑弼教"[6]；等等，都在一定程度上反映出德主刑辅的思想。儒家的德主刑辅同礼法融合思想相辅相成，都是封建正统法律思想的重要内容。

第五节 董仲舒的法律思想

董仲舒（公元前179—前104），广川（今河北枣强县）人。他生于汉武帝即位前30多年，是西汉春秋公羊学派的大师，汉代新儒学的奠基者。他自幼苦读《春秋》，"三年不窥园"，景帝时为博士。武帝即位，"举贤良文学之士，前后百数，而仲舒以贤良对策焉"。[7]39岁时，董仲

---

[1]《汉书·董仲舒传》。
[2]《春秋繁露·阳尊阴卑》。
[3]《论衡·非韩》。
[4]《韩昌黎文集·潮州请置乡校牒》。
[5]《大学衍义补·圣神功化之极》。
[6]《清圣祖实录》卷九十四。
[7]《汉书·董仲舒传》。

舒名列第一,这是他一生中的一个转折点。他以对策获得武帝的嘉许,被任为江都相。他在任期间极力推行其阴阳灾异之说。建元六年(公元前135年),辽东高庙、长陵高园殿发生大火,仲舒借此宣扬其"天人感应"的谴告说,规劝武帝纠正杀戮"骨肉大臣"的错误。武帝阅后大怒,仲舒被降为中大夫,以后又为胶西相。他"恐久获罪",以病辞官家居,"以修学著书为事"。董仲舒的著作很多,大部分散失了,流传下来的有《春秋繁露》17卷82篇(3篇缺文)和《汉书·董仲舒传》中的《举贤良对策》。还有部分资料散见于《汉书》的《食货志》《五行志》《匈奴传》等篇中。这些材料大部分已由后人编入丛书集成《董子文集》。

一、君权神授说

在农民起义后建立起来的西汉王朝,一开始就宣称他们代秦而起是出于"天意",力图为自己的统治找到合理的根据。汉武帝即位后,怎样运用神权来维护政权,还需要从理论上加以说明和论证。而董仲舒从其神学目的论出发,系统地论证了"君权神授"的问题,完全适应了汉武帝的政治需要。

董仲舒把天描绘成创造一切、支配一切的神。他说:"臣闻天者,群物之祖也。故徧(遍)覆包函而无所殊,建日月风雨以和之,经阴阳寒暑以成之。故圣人法天而立道,亦溥爱而亡(无)私,布德施仁以厚之,设谊(义)立礼以导之。"[1]这里,董仲舒把日月风雨、阴阳寒暑等自然界的一切变化,以及统治者施行仁德刑罚等社会人事问题,都说成是天有意识、有目的的安排;天是万物之祖,"万物非天不生"。[2]

董仲舒对天的神化,是为了对统治者的神化,是为了尊君,是为了给"君权神授"制造理论根据。在他看来,天不但创造了万物和人类,而且为人类创造了君主,天通过君主来执行自己的意志。他说:"受命之

---

[1]《汉书·董仲舒传》。
[2]《春秋繁露·顺命》。

君，天意之所予也。故号为天子者，宜事天如父，事天以孝道也。"[1]"唯天子受命于天，天下受命于天子，一国则受命于君。"[2]这样，董仲舒不仅把君主的权力说成是天授予的，而且君主代表天来统治人世。人世中的一切都是天有目的的安排，而沟通天上人间的人物就是君主。

二、三纲五常论

董仲舒根据儒家君臣、父子的伦理纲常、仁义道德思想，杜撰出一套维护封建等级制度的"三纲五常"论。

他用阴阳学说对"三纲"加以附会和解释，给"三纲"涂上一层神秘主义的色彩。他说："君臣、父子、夫妇之义，皆取诸阴阳之道。君为阳，臣为阴；父为阳，子为阴；夫为阳，妇为阴。"[3]在他看来，阳贵阴贱，阳尊阴卑；属于"阳"的君、父、夫居主导地位，而属于"阴"的臣、子、妻则处于从属地位；君、父、夫永远是臣、子、妻的绝对统治者。这种主从关系是永远不能改变的，如同天地、阴阳一样。这都是"天意"的体现，即所谓"王道之三纲，可求于天"。[4]

（一）"君为臣纲"

在"三纲"中，最主要的是"君为臣纲"，"父为子纲""夫为妻纲"是从属于"君为臣纲"的。董仲舒讲父权、夫权，就是为了君权。他说，"以人随君……屈民而伸君"，[5]一切都要绝对服从君主，这是所谓《春秋》的大义。为臣的更要绝对服从君主，为君主奔走效劳，甚至不惜牺牲自己的性命。

在封建君主专制政体中，君主是整个国家的最高权威。他的权力至高无上，他的言论就是法律，任何臣民都不得违背君主的意志或有触犯

---

[1] 《春秋繁露·深察名号》。
[2] 《春秋繁露·为人者天》。
[3] 《春秋繁露·基义》。
[4] 《春秋繁露·基义》。
[5] 《春秋繁露·玉杯》。

其尊严的行为。董仲舒认为，如果臣子违抗君命，有贬低君主的言论，就应处以死刑。"人臣之行，贬主之位，乱国之臣，虽不篡杀，其罪皆宜死。"[1]

为了确保君主的权力不受侵犯，封建统治阶级还从立法方面予以保障。从汉代起，凡臣下矫诏、阑入宫门、殿门、犯跸、触讳、侵犯君主人身，等等，都构成"不敬"罪，属于"十恶"之一，罪死不赦。

(二)"父为子纲"

儒家提倡孝道，把"父为子纲"作为"三纲"的基础，实际上是利用族权来维护封建政权。行"孝"是为了尽"忠"，忠、孝是完全一致的。

董仲舒继承和发展了儒家的"孝道"，并竭力将它神秘化，把它说成是天经地义的绝对真理。"故曰夫孝者，天之经也。"[2]"孝子之行，取之土。土者，五行最贵者也，其义不可加矣。"[3]为什么他把封建孝道看成是"最贵"的呢？其根本原因在于，如果一个人在家能尽孝道，出外就能为君主尽忠。这种思想在汉代是颇为流行的。

这样，董仲舒就把"父为子纲"、子必从父的父子关系描绘得更加神秘了，谁要违背了这个"纲"，就是违背了"天意"，就为国法所不容。《汉律》规定，不孝为重罪，凡不孝顺父母者，要处以死刑。如汉武帝时，"太子爽，坐告王父，不孝，弃市"。[4]

(三)"夫为妻纲"

根据西周礼制的规定，在婚姻家庭制度上，法律确认夫权的统治地位，"男尊女卑"。妻子被认为是从属的，始终处于无权的地位。儒家继承和发展了这种"男尊女卑"的思想，就形成了所谓"妇人，从人者也；幼从父兄，既嫁从夫，夫死从子"[5]的"三从"观念。

董仲舒对"夫为妻纲"没有作更多的发挥，但他完全继承了传统的

---

[1]《春秋繁露·楚庄王》。
[2]《春秋繁露·五行对》。
[3]《春秋繁露·五行对》。
[4]《汉书·衡山王刘赐传》。
[5]《礼记·郊特性》。

"男尊女卑"的思想,并对它作了神秘主义的说明。他认为"夫为妻纲"是"取诸阴阳之道","夫为阳,妻为阴",[1]"丈夫虽贱皆为阳,妇人虽贵皆为阴",[2]所以丈夫统治妻子,妻子服从丈夫,是天经地义的。这种"妻受命于夫"的主从关系,"皆天也",[3]即都是"天意",任何妇女都不得违反,它成为封建社会所必须遵循的准则。历代封建法律都从法律上规定,严格维护这种"夫为妻纲"的原则。如《汉律》规定,如果丈夫与人通奸,最多是"耐为鬼薪"(三年徒刑);如果妻子与人通奸,或者夫死未葬而嫁,都要处以死刑。

董仲舒所讲的"五常",是指"仁、谊(义)、礼、智、信五常之道"。它是处理君臣、上下关系的准绳,是调整统治者与被统治者的关系的根本原则。他向武帝建议说:"夫仁、谊(义)、礼、智、信,五常之道,王者所当修饬也。王者修饬,故受天之佑,而享鬼神之灵,德施于方外,延及群生也。"[4]这是说,只要统治者努力用仁、义、礼、智、信去教化人民,就能得到天和鬼神的保佑,恩德施及远方和广大群众。这样,当然就不会有"犯上作乱"的了。

由上可知,董仲舒杜撰的"三纲五常"论体现了整个封建统治和各种关系,成为封建立法的重要指导思想。尽管它在当时对巩固中央集权专制制度起过一定的积极作用,但从其本质来看,它是封建统治阶级用来控制人们的思想,以防人民"犯上作乱"的思想武器。随着封建制的衰落和腐朽,它日益暴露出其反人民的本质。

三、阳德阴刑论

董仲舒在继承前人"德主刑辅"思想的基础上,以阴阳学说相比附,提出了系统而完整的"阳德阴刑""大德而小刑"的德主刑辅论,力图以

---

[1]《春秋繁露·基义》。
[2]《春秋繁露·阳尊阴卑》。
[3]《春秋繁露·顺命》。
[4]《汉书·董仲舒传》。

它作为统治人民和解决社会危机的思想武器。

董仲舒极力倡导德治,认为统治者应当秉承"天意",对人民进行道德教化。他说:"王者承天意以从事,故任德教而不任刑。刑者不可任以治世,犹阴之不可任以成岁也。"[1]因此,他主张变更秦朝的统治方法,改弦易辙,即用儒家的道德教化代替法家的严刑峻法。

但是,董仲舒并不反对用刑罚。他说:"王者上谨于承天意,以顺命也;下务明教化民,以正性也;正法度之宜,别上下之序,以防欲也。修此三者,而大本举矣。"[2]在他看来,"天意""教化""法度"三者是君主治国的根本,都是统治人民不可缺少的工具。

然而董仲舒毕竟是儒家,其中心思想仍然是"德主刑辅"。他说:"教,政之本也;狱,政之末也。其事异域,其用一也。"[3]这是说,教化是"本",刑罚是"末",然而二者都是统治者统治人民的武器,它们在不同领域里为巩固地主阶级政权起着同样重要的作用。

董仲舒所主张的"德主刑辅"论是有其特色的,那就是由天道引申出来的,说天亲阳而疏阴,任德不任刑,从而形成一种"阳德阴刑"论。他说:"王者欲有所为,宜求其端于天。天道之大者在阴阳。阳为德,阴为刑;刑主杀而德主生……以此见天之任德不任刑也。"[4]董仲舒在《春秋繁露》中反复阐述上述"阳德阴刑"问题,力图说明天道之大者在阴阳,任德不任刑是"天意"的体现。

四、《春秋》决狱的主张

关于董仲舒的引经断狱,也受到统治者的重视。当他老病家居的时候,武帝还常派廷尉张汤至其家"问其得失",他"动以经对",并且作《春秋》决狱二百三十二事。

---

[1]《汉书·董仲舒传》。
[2]《汉书·董仲舒传》。
[3]《春秋繁露·精华》。
[4]《汉书·董仲舒传》。

所谓《春秋》决狱，就是以《春秋》的精神和事例作为审判的根据，从而把儒家经典法律化。董仲舒说："《春秋》之听狱也，必本其事而原其志，志邪者不待成，首恶者罪特重，本直者其论轻。是故逄丑父当析，而辕涛涂不宜执。鲁季子追庆父，而吴季子释阖庐，此四者罪同异论，其本殊也。"[1]这是说，在审理案件的时候，要根据犯罪的事实，考查行为者的动机，只要有犯罪动机，就应该加以惩罚，不必待其成为行为；对于首犯要从重惩处；如果只有犯罪行为，而没有犯罪动机，就应该从轻发落。这里，董仲舒强调要"本其事"，即根据客观的犯罪事实，这无疑是正确的。但他过分强调行为者的动机，认为"志邪者不待成"，就要加以惩罚，这就为酷吏滥施刑罚开了方便之门。

这种动机论在司法实践中是有害的，因为封建统治者可以任意以动机的"善"或"恶"来判决案件，它既可以任意将有罪说成无罪，为剥削者开脱罪责；也可以把无罪说成有罪，肆意残害无辜的劳动人民。《汉书·刑法志》说："或罪同而论异。奸吏因缘为市，所欲活则傅生议，所欲陷则予死比，议者咸冤伤之。"这就是汉代在《春秋》决狱之风盛行的情况下，"酷吏击断""奸猾巧法"所造成的恶果。

董仲舒的政治法律思想，适应和满足了封建统治阶级的需要，因而成为官方统治思想，在封建社会长期处于统治地位。在汉代，中国封建社会还处于上升时期。因此，董仲舒为之创造的维护和巩固封建大一统的政治法律思想体系，虽然有控制和镇压人民的消极或反动的一面，但它所起的进步作用也是明显的。然而，随着封建制度的日趋腐朽，它的消极或反动的一面就日益显露出来，愈益成为封建统治阶级钳制人民思想、镇压人民反抗斗争的思想武器。

---

[1]《春秋繁露·精华》。

第六节　王充反谶纬神学的法律思想

王充（27—97），字仲任，会稽上虞（今浙江上虞县）人，东汉思想家，一生经历过光帝、明帝、章帝、和帝四朝。据《自纪》说，他的家庭是由官宦而降为平民的。

王充小时候进书馆学过儒经，熟悉《论语》《尚书》。据《后汉书·王充传》载，王充早年曾游学京都洛阳，"受业太学，师事扶风班彪，好博览而不守章句。家贫无书，常游洛阳市肆，阅所卖书，一见辄能诵忆，遂博通众流百家之言"。不久他"谢师而专门，援笔而众奇"，[1]摆脱了班彪思想的束缚，自成一家之言。成年以后，王充做过县掾功曹、都尉府掾功曹、太守列掾功曹、州从事，都是地位不高的从属职务，而且每次任职时间都不长，后与上司意见不合而辞职归居乡里，以教书为生。59 岁时出任扬州治中，仅两年便罢官家居。到老年，他还是"贫无一亩庇身""贱无斗石之秩"。但他"居贫苦而志不倦"，坚持战斗，"幽处独居，考论虚实"，[2]写下了不少著作。他先后写了《讥俗节义》《政务》《论衡》《养性》四部书，流传下来的只有《论衡》一书。王充在《论衡·佚文》中说："《诗》三百，一言以蔽之，曰思无邪。《论衡》篇以十数，亦一言也，曰疾虚妄。"他对汉代流行被神化了的儒学极为反感，认为当时很多儒学书籍是"伪书俗文，多不实诚"，"俗书守文，多失其真"。所以他写《论衡》之书，批评那些虚妄之言。

一、从理论上对谶纬神学的批判

王充生活在一个封建统治相对稳定的时代（主要是东汉明帝、章帝两代）。当时，思想界占统治地位的是自董仲舒以来盛极一时的神学目的

---

[1]《论衡·自纪》。
[2]《论衡·自纪》。

论。在法律思想方面,统治阶级极力推崇谶纬神权法思想,宣扬天刑、天罚和君权神授等理论。王充是东汉第一个从理论上系统地对其加以清算和批判的思想家。

王充继承了荀子"明于天人之分"的思想,否定有意志的天的存在,反对把天神秘化,认为天是客观存在的自然物质,世间万物都是由物质性的元气构成的。他说:"天地,含气之自然也。"[1]又说:"夫天不能故生人,则其生万物,亦不能故也。天地合气,物偶自生矣。"[2]

他认为天不但不是神,不是创世主,而且没有口目等感觉器官,没有感觉,没有意志。"何以知天之自然也?以天无口目也。案有为者,口目之类也。口欲食而目欲视,有嗜欲于内,发之于外,口目求之得以为利,欲之为也。今无口目之欲,于物无所求索,夫何为乎!"[3]

既然天没有感觉和意志,因而它就不可能有目的地创造万物,不可能有意识地安排人世间的活动。这就从理论上摧毁了谶纬说等神权法思想的基础。

二、天不能赏罚说

汉代统治阶级大肆宣扬天神能赏善罚恶。君主的喜怒、操行好坏和政治得失都会感动天作出相应的报答,而自然界的灾异和灾害现象,就是天的意志的体现,是对君的谴告和惩罚。王充认为,天人之间没有什么"感应"关系,"天谴""天刑""天报"之说,纯粹是虚妄不实之辞。从法律思想方面来看,王充对它们的批判是十分出色的。

(一)批判"天造谴告"说

天人感应论者宣扬说,君主犯错误,天出灾异谴告,令其改正;如果不听,则降灾祸加以惩罚。王充依据天道"自然无为"的观点,针锋

---

[1] 《论衡·谈天》。
[2] 《论衡·物势》。
[3] 《论衡·自然》。

相对地进行批判。他说:"夫人不能以行感天,天亦不随行而应人。"[1]又说:"夫天道自然也,无为,如谴告人,是有为,非自然也。"[2]他认为天造谴告等天罚思想,完全是统治者互相攻讦而人为地制造出来的,"末世衰微,上下相非,灾异时至,则造谴告之言矣",[3]指出这纯属虚妄无稽之谈。

至于日食、月食、水旱灾害等灾异的发生,王充认为那都是自然现象,有它自身的规律。例如,日食月食有一定的周期,"四十二月日一食,五月六月亦一食,食有常数"。[4]水旱灾害是"天之运气,时当自然","旸(晴)久自雨,雨久自旸(晴)"。[5]"云积为雨,雨流为水。"[6]雨雪霜露都是地上的蒸汽遇到不同的气温而形成的自然现象。如果水旱灾异是天对人君失败的谴告,则"尧遭洪水,汤遭大旱,如谓政治所致,尧汤恶君也"。可见"非政治,是运气也,运气有时,安可请求?"[7]这里的"运气",指气候的自然变化。

王充辛辣地嘲笑那些天人感应论者。如果天能谴告人君,那为什么不找好的君主来执政,却偏生些庸庸之君,"失道废德,随谴告之,何天不惮劳也"?[8]所谓天人感应,完全是统治者有意编造的"惧愚者之言"。

(二) 批判"用刑非时则寒,施赏违节则温"说

董仲舒和谶纬家宣扬,"人之喜怒,化天之寒暑",[9]"人君用刑非时则寒,施赏违节则温"。[10]王充则针锋相对地予以批驳,认为寒温在同

---

[1] 《论衡·明雩》。
[2] 《论衡·谴告》。
[3] 《论衡·自然》。
[4] 《论衡·治期》。
[5] 《论衡·明雩》。
[6] 《论衡·顺鼓》。
[7] 《论衡·明雩》。
[8] 《论衡·自然》。
[9] 《论衡·谴告》。
[10] 《春秋繁露·为人者天》。

一时候是一样的,从没有发生过哪里行赏哪里就温和,哪里用刑哪里就寒冷的情况。"今寒温之变,并时皆然。百里用刑,千里皆寒,殆非其验。齐鲁接境,赏罚同时,设齐赏鲁罚,所致宜殊,当时可齐国温、鲁地寒乎?"[1]由此可见,人间的刑赏同气候的寒温毫不相干。王充得出的结论是:"寒温,天地气节,非人所为,明矣。"[2]当然,那种"用刑非时则寒,施赏违节则温"说,是站不住脚的。

(三) 批判"祸福"说

天人感应论者在强调天有赏罚能力时,还宣扬"行善者福至,为恶者祸来,祸福之应皆天也"[3]的说教。王充指出,相信祸福之说是衰世的象征,"衰世好信禁,不肖君好求福","衰世好信鬼,愚人好求福"。

王充认为,祸福之说是统治者为了适应自己的政治需要而编造出来的。"斯言或时贤圣欲劝人为善,省必然之语,以明德报;或福时适,遇者以为然。如实论之,安得福佑乎?"[4]王充还以古代一些帝王的寿命为例,证明天并未按照"德惠"来赐予寿命。社会现象表明:"恶人之命不短,善人之年不长。"天为什么不罚恶人早死,不赏善人长命呢?可见天没有意志,它不能赏善罚恶。

由此可见,善恶祸福之说和天讨、天罚之论纯属"虚妄"之辞,不能信以为实。

三、"文武张设"论

王充并不是一个空谈哲理的思想家。他从东汉"政尚严切"的现实情况出发,明确地提出"文武张设"、礼法兼用的主张。"治国之道,所养有二:一曰养德,二曰养力。养德者,养名高之人,以示能敬贤;养力

---

[1] 《论衡·寒温》。
[2] 《论衡·寒温》。
[3] 《论衡·福虚》。
[4] 《论衡·福虚》。

者，养气力之士，以明能用兵。此所谓文武张设，德力具还足者也。"[1]一德一力，一文一武，都是治国不可缺少的工具，也就是"王霸杂用"的意思。

但王充认为礼义德教更为重要，"国之所以存者，礼义也，民无礼义，倾国危主"。在王充看来，礼义是治国的根本，治国不能"屏德"，就如同一年不能没有春季一样，礼义丰重，才能享国长久。

王充在强调礼义德教的同时，也注意法的作用，主张礼法兼用。他认为自古以来礼和法密不可分，彼此互为表里，相辅相成。"古礼三百，威仪三千，刑亦正刑三百，科条三千，出于礼，入于刑，礼之所去，刑之所取，故其多少同一数也。"[2]这里，王充把法看作处理具体社会问题的手段，凡是违反了礼的，就要用刑来制裁，凡是礼所反对的，也就是法要惩罚的。所以，光有礼义德教还不够，必须有法加以辅助。

王充的"文武张设"、礼法兼用论，虽然仍是儒家"德主刑辅"的传统主张，但在政治严酷、法令繁苛的东汉时代，还是有一定积极意义的。

思考题

1. 试述秦朝"法治"主义的得与失。
2. 简述汉初黄老学派法律思想的基本要点。
3. 封建正统法律思想有哪些内容？
4. 简评董仲舒的"大德小刑"论和"三纲五常"论。
5. 谈谈王充反神学法律思想的进步意义。

---

[1]《论衡·非韩》。
[2]《论衡·谢短》。

第九章

魏晋南北朝时期的法律思想

内容分析和要点提示

本章主要阐述了魏晋南北朝时期玄学和律学的法律观。我们应掌握此时期玄学、律学兴起的原因及其法律思想代表人物的主要观点。

本章的基本知识、基本理论有：（1）王弼"名教出于自然"的法哲学观。（2）嵇康"越名教而任自然"的法哲学观。（3）郭象"名教即自然"的法哲学观。（4）张斐以礼率律的思想。（5）张斐论《刑名》的性质和作用。

本章的基本概念有：（1）"名教出于自然"。（2）"越名教而任自然"。（3）"名教即自然"。（4）以礼率律。（5）《刑名》置于篇首。

第一节 魏晋南北朝社会与玄学、律学的兴起

从公元220年到公元589年是魏晋南北朝时期。社会基本处于分裂状态，是这一时期的历史特点。在这一时期，社会经济虽然不断遭到战乱的破坏和影响，但它仍然继续得到发展。

门阀士族的出现是这一时期社会政治的一个显著特点。门阀士族是地主阶级中最贪婪、最残暴、最腐朽的一个阶层。他们占有大量土地，拥有大量佃客、部曲和奴婢。他们将曹魏时期开始建立的"九品中正制"作为巩固其政治特权的工具，选官任人完全依赖门第，结果形成"上品无寒门，下品无势族"的士族豪强统治。

与当时的经济、政治相适应,这一时期的法律思想主要有玄学的法哲学思想和律学思潮。此外,还有名法、无君论、佛教、道教等多种派别和思想主张。在此时期中,虽然玄学风靡一时,儒学有些衰落,但仍有一些儒家学者立志以弘扬儒学为己任。

所谓玄学,是由于当时研究《老子》《庄子》《周易》这三本号称"三玄"的书而得名。玄学家仍用老庄道家学说来解释儒家的经典《周易》,力图将儒家和道家这两种不同思想糅合起来。玄学思潮的出现和当时的政治大分裂及士族政治有密切的关系。在社会动荡不安的情况下,有些思想家和士人出现了消极避世的思想,他们崇尚老庄,宣扬无为政治。也有一些士族沉湎于淫乱生活而不能自拔。玄学家的主张一般比较消极,放任自然,从而激扬了法律虚无主义。依据对"自然"与"名教"关系的不同见解,玄学家内部可分为三大派:

第一,曹魏时期的何晏(190—249)、王弼(226—249)是玄学的创造者。他们倡导"自然"为本,"名教"为末,"自然"为母,"名教"为子,"名教出于自然",本于"自然"。这种名教出于自然说,完全适应了曹魏政权后期力图恢复名教之治的政权需要。

第二,嵇康(223—262)、阮籍(210—263)是魏晋之际玄学思想的主要代表。他们属于非正统玄学。他们揭露和批判了司马氏集团提倡名教的虚伪性,主张"越名教而任自然";认为"刑本惩暴,今以胁贤",猛烈抨击了司马氏诛杀名士、滥罚无辜的行径。

第三,向秀(约227—272)、郭象(252—312)是西晋时代玄学思想的主要代表。他们倡导"名教即自然",把"名教"和"自然"完全等同起来,将现实的礼法名教说成是绝对的"天理自然",人们要听任自然,安分守己,服从门阀士族的统治。这暴露出他们作为司马氏集团御用学者的本质。

魏晋时期,封建统治者对法律制度进行了新的改革。特别是《晋律》的制定和律学的兴起,不但使封建法律日趋完备,而且在法律理论的科学化、系统化方面也有了明显的进步。

魏明帝时，鉴于"法律滋彰，犯者弥多，刑罚愈众，而奸不可止"，因此下诏"改定刑制"。他命司空陈群、散骑常侍刘劭等在整理秦汉旧律的基础上，制定出《魏律》18 篇。这部新律在隋代已散失，只有《晋书》保存了一篇《魏法·序略》，它说："今制新律，宜都总事类，多其篇条。旧律因秦《法经》，就增三篇，而《具律》不移，因在第六。罪例既不在始，又不在终，非篇章之义。故集罪例以为《刑名》，冠于律首。"可见此律已从法典结构体例上进行了改革，以体现法典本身的内部联系。魏律的刑名，大体相当于近代刑法的总则，将它置于律首，不仅确立了封建刑法原则的重要地位，也增强了我国古代法典的科学性。"刑名"列于篇首这种形式，一直为后世的封建法典所沿用。

一般说来，曹魏法制改革的重点是对旧律的整理和归纳。到司马昭掌权时，仍然感到"前代律令本注烦杂。陈群、刘邵虽经改革，而科网本密"。于是命令贾充、羊祜、杜预等 14 人对过去的法律在内容上进行重大改革。据《晋书·刑法志》载："就汉九章增十一篇，仍其族类，正其体号，改旧律为《刑名》《法例》；辨《囚律》为《告劾》《系讯》《断狱》；分《盗律》为《请赇》《诈伪》《水火》《毁亡》；因事类为《卫宫》《违制》；撰《周官》为《诸侯律》，合二十篇，六百二十条，二万七千六百五十七言。"此律于晋武帝司马炎泰始四年（公元 268 年）颁布，故名《泰始律》。此律虽然篇章比魏新律多 2 篇，但法律条文比汉魏律令大约省减了 2000 条，而且"文约而例直"。从内容来看，它"酌千年之范"，总结了秦汉以来的法制经验，"蠲其苛秽，存其清约，事从中典，归于益时"，比过去的法典完备，有利于封建统治。熊远在称赞晋代法律时说："经贤知、历夷险、随时斟酌，最为周备。"[1]因此，《晋律》即《泰始律》对后代封建法典的影响最大。

《晋律》制定后，张斐、杜预又对它作了注释，并"兼采汉世律家诸说之长"，继承和发展了汉代律学。晋代律学是汉代以来法律修订、注解

---

[1]《晋书·刑法志》注。

的理论经验的一次系统总结，表明中国古代律学已日益成熟起来。此时也开始出现专门的法律著作，如张斐的《注律表》、杜预的《刑法律本》等。律学已成为一门专门研究具体法律的独立学科。两汉时期，学者们大多是对法的起源、性质、作用以及法与政治、经济、伦理道德等的关系进行一般的论述。如今律学家们则集中研讨诸如法典的体例结构、法律各部分之间的关系、刑法的基本概念和名词术语的定义，等等，从而使我国古代的法律理论进一步向纵深发展。

第二节 王弼"名教本于自然"的法哲学思想

王弼（226—249），字辅嗣，魏山阴（今河南焦作市）人。他是魏晋玄学的主要开创者，出身于世家大族，其父是王业，祖父是王凯。王凯与"建安七子"之一的王粲是亲兄弟。王弼自幼聪颖，十余岁便好《老子》《庄子》，"通辩能言"。王弼为尚书郎时，何晏为吏部尚书，见到王弼，叹曰："仲尼称后生可畏，若斯人者，可与言天人之际乎！"[1]何晏是东汉末大将军何进的孙子，自小为曹操所收养，当时他已很有名望。何晏曾把王弼推荐给曹爽，初见就"论道"，"移时无所他及"。可能是由于王弼空谈太多，不切实际，所以曹爽没有重用他。一直到死，都只在何晏手下做一名尚书郎。可是，在曹爽、何晏失败的时候，王弼也受到牵连，"以公事免，其秋遇疠疾亡，时年二十四，无子绝嗣"。[2]

王弼虽然一生短促，但著述甚富。他的《老子注》《周易注》《周易略例》今存，并有广泛影响。今有《王弼集校释》。

魏正始年间产生的以何晏、王弼为代表的崇尚老庄的玄学思潮，有其深刻的社会政治背景。一般说来，"老子哲学是弱者的哲学"。当时，从曹魏政权内部来说，日趋衰败的曹氏集团和拥有强大军事政治实力的司马氏集团之间的斗争日趋尖锐。曹魏集团中的一些知识分子如何晏、

---

[1]《三国志·魏书·钟会传》注。
[2]《三国志·魏书·钟会传》注。

王弼等人，极力提倡老学，企图以老子的无为而治的策略来维护曹魏政权，维护君臣名分等级秩序，即所谓"名教之治"。

一、"名教本于自然"的法哲学思想

王弼祖述老、庄，其根本主张是天地万物皆以"无"（或者叫"道"）为本，"无"是天地万物包括社会伦理之本源。人们称这种主张为"贵无"论。王弼说："天下之物，皆以有为生，有之所始，以无为本，将欲全有，必反（返）于无也。"[1]在王弼看来，天下万物都是具体存在的东西；具体存在的东西之所以成为它存在的那个样子，是因为由"无"作为它的本体；如果万物要保全自己，就必须返归于"无"。"无"也就是"道"，"道者，物之所由也"。[2]

王弼不仅把"无"或"道"看成万物的本源，而且把社会政治制度（名教）也视为自然（道）的产物。他说："万物以自然为性，故可因而不可为也，可通而不可执也。"[3]又说："物有其宗，事有其主。"[4]万物都是自然（道）而来的，顺从自然不勉强，就是符合自然了。但他把"道"解说成"宗主"，即"品制万物，宗主存焉"，"夫少者，多之所贵也；寡者，众之所宗也"。[5]他认为，能够治理众人的，不可能是众人，而只能是极少数人，即封建统治者。封建统治者依据"道"来立名分以定尊卑，这样，就把"道"为万物之本源的原理推广运用到社会政治领域中来，借以调和"名教"与"自然"的对立。他说："始制，谓朴散始为官长之时也。始制官长，不可不立名分以定尊卑，故始制有名也。"[6]王弼认为政治制度和名教是从最高的"道"派生出来的。"立名分以定尊卑"是"朴散"之后的必然结果。老子认为朴散而为器，是对自然状

---

[1]《老子》四十章注。
[2]《老子》五十一章注。
[3]《老子》二十九章注。
[4]《老子》四十九章注。
[5]《周易略例·明象》。
[6]《老子》三十二章注。

态的破坏。而王弼对它加以歪曲，认为朴散为器，是符合自然的，也是应当的。

因此，王弼又认为，儒家所说的纲常名教同道家的天道自然并不矛盾，名教本于自然。但他强调名教必须顺乎自然，受自然的支配，即"载之以大道，镇之以无名"。[1]不顺乎自然，不合乎"无为"的名教，也就不成其名教。统治者必须抓住顺乎自然、合乎无为这个根本，以推行名教之治，那么仁义的作用才能真正地显示出来，礼法的作用才能充分发挥出来。

由此可见，王弼表面上不重视仁义礼法，实际上他是企图用"名教本于自然"来论证现存秩序的合理合法，为曹魏政权恢复名教之治提供理论根据。

二、否定严刑峻罚

史称："魏武好法术，而天下贵刑名。"曹操统治时期实行的是名法之治，但名法之治也带来了法繁刑酷的弊病，特别是正始年间，当门阀士族势力日益发展之后，这种弊病尤为突出。王弼从其"无为"的思想出发，对当时严刑峻罚的现实作了相当深刻的揭露和批判。他说："若乃多其法网，繁其刑罚，塞其径路，攻其幽宅，则万物失其自然，百姓丧其手足，鸟乱于上，鱼乱于下。是以圣人之于天下，歙歙焉，心无所生也。"[2]王弼认为，现实社会的刑政应该遵循自然无为的原则，去其繁苛。如果法繁刑酷，那么万物就会失去自然本性，百姓就会无所措手足。

王弼甚至主张不用刑罚，他在注解《老子》"国之利器不可以示人"这句话时说："利器，利国之器也。唯因物之性，不假刑以理物。器不可睹，而物各得其所，则国之利器也。示人者，任刑也。刑以利国，则失矣。鱼脱于渊，则必见失矣。利国之器而立刑以示人，亦必失也。"[3]这

---

[1]《老子》三十八章注。
[2]《老子》四十九章注。
[3]《老子》三十六章注。

段话有两层意思，一是治国不能依靠刑罚；二是立刑不可以示人，即法律不应公开，只能由统治者随意操纵。

魏晋时代，政治腐败，刑罚纵横，人民动辄得咎。在这种特殊的历史条件下，王弼反对严刑峻罚的主张是有进步意义的。

诚然，玄学家王弼的政治法律思想，作为立国之道，作为治国安邦之术，是不可取的。因为其玄虚之谈，使人脱离客观实际，遗忘个人对于国家民族应尽的责任，其后果是可想而知的。何况他的有些主张还直接为维护日益衰颓的曹魏政权提供了理论根据。但是，我们把王弼的思想学说放在历史的长河中，看它比前人有没有提出什么新东西时，就会发现不少值得肯定的地方。以王弼、何晏为创始者的玄学，是社会思潮从汉代章句经学和谶纬神学的束缚中的一次解放。玄学用抽象的思辨否定了天人合一的神学目的论，建立了以"无为"为本的宇宙本体论，建立了比较精致的理论体系。从思想水平上说，它达到了一个新的高度。这些成果，都为以后的宋明理学所继承。

第三节 嵇康"越名教而任自然"的法哲学思想

嵇康（223—262），字叔夜，谯郡铚（今安徽宿县西南）人。"竹林七贤"之一，有才学，性刚直，他和曹操的儿子沛王曹林的孙女长乐亭主结婚，官至中散大夫。因与魏宗室有姻戚关系，不肯投靠司马氏，为司马昭所忌，魏景元三年（公元262年）被杀。著有《嵇中散集》，今有《嵇康集》。

嵇康青年时即放诞不羁，"任其所尚，托好老庄，贱物贵身，志在守朴，养素全真"。[1]他隐居不仕，拒绝做司马昭的官。"竹林七贤"中的山涛曾向司马昭举荐嵇康。嵇康作书拒绝，"因自说不堪流俗而菲薄汤武。大将军闻而怒焉"。[2]实际上，嵇康触怒了司马昭，是由于他揭露了

---

[1]《嵇康集·幽愤诗》。
[2]《三国志·魏书·王粲传》注引《魏氏春秋》。

司马昭以禅让为幌子而篡夺帝位的阴谋。嵇康成了司马昭夺取政权的一个障碍，最后终被加以"言论放诞，非毁典谟"的罪名而处死。

一、"越名教而任自然"的法哲学思想

历代封建统治阶级要维护自己的统治，是离不开"名教"的。司马氏集团和曹魏集团在争夺政权的斗争中，双方都利用了"名教"作为自己的武器。司马氏集团正是在"以孝治天下"的口号下，用"不孝"的罪名来废弑曹氏皇帝的。对此，嵇康洞若观火。因此他反对司马氏提倡的虚伪的名教，对那些礼法之士表示深恶痛绝，提出了"越名教而任自然"说，主张顺应人类自然纯朴的本性，不受礼法的约束。"夫气静神虚者，心不存于矜尚；体亮心达者，情不系于所欲。矜尚不存于心，故能越名教而任自然；情不系于所欲，故能审贵贱而通物情。"[1]可见嵇康特别强调名教和人的自然本性是对立的，人们应当超越名教的束缚，不尚虚荣，不谋富贵权位，摆脱物质享受等欲望，以求得精神上的解脱。显然，他的"越名教而任自然"说，是针对司马氏虚伪巧饰的礼教而发的，并不是真正教人违背名教。正如鲁迅所说："嵇、阮的罪名，一向说他们毁坏礼教。但据我个人的意见，这判断是错的。魏晋时代，崇奉礼教的看来似乎很不错，而实在是毁坏礼教，不信礼教的。表面毁坏礼教者，实则倒是承认礼教，太相信礼教。因为魏晋时代所谓崇奉礼教，是用以自利，那崇奉也不过偶然崇奉，如曹操杀孔融，司马懿（昭）杀嵇康，都是因为他们和不孝有关，但实在曹操、司马懿（昭）何尝是著名的孝子，不过将这个名义，加罪于反对自己的人罢了。如是老实人以为如此利用，亵渎了礼教，不平之极，无计可施，激而变成不谈礼教，不信礼教，甚至于反对礼教——但其实不过是态度，至于他们的本心，恐怕是相信礼教，当作宝贝，也比曹操司马懿（昭）要迂执得多。"[2]嵇康的

---

[1]《嵇康集·释私论》。
[2]《魏晋风度及文章与药及酒之关系》，《鲁迅全集》第3卷，第390页。

迂执就在于他认为礼教应出于人的自然本性，所以他要人们恢复"不须学而后能，不待借而后有"的自然之情。他不懂得只要封建关系存在，名教是"越"不起来的，自然也是"任"不起来的。你愈要"越"名教，名教愈不"越"人。嵇康最后还是作为"名教"的罪人被杀，但他是一个值得我们同情、敬仰的"名教罪人"。

二、刑律威胁贤士说

嵇康在《太师箴》一篇中，进一步揭露了司马氏统治下刑罚的残酷和政治的腐败，批判现实社会的黑暗和罪恶。他说："季世凌迟，继体承资，凭尊恃势，不友不师，宰割天下，以奉其私……刑本惩暴，今以胁贤。昔为天下，今为一身，下疾其上，君猜其臣。丧乱弘多，国乃陨颠。"这里，有几点值得注意。其一，抨击司马氏父子兄弟凭借自己的权势，胡作非为，"不友不师"，君臣猜忌，宰割天下，以奉其私。其二，揭露司马氏把持军政大权，诛戮异己，罪孽深重。"矜威纵虐，祸崇丘山。"其三，抨击司马氏滥刑滥杀，诛戮名士。赏罚虽存，却不能劝善禁恶。"刑本惩暴"，现在却成为威胁贤士的工具。

嵇康对现实社会不满，因此他常向往一个无为而治的理想社会。这位自称"老子、庄周吾之师也"[1]的思想家，在那个动乱不已的年代，特别强调"以无为为贵"，憧憬一个和平安定的美满的无为而治的社会的出现。他在《声无哀乐论》篇中，描绘这样的社会是："崇简易之教，御无为之治，君静于上，臣顺于下，玄化潜通，天人交泰。"当然，在现实中不可能存在这样的乌托邦式的社会，但嵇康的这种设想，恰好是对现实社会的深刻批判，而且在客观上多少反映了人民的愿望和要求，这在当时算是比较进步的了。

---

[1]《嵇康集·与山巨源绝交书》。

第四节 郭象"名教即自然"的法哲学思想

郭象（252—312），字子玄，河南（今洛阳）人。他经历了整个西晋王朝的统治时期（公元265—316年）。年轻时就是当时喜好老庄之学的名士，能言善辩，拒绝州郡辟召，颇有"高人雅士"风度。后来，东海王越请他到朝中做官，"引为太傅主簿"。他就出任此官，并且很受信任。郭象虽好老庄，但不远离政事，史家说他"操弄大权"，在职当权时便"熏灼内外"，"任事用势，倾动一府"。因此大家对他颇有议论，"由是素论去之"。[1]

郭象和其同时期的向秀都著有《庄子注》，后来流传下来的只有郭象的《庄子注》。另外，郭象还著有《论语体略》（或称《论语隐》）一书，早已佚失，只有部分内容保留在皇侃《论语义疏》中。

如前所述，魏晋玄学有一个发展过程。从曹魏正始年间的王弼、何晏创造玄学起，中经魏晋之际的嵇康、阮籍，再到西晋时的向秀、郭象，玄学发展到了高峰。这个高峰的出现，和当时的社会变动密切相关。西晋政权是保护门阀士族地主阶级利益的机构。在西晋王朝统治的几十年中，门阀士族地主阶级的经济得到了发展，政权也得到了一定程度的巩固。郭象提出的"庙堂"即"山林"、"名教"即"自然"的合一论，能较好地适应门阀士族地主阶级的根本要求。

一、"名教即自然"的法哲学思想

从正始到永嘉，从王弼到郭象，约六七十年，魏晋玄学一直在发展着。王弼、何晏于正始发其端，提倡"名教本于自然"；嵇康、阮籍"有疾"而发，主张"越名教而任自然"；到郭象，他沿着向秀"以儒道为一"的方向，把名教和自然合二为一，提出了"名教即自然"的理论。

---

[1]《晋书·郭象传》。

在名教和自然的关系问题上,郭象的论述比王、何、嵇、阮更进一步。过去都认为名教和自然有一定的矛盾。注重名教,必然会对人性和人的自由生活有些限制;完全放任,不受名教制约,又违反了名教。玄学家们都从不同的角度指出了这两方面的矛盾。然而,从西晋的社会现实来看,封建统治阶级内部的矛盾暂时趋向缓和,门阀士族的特权地位基本上取得了法律的认可,因而这个阶层的名士既要"宅心玄远",又要求不废名教;既要得到清高的虚名,又可过着奢侈豪华的生活。郭象提出的"名教即自然"论,把名教和自然统一起来,正符合他们的需要。

在郭象看来,名教非但本于自然,而且和自然是一致的,名教即自然。"天地万物,凡所有者,不可一日而相无也,一物不具,则生者无由得生。一理不至,则天年无缘得终。"[1]

他认为凡是宇宙间存在的一切事物,都是合理的,依此而推论,则现实社会的纲常名教、政治法律制度等都是合理的。

依照"名教即自然"论,君主的统治也体现了自然的原则,郭象认为,封建君主制是天道的必然,不可移易。所以说:"千人聚,不以一人为主,不乱则散。故多贤不可以多君,无贤不可以无君。此天人之道,必至之宜。"[2]

同时,依照"名教即自然"论,人类的政治等级制度也体现了自然的原则。郭象认为,封建社会的等级秩序,君子治小人,小人养君子,是自然和谐的秩序。封建名教、三纲五常,是自然而然的"天理"。他说:"故知君臣上下,手足内外,乃天理自然,岂真人之所以哉!夫臣妾但各当其分耳,未为不足以相治也。相治者,若手足耳目,四肢百体,各有所司而更相御用也。夫时之所贤者为君,才不应世者为臣。若天之自高,地之自卑,首自在上,足自居下,岂有递(更替的意思)哉!"[3]这样,他就完全歪曲了自然和社会的本来面目。事实上,并不存在他所宣

---

[1] 《庄子·大宗师》注。
[2] 《庄子·人间世》注。
[3] 《庄子·齐物论》注。

扬的自然和谐的秩序。因为在等级森严、斗争激烈的封建社会里，是绝对"和谐"不起来的。

二、仁义为人之本性说

先秦道家认为仁义道德束缚、伤害人的自然本性，认为要追求绝对的精神自由，就要挣脱仁义道德的束缚。郭象从其"名教即自然"的理论出发，对它作了根本的修正。他反对把仁义说成是外在的东西，而强调仁义是人的本性所固有。他说："夫仁义自是人之情性，但当任之耳。恐仁义非人情而忧之者，真可谓多忧也。"[1]又说："夫仁义者，人之性也。"[2]既然仁义本来就是人的本性中所具有的，所以遵守仁义道德是人的本性，"但当任之"。既然仁义是人的本性，你只要顺情达性，它就会自然而然地表现出来。所以不要像儒家那样追求所谓仁义行为。"仁义自是人情也。而三代以下，横共嚣嚣，弃情逐迹，如将不及，不亦多忧乎！"[3]

郭象所处的西晋时代，是玄学最为兴盛的时期。当时，封建统治阶级内部的矛盾暂时趋于缓和，所以他们所注重的是如何维护和巩固自己的统治。而郭象的法哲学思想正适应了他们的需要。当然，我们也不能否认，和其他玄学家一样，郭象的理论也具有解放个性和批判现实社会弊端的积极作用，并为重建正常的封建秩序做了努力。

郭象的玄学理论，是魏晋玄学的高峰。到了东晋、南北朝，道、佛（主要是佛教）兴起，于是，玄、佛、道互相影响，玄学与佛学逐渐合流，佛教唯心主义思想终于取代了玄学的地位。

---

[1]《庄子·骈拇》注。
[2]《庄子·天运》注。
[3]《庄子·骈拇》注。

第五节　张斐以礼率律的律学理论

张斐，又作张裴，魏末晋初人，生卒年月不详，晋武帝时曾任明法掾（解释律令的属官），曾为《泰始律》（《晋律》）作注，著有《律解》20卷、《杂律解》21卷、《汉晋律序注》等。现仅在《晋律·刑法志》中存有张斐《注律表》一篇。这是他注解《晋律》后，向武帝说明相关要点而上的表。它是我们研究张斐的法律思想和中国古代律学的宝贵资料。

《晋律》颁布于晋武帝泰始四年（公元268年）。此律科条省略，文简辞约，因而在贯彻实施中难免不易为人所知晓，取断难释，且便于法吏上下其手，舞文弄法。于是，明法掾张斐为《泰始律》作了注释。

现存的《注律表》全文近2000字，它吸取前人注律的成果，概述了《晋律》的基本精神和特点，对长期以来混乱不清的法律概念、术语作了比较确切的解释，并对司法审判原则等，作了较为精当的解释。它是中国古代律学中一篇重要的理论著作。

一、以礼率律的法律观

汉《九章律》和秦律一脉相承，都是以法家学说为理论基础的。晋律则不然，它是在吸取东汉儒家学者注律经验的基础上，明确地将儒家思想作为立法的指导原则。正如陈寅恪先生所说："古代礼律关系密切，而司马氏以东汉末年之儒学大族创造晋室，统制中国，其所制定之刑律尤为儒家化。"[1]

《注律表》在解释将《刑名》列于篇首的原因时说："律始于《刑名》者，所以定罪制也；终于《诸侯》者，所以毕其政也。王政布于上，

---

[1] 陈寅恪：《隋唐制度渊源略论稿》，中华书局1977年版，第330页。

诸侯奉于下,礼乐抚于中,故有三才之义焉。"[1]这主要是说,《晋律》以《刑名》为首篇,用来规定定罪量刑的基本原则;《诸侯》为尾篇,以完善整个司法制度。君主立法于上,诸侯奉行于下,伦理纲常贯穿于其中。张斐这里所说的"礼乐",是指儒家一向所强调的伦理纲常。所谓"礼乐抚于中",是说要把礼乐贯彻于法典的始终,礼乐是制定法律的指导原则。

对于礼乐和刑法的关系,张斐还进一步作了阐述。他说:"礼乐崇于上,故降其刑,刑法闲(防止的意思)于下,故全其法。"[2]他认为,礼乐是用来维护统治阶级根本利益的,为了使人们遵守它就要制定法律。法律是用来约束底层平民百姓的,所以法律要周备。由此可见,张斐对儒家的礼乐推崇备至,视为法宝。

张斐以礼率律、礼法相须为用的法律观,发展了儒家的礼法融合的思想,加速了封建法律儒家化的进程。前朝贾谊用儒家精神改革法律,董仲舒以《春秋》经义决狱,马融、郑玄等以儒家思想注疏解释法律,虽然都为礼法融合作了努力,但都没有从根本上解决礼法如何融合的问题,都在不同程度上忽视了法律本身所具有的特殊性,企图用儒家经典代替法律。结果,反而为那些不法官吏随意附会、徇私枉法开了方便之门。而张斐等人吸取了历史的经验教训,对传统的法律理论和法典进行了深入的研究和艰苦的探索,终于取得了带有突破性的成果。这具体表现在他们一方面仍然将儒家的纲常名教作为最根本的原则,另一方面又重视法律本身的特殊性,要求充分发挥法律的作用,强调要"全其法",努力使封建法制日趋完善。可以说,"一准乎礼"的唐律得以最后完成,晋律在其中起了十分重要的承上启下的作用。

二、关于刑法的理论

张斐对中国古代刑法学的发展作出了重大贡献。如他对几十个法律

---

[1]《晋书·刑法志》。
[2]《晋书·刑法志》。

名词术语所下的定义，以及对一些复杂微妙而又容易混淆的情节作了明确的划分，就反映出他在中国古代刑法史上的重要地位。

（一）刑名的意义

曹魏制定新律时，已摆脱过去的法典那种缺乏整体逻辑关系的排列方法，将《刑名》篇置于律首。张斐则从理论上回答了为什么将《刑名》置于律首的问题。他说："律始于《刑名》者，所以定罪制也；终于《诸侯》者，所以毕其政也。"[1]他认为《晋律》以《刑名》为首篇，是用来规定定罪量刑的原则，以《诸侯》为末篇，是为了完善整个法律制度。接着，张斐对《刑名》的重要作用进一步作了论述。他说："《刑名》所以经略罪法之轻重，正加减之等差，明发众篇之多义，补其章条之不足，较举上下纲领。"[2]这是说，《刑名》是关于各种犯罪惩罚轻重的规定，确定加刑和减刑的标准，阐发法典的基本精神，对法律条文规定不到的予以补充，是统率全律的纲领。此后的封建法典无不是将《刑名》《法例》或《名例》篇作为全律的纲领，置于律首。

（二）对"不道""不敬""恶逆"的区分

这三个罪名在汉代即已出现，但对它尚无确切的解释。而张斐对它们所下的定义，则基本上抓住了它们的特征，明确了彼此之间的界限。

张斐说："逆节绝理谓之不道。"[3]《礼记·乐记》说："好恶无节于内，知诱于外，不能反躬，天理灭。"郑玄注："理犹性也。"节和理，这里指符合人之本性的纲常伦理。这句话的意思是，凡有悖于人性，违反纲常伦理的行为，就是"不道"。

张斐对"不敬"的定义是："亏礼废节谓之不敬。"[4]《论语·为政》说："齐之以礼。"朱熹注云："礼，谓制度品节也。""礼"和"节"，这里指封建等级制以及与之相适应的礼仪规范。这句话的意思是，凡违反

---

[1]《晋书·刑法志》。
[2]《晋书·刑法志》。
[3]《晋书·刑法志》。
[4]《晋书·刑法志》。

封建等级制和违背封建礼仪规范的行为,就是"不敬"。

张斐对"恶逆"的定义是:"陵上僭贵谓之恶逆。"[1]"陵",指侵犯。"僭",指超越本分。这句话的意思是,凡卑贱者侵犯尊贵者和破坏等级名分的行为,就是"恶逆"。

"不道""不敬""恶逆"都属于封建社会的严重犯罪,因为它们都侵犯了封建统治阶级的根本利益,但张斐对这三个罪名所下的定义是略有区别的。"不道"是对纲常伦理的侵犯;"不敬"是对封建等级制的侵犯;"恶逆"则不仅破坏了封建等级名分,而且对尊贵者的人身有所侵犯。

(三) 对"故""失""过失"的区分

"故""失""过失"都是表示行为人主观动机的法律术语。在张斐之前,中国法律虽然已有故、误之分,但并未从理论上作出明确的解释。张斐在《注律表》中则对它们下了比较确切的定义。"其知而犯之谓之故",这是指行为人在对自己行为会造成危害结果,主观上有充分认识的前提下所进行的犯罪行为。"意以为然谓之失",这是指行为人对自己的行为有一定认识,但由于轻信可以避免,以致发生危害社会的结果。"不意误犯谓之过失",这是指行为人对自己行为会造成危害社会的结果没有认识,其结果的发生完全出乎意料。

(四) 对"斗""戏""贼"的区分

在汉代已很重视杀伤罪的不同性质,已有"斗杀""戏杀""谋杀"的区别,但仍缺乏理论上的说明。张斐对这三个名词的解释,则为准确区分不同性质的杀伤罪提供了理论依据。

"两讼相趣(趋)谓之斗。"[2]讼,指争辩。这是指争辩的双方相互殴打而杀伤对方,即"斗杀伤"。"两和相害谓之戏。"[3]和,指顺、睦。这是指双方在嬉戏过程中误将对方杀伤,即"戏杀伤"。"无变斩击谓之

---

[1] 《晋书·刑法志》。
[2] 《晋书·刑法志》。
[3] 《晋书·刑法志》。

贼。"[1]变，指突然、非常。这是指没有突然发生的情况，故意将他人击杀的行为，即"贼杀伤"。

"斗""戏""贼"是杀伤人时的三种不同情况。它们的区别在于："戏"是行为人主观上没有杀伤人的动机，是非故意杀伤人。"斗"和"贼"是行为人主观上都有故意，但"斗"是因双方争辩进而杀伤人，"贼"则是无端地故意杀伤人。所以，"贼"比"斗"处刑要重。

上述几个问题，虽然只是张斐《注律表》中名词概念的一部分，但也不难看出他对我国古代刑法理论的贡献。他的独到之处在于从个别的、特殊的现象中抽象出最一般的本质特征，并用精确的语言表述其基本原则，这样，就便于执法官吏针对具体事实作出正确的判断。

思考题

1. 魏晋玄学家有哪些著名的法律观点？
2. 简述张斐律论的主要内容。

---

[1]《晋书·刑法志》。

第十章

隋唐时期的法律思想

内容分析和要点提示

本章主要阐述了封建正统法律思想在隋唐时期的发展。我们应掌握唐太宗及其统治集团法律思想的主要内容及其在法律实践中的体现,以及《唐律疏议》的法律思想。对于隋文帝的法律主张和柳宗元的法律思想,也应有一定的了解。

本章的基本知识、基本理论有:(1)隋文帝"以轻代重"主张的历史地位。(2)唐太宗"安人宁国"的方针。(3)唐太宗统治集团公平宽简的法律观。(4)唐太宗统治集团慎狱缓刑和明正赏罚的主张。(5)《唐律疏议》的"德礼为本,刑罚为用"论。(6)《唐律疏议》中封建纲常法律化的体现。(7)柳宗元对司法时令说的批判。

本章的基本概念有:(1)"以轻代重"。(2)"安人宁国"。(3)"国家法令,惟须简约"。(4)"一断以律"。(5)"德礼为政教之本,刑罚为政教之用"。(6)法律起源于"势"。

第一节 隋唐社会与法律思想的发展

公元581年,杨坚夺取北周政权,建立隋朝。随后又于公元589年灭陈,从而结束了东晋以来近300年分裂、混乱的局面,重新建立起多民族的统一的封建国家。杨坚即位后,采取了一系列加强中央集权的措施,实行了一些改革。他改革国家体制,废除北周模仿《周礼》所置的六官,确立三省（尚书省、门下省、内史省）六部（吏、礼、兵、刑、户、工）制度；继续实行北魏以来的均田制度；废除已推行300余年的九品中正制，创立科举制度，把选任官吏的权力收归中央；制定和颁行《开皇律》，除去了一些酷刑，减省了一些刑律，体现了"以轻代重，化死为生"的原则，对此后的封建法律和法律思想的发展产生了重大影响。然而，杨坚晚年"用法益峻"，法制受到破坏；特别是其子杨广即位后，滥刑滥杀，捐税繁多，"徭役无时"，给人民带来了沉重的灾难。因此，隋王朝只存在37年就被农民大起义推翻了。

继隋而起的唐王朝，鉴于隋朝骤亡的教训和慑于农民起义的威力，确定了"安人宁国"的治国方针。唐初迅速恢复封建秩序，加强法制，发展经济，缓和社会矛盾，从而产生了政治稳定、经济繁荣、文化发达的"贞观之治"。

唐初，唐太宗在一批重臣的辅佐下，励精图治，擢用贤才，整肃吏治；"以民为本""以农为本"，注重农业生产的恢复和发展，人民的赋税徭役负担有所减轻。在法律思想方面，唐太宗及其统治集团重礼崇儒，强调法律"惟须简约"，慎狱恤刑，明正赏罚。《唐律疏议》还明确阐发："德礼为政教之本，刑罚为政教之用。"这标志着封建正统法律思想已经成熟，礼法（律）结合基本定局。

从玄宗天宝年间起到宪宗元和末年为止约80年的中唐时期，是李唐王朝由盛而衰的转折时期。这一时期，最高统治集团骄奢淫逸，政治日趋腐败，土地兼并日益剧烈，均田制遭到破坏，农民阶级与地主阶级的矛盾日益尖锐。在统治阶级内部，中央的大官僚与宦官勾结，把持朝政，而地方藩镇割据势力恶性发展，唐王朝统治陷入危机之中。天宝十四年（公元755年）终于爆发了安禄山、史思明叛乱，史称"安史之乱"。

由于藩镇割据势力连年混战，导致"千里萧条""人烟断绝"，社会矛盾十分尖锐，促使统治集团内部不断分化。唐初开始兴起的庶族地主阶层，这时已形成自己的政治集团而与豪门世族相抗衡。他们的代表人物王叔文、王伾、柳宗元、刘禹锡等人于永贞元年（公元805年）发动的"永贞革新",集中表达了他们力图匡救时艰、改革弊政的愿望和主张,其中就包括改革法制的主张。中唐以来,其他地主阶级有识之士对礼刑关系以及正确运用法律等问题都有不少论述,从而大大地丰富了封建正统法律思想的内容。

第二节 隋文帝"以轻代重"的法律主张

隋文帝杨坚(541—604),弘农华阴(今属陕西)人。北周勋臣杨忠之子,北周时袭父爵为隋国公。大成元年(公元579年),周静帝年幼继位,他任丞相,总揽朝政,封隋王。大定元年(公元581年),废静帝自立,国号隋,改元开皇,仍都长安。开皇七年(公元587年),灭后梁,九年灭陈,统一全国,结束了南北朝以来长期分裂的局面。仁寿四年(公元604年),为其子杨广(隋炀帝)所杀。

一、减轻赋役的主张

隋文帝即位后,加强中央集权制度,巩固国家的统一,实行了若干改革。在赋税方面也进行了调整,以期改善同农民的关系。他接受户部尚书苏威"奏减赋役,务从轻典"[1]的建议,推行"轻徭薄赋"的政策。他开始时采用北朝时赋役最轻的北齐法,以后又几次下令减免赋役。开皇三年(公元583年)五月,文帝命令缩短服徭役年龄,成丁年龄由18岁改为21岁,减少服役天数,由原定岁役30天减为20天;又命令"减调绢",由原来的4丈减为2丈。开皇十年(公元590年),又"以宇内无事,益宽徭赋",年50便可免徭役。开皇十二年(公元592年)时下令,"河北、河东今年田租三分减一,兵减半,功调全免"。开皇十七年(公元597年),"高祖遂停此年正赋,以赐黎元"。[2]由此可见,隋

---

[1]《隋书·苏威传》。
[2]《隋书·食货志》。

文帝统治时期，赋役有所减轻，农民生活较为安定，从而促进了农业生产的发展，并有利于缓和社会矛盾。

二、"以轻代重"的主张

隋定新律，贯彻了"以轻代重，化死为生"的精神，比秦、汉刑律确有很大改进。《开皇律》规定，除了犯谋叛以上罪，一律不用族刑。刑名有五种：一为死刑，分绞、斩二等；二为流刑，分一千里、一千五百里、二千里三等；三为徒刑，分一年、一年半、二年、二年半、三年五等；四为杖刑，自六十到一百共五等；五为笞刑，自十到五十共五等。在修订《开皇律》过程中，为贯彻"刑网简要，疏而不失"的原则，曾减省一些刑律，如减死罪81条，流罪154条，徒、杖罪等千余条，只留500条刑律。同时废除鞭刑、枭首、辕裂等苛惨之法。《隋书·刑法志》载："（《开皇律》）定讫，诏颁之曰：'帝王作法，沿革不同，取适于时，故有损益。夫绞以致毙，斩则殊刑，除恶之体，于斯已极。枭首辕身，义无所取，不益。惩肃之理，徒表安忍之怀。鞭之为用，残剥肤体，彻骨侵肌，酷均瓒切。虽云远古之式，事乖仁者之刑，枭辕及鞭，并令去也。……其余以轻代重，化死为生，条目甚多，备于简策。宜班诸海内，为时轨范，杂格严科，并宜除削。'"事实上，《开皇律》确比前朝的刑法要宽些轻些，这在客观上是有利于人民的。

三、慎断死罪论

为了纠正以往"杀生之柄，常委小人"，滥刑滥杀，"威福妄作"的现象，隋文帝强调对死刑的判决必须慎重。《资治通鉴》卷一七八载："帝以天下用律者多踌驳（驳杂）、罪同论异。八月，甲戌，制：诸州死罪，不得辄决，悉移大理案复，事尽（完毕的意思），然后上省奏裁。"

开皇十五年（公元595年），文帝又作出决定，凡已判死刑者，要对案情认真复核，上奏三次，经批准后，方可处决。这种慎断死罪的决定，对防止官吏滥杀无辜起到积极作用。

第三节 唐太宗及其统治集团的法律思想

唐太宗李世民（599—649）是中国历史上一位比较开明而又颇有作为的皇帝。他少有大志，才智过人。当隋王朝在农民起义的冲击下陷于土崩瓦解的时候，他劝其父李渊起兵反隋。大业十四年（公元618年），李渊称帝，国号唐，封李世民为秦王。武德九年（公元626年），李世民发动"玄武门之变"，迫使李渊传让皇位。次年，改元贞观。公元649年，唐太宗病死。他在位23年，政治清明，经济繁荣，文化发达，史有"贞观之治"之誉。

唐太宗知人善任，在他为秦王和做皇帝的过程中，招贤纳士，人才济济。像他的主要辅佐者房玄龄、杜如晦、魏徵、王珪、长孙无忌、虞世南、刘洎、戴胄等，都是一些阅历丰富、有实践经验的能干人物。

一、"安人宁国"的治国方针

唐太宗君臣在讨论如何缓和同人民的矛盾，以及如何治理好国家问题时，总是紧紧围绕着"安人宁国"这个总题目。唐太宗说："夫安人宁国，惟在于君，君无为则人乐，君多欲则人苦。朕所以抑情损欲，克己自励耳。"[1]在这种"安人宁国"的方针指导下，唐太宗统治集团采取了一系列与民休息、不违农时、轻徭薄赋、少兴土木兵戈的政策。当时，朝野上下形成了一种以隋亡为戒、"民主"议政的风气，出现了社会安定，经济繁荣，"天下大治而风移俗变"的局面。

唐初"安人宁国"方针的制定是由当时的政治经济形势所决定的，但这一方针有其思想方面的基础。唐初统治者推崇儒学，并吸收法、道

---

[1]《贞观政要·务农》。

两家的思想，使中国古代儒（礼）法结合的思想路线牢固地确立起来。

二、公平宽简的法律观

唐太宗君臣意识到要维护封建统治，巩固政权，必须重视立法，"安民立政，莫此为先"，并形成了一种公平宽简的法律观。

（一）既制礼又立刑

唐太宗认为，礼法（刑）兼用，可以移风易俗，治理好国家。《旧唐书·刑法志》载："古之圣人为人父母，莫不制礼以崇敬，立刑以明威。"这正是唐太宗礼法（刑）兼用思想的概括。他强调失礼则入刑，"失礼之禁，著在刑书"[1]，而刑的作用，在于禁止失礼行为，认为"为臣贵于尽忠，亏之者有罪，为子在于行孝，违之者必诛。大则肆诸市朝，小则终贻黜辱"[2]。可见唐太宗已经把礼和法结合在一起了。

（二）立法必须公平

唐太宗统治集团重视法的统一性，认为法是"国之权衡"，反对"弃权衡而定轻重"[3]。因此，他们强调立法必须公平，"以天下为公"。唐太宗曾赞扬诸葛亮立法公平，不为人作轻重，他说："故知君人者，以天下为公，不私于物。昔者诸葛孔明，小国之相，犹曰：'吾心如称（秤），不能为人作轻重。'况我今理大国乎？"[4]

后来，魏徵也明确指出，人君立法在于"公"，而应摒弃私，"公之于法无不可也，过轻亦可；私之于法无可也，过轻则纵奸，过重则伤善。圣人之于法也公矣"[5]。

（三）立法务求宽简

唐初，在立法过程中出现了两种截然相反的主张。封德彝主张以威

---

[1]《全唐文》卷七《薄葬诏》。
[2]《全唐文》卷七《黜魏王泰诏》。
[3]《贞观政要·公平》。
[4]《贞观政要·公平》。
[5]《旧唐书·刑法志》。

刑严法作为立法之本，魏徵则主张以宽仁慎刑作为立法的依据。唐太宗采纳了魏徵的意见。

正是从这种宽仁慎刑的原则出发，唐初立法简约而宽平。唐太宗认为"死者不可复生，用法务在宽简"。[1]贞观十年（公元636年），唐太宗更全面而具体地谈到立法简约的问题。他说："国家法令，惟须简约，不可一罪作数种条。格式既多，官人不能尽记，更生奸诈，若欲出罪即引轻条，若欲入罪即引重条。数变法者，实不益道理，宜令审细，毋使互文。"[2]贞观年间修订法律时，即贯彻了这种宽简的原则，"凡削烦去蠹，变重为轻者，不可胜记"，[3]特别是"不可一罪作数种条"，这一条成为制定任何法律都须遵守的规则。

三、慎狱缓刑的司法主张

隋炀帝专横暴虐，滥施刑罚，从而导致"百姓怨嗟，天下大溃"。[4]唐太宗君臣有鉴于此，不仅在立法方面强调宽简，而且在司法方面也注重慎狱缓刑。

唐太宗看到，司法官员的通病是"意在深刻""利在杀人"，舞文弄法，破坏法治。贞观十六年（公元642年），他和大理卿孙伏伽的一次谈话，就集中表达了他的这种"忧虑"。他说："夫作甲者欲其坚，恐人之伤；作箭者欲其锐，恐人不伤。何则？各有司存利在称职故也。朕常问法官刑罚轻重，每称法网宽于往代。仍恐主狱之司，利在杀人，危人自达，以钓身价。今之所忧，正在此耳！深宜禁止，务在宽平。"[5]

魏徵也对当时司法官吏"意在深刻"、法无定科、任情定刑的现象，感到深恶痛绝。他请求唐太宗"慎刑恤典"，责令司法官员慎刑慎杀，依

---

[1]《贞观政要·刑法》。
[2]《贞观政要·赦令》。
[3]《资治通鉴》卷一百九十四。
[4]《隋书·刑法志》。
[5]《贞观政要·刑法》。

法断罪。

怎样才能做到慎狱缓刑、避免刑罚冤滥呢？唐太宗接受了谏议大夫王珪关于选任公正良善之人执法的意见，并进一步规定："自今以后，大辟罪，皆令中书、门下四品已（以）上及尚书九卿议之，如此，庶免冤滥。"[1]这样，就明确规定地方无杀人权，死刑只有经过朝廷详细审议后才能决定，首创了封建法律史上的"九卿议刑"制度，这对于慎重适用死刑起到了积极的作用。

四、明正赏罚的主张

唐太宗认为，赏与罚是国家的大事，必须十分慎重，应做到赏当其功，罚当其罪，绝不可任情喜怒，滥赏滥罚。"国家大事，惟赏与罚。赏当其劳，无功者自退；罚当其罪，为恶者咸惧。则知赏罚不可轻行也。"[2]

贞观五年（公元631年），太宗谓房玄龄等曰："自古帝王多任情喜怒，喜则滥赏无功，怒则滥杀无辜。是以天下丧乱，莫不由此。今夙夜未尝不以此为心，恒欲公等尽情极谏。"[3]

同时，唐太宗君臣凭着直观的印象，认为隋末的农民大起义主要是由于一些贪赃枉法的官吏引起的，因此严惩贪官污吏，借以避免农民大起义的再度爆发。唐太宗经常对臣下晓以利害，警告他们不要贪赃枉法。"为臣贪，必亡其身"，这于国于己都不利。他说："见金钱财帛不惧刑网，径即受纳，乃是不惜性命……群臣若能备尽忠直，益国利人，则官爵立至。若不能以此道求荣，遂妄受财物，赃贿既露，其身亦殒，实为可笑。"[4]

唐太宗统治集团严惩贪赃的思想，在法律上得到体现。《唐律》中就

---

[1]《贞观政要·刑法》。
[2]《贞观政要·封建》。
[3]《贞观政要·求谏》。
[4]《贞观政要·贪鄙》。

有许多严厉惩处贪赃的条文。他们对官吏贪污罪的重视，确是唐初官吏比较奉公守法、吏治比较清明的重要原因。

第四节 《唐律疏议》的礼法融合思想

唐高宗李治登基后，命长孙无忌、李勣、于志宁等，以《武德律》《贞观律》为基础，编撰《永徽律》12 篇、502 条，于永徽二年（公元 651 年）颁行。为了阐明《永徽律》的精神实质，并对律文进行统一的解释，又命长孙无忌等人，"网罗训诂，研覈丘坟"，对《永徽律》逐条逐句作出句解，史称《律疏》，经皇帝批准，于永徽四年（公元 653 年）颁行，附于律文之下，与律文具有同等法律效力。其疏与律统称《永徽律疏》，后世称为《唐律疏议》。

《唐律疏议》编撰者在解释律文的同时，还根据战国以来历代的法律思想理论加以发挥、补充其未周未备，着重宣扬君主专制、封建伦理和等级制度。后来，它成为宋、元、明、清各代制定和解释其法典的蓝本。

一、"德礼为本，刑罚为用"论

西汉董仲舒是第一个以儒家经义应用于法律实践的人。此后，以礼入律、礼法融合的趋势日益发展，儒家思想不断渗透到法律中来。不过，在唐以前，不少思想家、政治家对礼义道德和法律的作用，在一定程度上总不免倾向对立或割裂，不能如实地认识礼义道德和法律在社会生活中互相补充的作用。到了唐代，统治阶级在认识上把礼义道德和法律的作用，在儒家思想原则这一点上统一起来了，从而大大丰富了礼法融合的思想，形成了完整的礼主刑辅、礼法融合的思想体系。

关于礼主刑辅、礼法融合的思想，长孙无忌阐述得最清楚。他在《唐律疏议·名例》中说："德礼为政教之本，刑罚为政教之用，犹昏晓阳秋相须而成者也。"这是说，德礼是行政教化的根本，刑罚是行政教化的表现；德礼和刑罚对行政教化之不可缺少，犹如早晚相须而成一昼夜，春阳秋阴相须而成一岁一样。这里，法律的功效和礼义道德的作用"相须而成"，有机地结合起来了。

综观《唐律疏议》，礼的精神已完全融入律文之中，不仅礼之所许，律亦不禁，礼之所禁，律亦不容；而且"尊卑贵贱，等数不同，刑名轻重，粲然有别"。[1]可以说，礼法融合在《唐律疏议》中已达到十分完备的程度。这标志着中国古代礼治的法律化已告成功。

二、儒家"三纲"的法律化

"一准乎礼"的唐律全面、具体地体现了儒家"三纲"的原则。凡是反对"三纲"的，即被认为触犯了封建统治阶级的根本利益，均列为"十恶"大罪，是刑罚打击的重点。

（一）"君为臣纲"在法律上的反映

唐律规定，凡属违反"君为臣纲"危害皇帝的犯罪，均属罪大恶极，需处以最严厉的刑罚。这主要体现在以下方面：

第一，谋反、谋大逆。谋反就是"谋危社稷"。《疏议》曰："案《公羊传》云：'君亲无将，将而必诛。'谓将有逆背，而害于君父者，则必诛之。"这就意味着对谋反者要处以严厉的刑罚。

所谓"谋大逆"，是指"谋毁宗庙、山陵及宫阙"。《疏议》解释说："此条之人，于纪犯顺，违道悖德，逆莫大焉。故曰'大逆'。"所以，把谋大逆也视为同谋反一样严重的犯罪行为，并规定了同样的刑罚。

第二，危害皇帝安全。臣下对于皇帝，如果稍有差错而可能危及皇帝安全者，就要受到法律制裁，如为皇帝制药有误，制作食物犯禁，制造车船不牢固，擅自入宫门、殿门，等等，都属于这一类。《疏议》针对这些犯罪的法律规定都作了具体解释。

第三，"大不敬"。唐律对于惩处"大不敬"的法律规定得相当完

---

[1]《唐律疏议·贼盗律》。

备。例如，大祀不合规定，盗窃皇帝的"八宝"（玉玺等），上书触讳，攻击皇帝，不执行皇帝命令，等等，都是"大不敬"的犯罪行为，都要受到最严厉的惩处。

（二）"父为子纲"在法律上的反映

唐律"一准乎礼"，"父为子纲"在法律上反映得很全面很具体。凡属违犯"善事父母"者，均构成不孝罪。例如，祖父母、父母在，"而子为别籍、异财者，徒三年"，"违犯教令及供养有缺者，徒二年"。[1]闻父母丧，匿不举哀者，"流二千里"，"丧制未终，释服从吉，若忘哀作乐，徒三年"。[2]

封建统治者为了稳固自己的统治，就必须树立家长在家庭中的绝对统治地位，所以"父为子纲"成为制定法律的一项根本原则，"不孝"成为"十恶"之一。

（三）"夫为妻纲"在法律上的反映

根据礼制的规定，在婚姻家庭制度上，法律确认夫权的统治地位。"夫为妻纲"也是唐代立法的根本原则之一，唐律就有不少维护夫权、歧视和压迫妇女的规定。例如，妻妾擅自离去者，"徒二年"；可是夫背妻逃亡，从无处罚。[3]闻夫丧不举哀，"流二千里"；如果"丧制未终，释服从吉，若忘哀作乐，徒三年"；居夫丧而嫁者，"徒三年"。[4]"七出者，依令：'一无子，二淫佚（逸），三不事舅姑，四口舌，五窃盗，六妒忌，七恶疾。'"妻子只要具备其中一条，丈夫即可把她逐出家门。

在封建社会里，"三纲"是束缚中国人民的几条极大的绳索。新中国成立后，斩断了这些绳索，中国人民也从"三纲"的束缚下解放出来了。

---

[1]《唐律疏议·贼盗律》。
[2]《唐律疏议·斗讼律》。
[3]《唐律疏议·户婚律》。
[4]《唐律疏议·职制律》。

第五节 柳宗元"法律起源于'势'论"的主张

柳宗元（773—819），字子厚，祖籍河东解县（今山西运城），生于长安，属没落官僚家庭出身。他21岁中进士，初授校书郎，后任蓝田县尉，监察御史里行。永贞革新时，任礼部员外郎，改革失败后被贬为永州（今湖南零陵）司马，后迁柳州刺史，4年后因病去世，年仅47岁。其著作后由刘禹锡编为《柳河东集》，今有《柳宗元集》。

在柳宗元生活的年代，唐朝已逐渐衰落，藩镇割据，宦官专权，人民生计艰难。正是在这种形势下，发生了"永贞革新"运动。

贞元二十一年（永贞元年，公元805年）元月，做了20多年太子的李诵（顺宗）登基以后，力图摆脱对宦官和豪族大官僚的依附，重用"出身卑贱"的王叔文（原为李诵的侍读）、王伾等人。柳宗元、刘禹锡、韩泰、韩晔、陈谏、凌准、程异、韦执谊等，由于和"二王"的政见相同，成为王叔文政治革新集团的重要成员。

"永贞革新"的主要内容是：抑制藩镇割据势力；打击宦官势力，严惩贪官暴吏，推行"任人唯贤"路线；减轻剥削，释放宫女。就其内容来看，虽然只是对当时封建统治的弊端作个别的改革，借以维护唐王朝的统治，但这些改革措施，打击了藩镇割据势力、专横的宦官和守旧的贵族官僚，因而遭到他们的强烈反对，并迫使顺宗让位给太子，即宪宗。宪宗即位后，贬王叔文为渝州司马（次年杀之），王伾为开州司马（病死于贬所），柳宗元、刘禹锡、韩泰等重要成员，也都被贬为远州司马，史称"二王八司马"。"永贞革新"以失败告终。

一、法律起源于"势"论

柳宗元认为，人类社会历史是一个自然发展的过程，它有其不以人的主观意志为转移的客观发展的必然趋势。他用一个"势"字概括了这种思想。从这种必然之"势"的观点出发，他进一步论述了国家和法律的起源。他在《封建论》中说:"彼(指人类)其初与万物皆生,草木榛榛,鹿豕狉狉(兽类成群奔跑的样子),人不能搏噬,而且无毛羽,莫克自奉自卫;荀卿有言:必将假物以为用者也。夫假物者必争,争而不已,必就其能断曲直者而听命焉。其智而明者,所伏必众;告之以直而不改,必痛之而后畏;由是君长刑政生焉……自天子至于里胥,其德在人者,死必求其嗣而奉之。故封建非圣人意也,势也。"这里所说的"封建",是指分封诸侯的分封制。在柳宗元看来,人类为了生存,就必须利用外物,利用外物来求生就必然引起争夺,争夺不息必然会找那能判断是非的人而听从他的命令。明智的人,就会有很多的人服从他;如果把正确的道理告诉了要求判断是非的人,但是他不改正,就必须对他加以惩罚才能使他畏服,"由是君长刑政生焉"。所谓"君长刑政生焉",是指国家和法律产生了。

对于国家和法律的产生,柳宗元不能作出科学的说明,这毫不为怪。但他认为国家和法律不是从来就有的,也不是上天或"圣人"创造的,而是在一定条件下为适应社会需要而产生的,它们的演变有一个不以"圣人"的意志为转移的客观规律。在当时历史条件下,这个观点还是具有积极意义的。

二、对"赏以春夏而刑以秋冬"说的批判

柳宗元在《断刑》论中,集中批判了"赏以春夏而刑以秋冬"的谬说,强调赏罚要及时,提高司法效率。

据《左传》记载,蔡国声子曾对令尹子木说:"古之治民者,劝赏而畏刑,恤民不倦,赏以春夏而刑以秋冬。"[1]后来《月令》也明确规定,"仲春之月……命有司省囹圄,去桎梏,毋肆掠,止狱讼","孟秋之月……审断决狱,讼必端平,戮有罪,严断刑"。[2]于是,这种"赏以春夏而刑

---

[1]《左传·襄公二十六年》。
[2]《礼记注疏》卷十五、卷十六。

以秋冬"之说遂流行起来。

柳宗元指出，这种"赏以春夏而刑以秋冬"的规定，不利于及时地赏善罚恶，因而也就不能有效地发挥法律的作用。赏罚是用来劝勉或惩戒人们的，然而，只有奖赏迅速及时，才有劝勉的作用，惩罚迅速及时，才有惩戒的作用。否则，就会产生不良后果。"夫圣人之为赏罚者非他，所以惩劝者也。赏务速而后有劝，罚务速而后有惩。必曰赏以春夏而刑以秋冬，而谓之至理者，伪也。使秋冬为善者，必俟春夏而后赏，则为善者必怠；春夏为不善者，必俟秋冬而后罚，则为不善者必懈。为善者怠，为不善者懈，是驱天下之人而入于罪也。"

他认为，应该"谋之以心"，不应该附会"天意"。只有赏刑不"越月逾时"而行，才能促使人们从善远罪，从而达到刑措化成的目的。

思考题

1. 简述隋文帝立法、司法的指导原则。
2. 简述唐太宗统治集团的法律思想在立法、司法方面的表现。
3. 简述《唐律疏议》中的法律思想。
4. 柳宗元法律思想的主要特点是什么？

第四编

封建社会宋至鸦片战争（前）时期的法律思想

宋至鸦片战争（前）时期是中国封建社会的后期阶段。这个阶段，虽然社会经济、文化和科学技术都有发展，但从封建社会自身的经济关系和政治结构来看，已在其内部酝酿着衰变的因素。

公元960年，赵匡胤从后周夺取政权，建立了宋朝。宋王朝鉴于前代藩镇割据，大权旁落，因此竭力加强中央集权，削弱地方权力。"稍夺其权，制其钱谷，收其精兵"，即把政权、财权、军权等集中到皇帝手里。到了明代，朱元璋更加扩大了皇帝的专制权力，下诏废除宰相制。

封建社会后期，土地兼并也日趋激烈。宋王朝为了取得官僚集团的拥护，一开始就采取"不定田制"的政策，听任他们广占田产，"荫庇"依附农民，并享有免税、免役的特权，结果导致"有田者未必有税，有税者未必有田，富者日益兼并，贫者日益困弱"[1]的局面。明、清两代，兼并之风有加无已，土地高度集中到统治者手里。值得注意的是，从明中期起，在东南沿海商品经济比较发达的地区，出现了工场手工业，出现了资本主义经济的萌芽。它的成长和发展，不是带来封建经济的繁荣，而是加速了封建经济的衰变。

封建社会后期，由于君主专制主义日益发展，封建经济日趋衰变，不但导致社会矛盾日益尖锐，而且直接影响到意识形态的各个方面，从而出现了与封建社会前期有所不同的特点。就法律思想而言，也是如此。

在宋代，统治阶级在加深君主专制统治的同时，也强化了对人民的思想统治。他们为了麻痹人民的斗争意志，防止大规模农民起义，加紧向人民灌输纲常名教。理学的兴起就反映了这一特点。程（程颢、程颐）

---

[1]《宋会要辑稿·食货》。

朱（熹）理学，就是为日益加强君主专制而产生的一种理论。他们把"理"说成是世界万物的本源，是先天地而生或人心本来就具有的，认为忠孝仁义、三纲五常是永恒的。同时，他们又把自然观、认识论、方法论也纳入理学范围，使理学成为庞大的思想体系。

理学发展到明朝，出现了王阳明的心学。他也认为精神性的"理"是先天存在的、永恒的，但他把理学朝着主观唯心主义方向作了更极端的发展，认为"心即理，心外无物，心外无事，心外无理"，理就在人的心中。他强调"破心中贼"，要从人们的动机上断绝"恶念"。显然，他的思想学说也是忠实地为封建统治阶级服务的。

然而，封建统治阶级的腐朽，人民反抗斗争的加剧，促使统治阶级内部不断分化，产生了一批锐意革新的政治改革家和理学反对派。在政治改革方面，有北宋范仲淹的"庆历新政"、王安石的变法以及明代张居正的改革等；在理学反对派方面，有南宋陈亮的反"存天理，灭人欲"的功利主义思想和明代李贽的反理学的法律观等。

与北宋、南宋相对峙的辽、金政权和继宋而起的元朝，是我国北方少数民族——契丹族、女真族、蒙古族统治集团分别建立的王朝，它们在建立政权前后，都经历了一个接受先进的汉族文化和政治法律制度的封建化过程。它们的法律思想集中反映了这种"汉法"（汉族封建制度）的特点。

明末清初出现的启蒙思潮主要代表了市民阶层的利益，具有鲜明的反封建色彩。启蒙思想家站在时代的前列，创造了具有民主主义的新思想，这对后来的资产阶级改良派和资产阶级革命派产生了深刻的影响。

第十一章

理学的兴起与封建正统法律思想的进一步发展

内容分析和要点提示

本章主要阐述了理学的兴起以及朱熹、丘濬对封建正统法律思想的发展。总体说来，本章虽非重点，但由朱熹集其大成的理学，由于能适应封建统治阶级的需要，遂成为封建社会后期的官方统治思想。所以，朱熹的法律思想应作为重点内容来加以掌握。

本章的基本知识、基本理论有：（1）理学的兴起。（2）理学对封建社会后期法律思想及法律实践活动的影响。（3）"二程"（程颢、程颐）的理学法律观。（4）朱熹的德礼政刑"相为终始"论与"存天理，灭人欲"说。（5）朱熹"以严为本，而以宽济之"的主张。（6）丘濬的德礼政刑"王道之治具"论。（7）丘濬的"以公理灭私情"说。（8）丘濬"应经合义"，顺情便民的立法主张。（9）丘濬慎狱恤刑的司法原则。（10）王阳明的"以教化当干戈"论。

本章的基本概念有：（1）理学。（2）德礼政刑"相为终始"。（3）"存天理，灭人欲"。（4）"以严为本，而以宽济之"。（5）德礼政刑"王道之治具"。（6）"以公理而灭私情"。（7）"应经合义"、顺情便民。（8）"致良知"。

第一节 理学的兴起及其对封建正统法律思想的影响

理学，亦称"道学"，是宋明时期的一种学术思想，是一个学派的总称，通称朱明理学或程朱理学。它作为我国封建社会后期的官方统治思想，支配着我国政治、法律以及文化的发展。

理学的兴起有其深刻的社会政治原因。赵宋王朝是在经历了唐末、五代以来长期混乱局面之后建立起来的。五代十国时期，君臣、父子等封建伦理纲常遭到严重的破坏。赵匡胤即位后，即着手重整伦理纲常，恢复封建统治秩序，加强思想统治。这就需要从理论上予以论证。显然，汉儒章句训诂之学，赤裸裸的神学天命论，已不能适应这种需要。于是，论证加强君主专制的合理性，保持地主阶级统治的永恒性的理学应运而生。理学提出了一些新的命题——理、天理、心、性、人欲，等等，把儒学从神学迷雾中解脱出来，使之哲理化，因而更能适应封建社会后期统治阶段的需要。

理学的形成和发展有一个过程。理学萌芽于唐代的韩愈，中经北宋的周敦颐、程颢、程颐，南宋的朱熹总其成，而明代的王阳明则将其进一步发展。

理学的产生和发展，受到封建统治阶级的青睐，而理学家以"理"为核心的法律观则对封建正统法律思想产生了巨大的影响。

首先，在"理"的理论外衣下，为封建正统法律思想弥补了理论上粗浅直观的缺点，使其具备了更缜密、系统、思辨的色彩。理学完成了封建正统法律思想的哲理化。既然封建伦理道德观念是"天理"，那么，立法、司法当然应以它为指导，德、礼、政、刑的目的是一致的，即"存天理，灭人欲"，而四者又各处于不同的地位，具有不同的对象。

其次，由于理学的传播，使封建统治者不再像以往那样忌讳严刑。因为刑罚被说成是"存天理，灭人欲"的工具，执法严便是天经地义的事情。为了强化封建伦理道德，许多儒学之士，甚至像朱熹那样的大儒，都鼓吹重刑治国，主张恢复肉刑。

最后，封建伦理道德披上理学的理论外衣后，大大增加了迷惑性、欺骗性，许多人在其束缚下，心甘情愿地以身殉礼。同时，理学更加"重义轻利"，使商品经济的发展受到扼制。法律在理学的支持下，对

"重利轻义"等商品观念即商业活动实行压制,而以"灭人欲"作为目的。

总之,理学使封建正统法律思想发生了重大变化,但其宗旨——维护封建礼教和封建统治并未改变,反而得到了加强。

此外,明代中期的丘濬对封建正统法律思想和法律制度进行了较全面的总结和发挥,为封建正统法律思想的进一步发展做出了重大贡献。

第二节 "二程"(程颢、程颐)的理学法律观

程颢(1032—1085),字伯淳,号明道,学者称明道先生,河南洛阳人,北宋思想家。曾与其弟程颐就学于周敦颐,同为北宋理学的奠基者,世称"二程"。神宗时为太子中允,监察御史里行等职。

程颐(1033—1107),字正叔,号伊川,学者称伊川先生,河南洛阳人,北宋思想家,与其兄程颢同为北宋理学的奠基者。程颐虽曾任过崇政殿说书等职,但为学好古,不喜仕进。

"二程"的著作,后人编为《河南程氏遗书》《河南程氏文集》等多种。今有《二程集》。

一、反对王安石变法

与王安石同时代的"二程"觉察到当时阶级矛盾的严重性,害怕再度发生农民大起义,危及赵宋王朝的统治。所以他们主张:"便只要安宁,不宜使动摇。"[1]连王安石那些并未触及封建制度根本的改革,他们都拼命反对。他们说:"居今之时,不安今之法令,非义也。若论为治,不为则已,如复为之,须于今之法度内处得其当,方为合义。若须更改而后为,则何义之有?"[2]这明显是针对王安石变法说的。他们要求严守祖宗成法,遵守旧章,不要轻易变更。如果变法改革,那就是"非义"。

---

[1]《河南程氏遗书》卷二上。
[2]《河南程氏遗书》卷二上。

程颐在《明道先生行状》中着重记述了其兄程颢拼命攻击王安石变法的情况，如说："荆公浸（渐渐，下同）行其说，先生（指程颢）意多不合，事出必论列，数月之间，章数十上。尤极论者：辅臣不同心，小臣与大计，公论不行，青苗取息，卖祠部牒。差提举官多非其人及不经封驳，京东转运司剥民希宠不加黜责，兴利之臣日进，尚德之风浸衰等十余事。"这样看来，王安石变法中的每一项重大政策措施，程颢都极力反对，所以数月之间，就上了数十奏章，是旧党反对新法的强力人物。

二、理学法律观

"理"这一哲学概念，在宋代以前就已经有了，但把理（又叫"天理"）强调为哲学的最高范畴，则是从"二程"开始的。程颢说过："吾学虽有所受，天理二字却是自家体贴出来。"[1]这是说，所谓"天理"，是他自己体会出来的。"二程"把自然观、认识论、人性论、政治观、法律观、伦理观等联系在一起，建立起一套完整的理学唯心主义体系。

在"二程"看来，理或天理是永恒存在的，不生不灭，不增不减，永远是那样。"天理云者，这一个道理，更有甚穷已？不为尧存，不为桀亡。人得之者，故大行不加，穷居不损。这上头怎说得存亡加减？"[2]而三纲五常都源于这种理或天理。这种理或天理是使各阶层、各等级的人安于其位的法宝。在"二程"看来，君子观《履》卦，就是为了区分上下富贵贫贱，使之各安其位，不得僭越。有了这一条，才能谈得上治理天下。父慈、子孝、君仁、臣敬，都是人们各安其位，社会自然有序的表现，是人们各自应当遵守的行为准则。程颐强调说："父止于慈，子止于孝，君止于仁，臣止于敬，万物庶事莫不各有其所，得其所则安，失其所则悖，圣人所以能使天下顺治，非能为物作则也，唯止之各于其所而已。"[3]讲来讲去，无非说封建纲常和封建等级制度都源于"天理"

---

[1]《河南程氏遗书》卷二上。
[2]《河南程氏遗书》卷二上。
[3]《周易程氏传》卷四。

而不可改变，人们要各安其位，不得违反"天理"，不得犯上作乱，否则就为国法所不容。

"二程"认为人性有两种，即"天命之性"和"气禀之性"。由于人的这种两重性，就引起了"不是天理，便是人欲"的矛盾和斗争。程颐特别强调要存天理，去人欲。他说："视听言动，非礼不为，即是礼，礼即理也，不是天理，便是私欲。人虽有意于为善，亦是非礼，无人欲即皆天理。"[1]可见封建社会的礼（一切制度）就是天理。不合于理，就是人欲。人们应该克服人欲，保持以天理为内容的本性。在他看来，"天讨有罪""天命有德"，即天惩罚有罪过的人，奖赏有德行的人，都是"天理自然"，人们对此不能有任何意见，否则便是"私意"。[2]所以人人都必须服从天命，服从天理，服从封建统治，而不应有为恶犯罪的意图，更不得有任何反抗的行为，否则就要受到严厉的惩罚。

三、刑罚教化兼用论

"二程"继承了儒家礼法兼用的思想，认为刑罚和德教都是治国不可缺少的工具，不能偏废。"圣王为治，修刑罚以齐众，明教化以善俗。刑罚立则教化行矣，教化行而刑措矣。虽曰尚德而不尚刑，顾岂偏废哉？"[3]由此可见，"二程"和儒家先教后刑的传统观点又有所不同，认为必须先立刑罚而后教化可行。程颐说："初以阴暗居下，下民之蒙也。爻言发之之道。发下民之蒙，当明刑禁以示之，使之知畏，然后从而教导之。"[4]

尽管"二程"把刑罚作为德礼教化的前提，但他们懂得，对人们进行德礼教化，可以使人为善。而刑罚则无强人为善的力量，只能消极地禁人为恶。所以他们也重视德礼教化的作用。"先王以仁义得天下而教化

---

[1]《河南程氏遗书》卷十五。
[2]《河南程氏遗书》卷二上。
[3]《河南程氏粹言》卷一。
[4]《周易程氏传》卷一。

之,后世以智力取天下而纠持之,古今之所以相绝者远矣!"〔1〕二者的作用和效果显然是大不相同的。

显而易见,"二程"把刑罚作为教化的前提,一开始就对所谓昏蒙愚昧之"下民"施行刑罚的观点是荒谬的,暴露出其地主阶级的残暴本性。但他们强调运用德礼教化来消弭人们为恶犯罪的思想,则有其合理因素。特别是在专制主义日益强化的宋代,它有反对暴政酷法的积极意义。

四、"饿死事小,失节事大"说

儒家历来主张男尊女卑。这种男尊女卑的思想,是封建国家关于妇女立法的主要依据。历代封建王朝在法律上都确认夫权的统治地位,制定了许多歧视妇女、压迫妇女的法律法令。

"二程"也是极力主张维护夫权,歧视妇女和压迫妇女的。他们说:"男女有尊卑之序,夫妇有倡随之礼,此常理也。"所谓常理,就是天理,他们认为,男尊女卑、女从属于男是合乎天理,天经地义的。而且,他们由此而推论出所谓"饿死事小,失节事大"的道理来。"问:'孀妇于理似不可取(娶,下同),如何?'曰:'然。凡取,以配身也。若取失节者以配身,是已失节也。'又问:'或有孤孀贫穷无托者,可再嫁否?'曰:'只是后世怕寒饿死,故有是说。然饿死事极小,失节事极大。'"〔2〕在"二程"看来,"天理"规定男子不可娶寡妇,寡妇不可再嫁。如果娶了寡妇,不但寡妇失节有罪,而且男子也有失节之事。即使寡妇饿死了也算不了什么,再嫁就是失节,那就罪莫大焉,不可饶恕。

正是在"二程""饿死事小,失节事大"思想的毒害之下,不知摧残了多少妇女的生命。清人戴震曾指责理学家"以理杀人",比酷吏以法杀人更阴险、更毒辣、更残酷。"其所谓理者,同于酷吏之所谓法。酷吏以法杀人,后儒以理杀人,浸浸乎舍法而论理,死矣,更无可救矣!"

---

〔1〕《周易程氏传》卷一。
〔2〕《河南程氏遗书》卷二十二。

"人死于法，犹有怜之者；死于理，其谁怜之！"[1]这是对"二程"等理学家的无情揭露和血泪控诉！

第三节 朱熹以"存天理，灭人欲"为核心的法律思想

朱熹（1130—1200），字元晦，又字仲晦，号晦庵，徽州婺源（今江西婺源）人，寓居建阳，南宋思想家，理学的集大成者，绍兴进士，历仕高宗、孝宗、光宗、宁宗四朝。曾任泉州同安主簿，后罢归，从延平李侗学。李侗的老师是罗从彦，从彦的老师是杨时，而杨时又是"二程"（程颢、程颐）的及门弟子。因此，朱熹是通过李侗继承理学源流的。朱熹一生大部分时间在撰写著述和讲学。他的著作甚多，有《四书章句集注》以及后人编纂的《朱子语类》《朱子全书》等。

朱熹是继孔子、孟子、董仲舒之后儒家又一重要代表人物。他吸取了宋代理学的成就，又吸收了佛家、道家的一些思想，建立了一个完整的客观唯心主义的理学体系。其学说一直被视为儒家的"正统"，在中国封建社会后期的六七百年中居于官学地位，对各方面产生了重要的影响。他的《四书章句集注》，在明清两代被指定为封建知识分子的必读教科书，他的注解被认为是正统观点的标准答案。

一、因事制宜的变法改革主张

朱熹所处的南宋王朝，纲纪不振，政治腐败，法制松弛，阶级矛盾、民族矛盾十分尖锐，有如"材木之心已皆蠹朽，腐烂而不复支持"。[2]一心为了挽救赵宋王朝的朱熹，针对"法弊、时弊"的状况，提出了变法、改革的主张。

他和儒家传统的复古主张有所不同，认为要挽救赵宋王朝，必须对

---

[1]《孟子字义疏证》卷上《理》。
[2]《朱文公文集·井田类说》。

症下药:"如人之病,外强中干,其势必有以通其变而后可。"[1]在他看来,祖宗立法,"盖亦因事制宜以趋一时之变",[2]法律、制度应当适应时势的发展变化,有所更易。因为法律、制度"行之既久而不能无弊,则变而通之,是乃后人之责"。[3]但他仅停留在应该变法这一点上,同先秦法家的变法论显然有别。他指出:"盖天下有万世不易之常理,又有权一时之变者。如君君、臣臣、父父、子子,此常理也;有不得已处,即是变也。然毕竟还那常理底是。"[4]在朱熹看来,像法律之类属于"权一时之变者",是可以变更的;而封建纲常伦理是"万世不易之常理",绝对不可更易。

朱熹虽然主张变法,但反对君主任意变更法令。"为政如无大利害,不必议更张,(更张)则所更一事未成,必哄然成纷扰,卒未已也。"[5]如果"法弊"已深,虽欲变更,然亦不可繁碎,力求简易。"立一个简易之法,与民由之,甚好。夏、商井田法所以难废者,固是有圣贤之君继作,亦是法简,不似周法繁碎,然周公是其时不得不恁地。"[6]所以说,法愈简则愈易行。明主立法,贵在蠲除繁苛,使民易知易行;而法网过于严密,则百姓动辄得咎,更难以推行。

二、"存天理,灭人欲"与三纲五常说

朱熹的"存天理,灭人欲"说,是其哲学的核心,也是其法律思想的核心。

朱熹指出:"只是人之一心,合道理的是天理,徇情欲底是人欲。"[7]。天理和人欲是完全对立而不可并存的。"人之一心,天理存则人欲亡,人

---

[1] 《朱子全书·治道二·论兵》。
[2] 《朱子全书·诸子二·王氏》。
[3] 《朱子全书·诸子二·王氏》。
[4] 《朱子全书·历代一·唐虞三代》。
[5] 《朱子语类》卷一〇八。
[6] 《朱子语类》卷一〇八。
[7] 《朱子语类》卷七十八。

欲胜则天理灭,未有天理人欲夹杂者。"[1]他主张:"革尽人欲,复尽天理。"具体说来,什么是"人欲"呢?"人欲"就是"饮食男女",首先是饮食,饮食之间,孰为天理,孰为人欲?朱熹回答说:"饮食者,天理也。要求美味,人欲也。"[2]人们正当的生存需要,如饥食渴饮之欲,是"合当如此"(合理)的"天理",不是"人欲"。超过这个限度,要求"美味",一味追求"饮食男女",那就成了"人欲"。由此可见,朱熹并不排斥人们生存的合理的物质需要。

什么是"天理",朱熹重复前人的说法,把"三纲五常"作为理或天理的最主要内容。他说:"宇宙之间,一理而已。天得之而为天,地得之而为地……其张之为三纲,其纪之为五常。盖皆此理之流行,无所适而不在。"[3]这是说天地宇宙之间就是一个"理",它广大无边,无所不在,由它演化为三纲五常,"理"是先天就有、永恒不变的,"万一山河大地都陷了,毕竟理却是在这里"。因此,三纲五常也是永远不变,与天地共存的,"纲常万年,磨灭不得"[4]。既然三纲五常是"天理"的体现,谁要是违背它,或违犯以它为指导原则的封建法律和制度,就是"逆天",就为天理国法所不容。

在朱熹看来,"天理"是纯粹的善,"人欲"是绝对的恶,"圣人千言万语,只是教存天理,灭人欲"。其实,他假借圣人之言,提出"存天理,灭人欲"说,是针对当时思想斗争中以陈亮为代表的功利主义者。他直言不讳地说:"陈同甫直在利欲胶漆盆中。"

三、德礼政刑说

在德、礼、政、刑的关系上,朱熹继承和发展了儒家的思想,对孔子提出的"道(导)之以政,齐之以刑,民免而无耻;道(导)之以

---

[1] 《朱子语类》卷十三。
[2] 《朱子语类》卷十三。
[3] 《朱子全书·诸子二·释氏》。
[4] 《朱子语类》卷二十四。

德，齐之以礼，有耻且格"进行了系统的阐发。他说："愚谓政者，为治之具；刑者，辅治之法。德、礼则所以出治之本，而德又礼之本也。此其相为终始，虽不可偏废，然政刑能使民远罪而已。德礼之政，则有以使民日迁善而不自知，故治民者不可徒恃其末，又当深探其本也。"[1]这里的"政"，"谓法制禁令也"，即法律制度和法律。朱熹对德礼政刑的论述，有几点值得注意。其一，德礼为本，政刑为末，但它们在本质、目的上是一致的。"然其相为表里，如影随形，则又不可得而分别也。"[2]其二，在德与礼之间，应以德为本，以礼为末。他认为德是礼的依据，礼是德的保障。"德者义理也，义理非礼不行，故欲以德道（导）民者，必以礼齐民。"[3]其三，就政（法制禁令）和刑的关系来说，政是统治的工具，刑是辅助统治的方法。朱熹说："先立法制如此，若不尽从，便以刑罚齐之。"[4]其四，重视礼义道德的感化作用。朱熹认为法度禁令只能"制其外"，而礼义道德却可以"格（纠正）其心"。由此可见，朱熹的德礼政刑说，虽然是以儒家传统的德主刑辅论为基础，但对其作了更细致的分析和阐释，显得更缜密而完整了。

四、刑罚以严为本的主张

在"法弊、时弊"的南宋时代，朱熹极力主张刑罚以严为本，而以宽济之，借以挽救颓风。他说："或问为政当以宽为本，而以严济之。曰：某谓当以严为本，而以宽济之。"[5]在朱熹看来，为政严则令行禁止，能够禁奸止乱，制止犯罪；宽则纲纪废弛，奸豪得志，善良的人反而遭殃。"古人为政，一本于宽，今必须反之以严。盖必如是矫之而后有以得其当。今人为宽……下稍（结局）却是奸豪得志，平民既不蒙其惠，

---

[1]《四书集注·论语·为政》。
[2]《朱文公文集·读两陈谏议遗墨》。
[3]《朱文公文集·答陈允夫》。
[4]《朱子语类》卷一〇八。
[5]《朱子语类》卷一〇八。

又反受其殃矣。"[1]

朱熹反复强调说："今人说宽政,多是事事不管,某谓坏了这'宽'字。"[2]他分析其原因有三:

第一,执法者为佛教祸福报应之说所迷惑,以轻刑图福报。"今之法家惑于祸福报应之说,多喜出人罪以求福报。"他驳斥道,若使无罪者"不得直",而有罪者得以幸免,"是乃所以为恶尔,何福报之有"?[3]

第二,执法者为"钦恤之说"所迷惑。"以为当宽人之罪而出其死",凡遇罪当杀者,总为之开脱,以待上奏之后裁决。

第三,执法者对"罪疑从轻"的曲解,以为凡罪皆可以从轻。他要求纠正这种有利于罪犯、有害于被害者的做法。"今人说轻刑者,只见所犯之人为可悯,而不知被伤之人尤可念也。"[4]如劫盗杀人者,人多为之求生殊不念死者之为无辜,这只是为盗贼计,而不为良民着想,实在没有道理。

朱熹主张执法从严,但不等于主张"滥刑",有时他还强调"慎刑","狱讼……系人性命处,须知紧思量,犹恐有误也"。所以,对待同人民性命攸关的狱讼之事,必须持十分谨慎的态度,以免发生错误。

朱熹的严刑主张,还具体反映在恢复肉刑、限制赎刑、严惩"奸凶"等问题上。

首先,朱熹主张恢复肉刑。"今徒、流之法,既不足以止穿窬(指盗窃的行为,窬:逾墙)淫放之奸,而其过于重者则又不当死而死,如强暴赃满之类者。"[5]如果恢复肉刑,虽然摧残了人的肢体,却保全了他的性命,且又不能继续作恶,这是"仰合先王之意而下适当世之宜"的好办法。

---

[1]《朱子语类》卷一〇八。
[2]《朱子语类》卷一〇八。
[3]《朱子语类》卷一一〇。
[4]《朱子语类》卷二十三。
[5]《朱文公文集·答郑景望》。

其次，朱熹主张限制赎刑。朱熹指出，原来规定的赎刑，只适用于轻罪。"罪之极轻，虽入于鞭扑之刑而情法犹有可议者。"后世出现的"赎五刑法，非圣人意也"。[1]重罪仍适用赎刑，结果是有财者杀人伤人而可幸免刑狱之苦，无辜者又何其不幸。因此，对赎刑的适用应严格限制。

再者，朱熹主张严惩"奸凶"。朱熹主张，对于危害封建统治的"奸凶"，要迅速严厉地加以惩处，决不宽贷。他说："明正典刑，使奸凶之人，不得以迁延幸免。"[2]

以"以严为本"为原则，朱熹还要求维护封建纲常伦理。"臣伏愿陛下深，诒中外司政典狱之官：凡有诉讼，必先论其尊卑、上下、长幼、亲疏之分，而后听其曲折之词，凡以下犯上、以卑凌尊者，虽直不右；其不直者，罪加凡人之坐；其有不幸至于杀人者，虽有疑虑可悯，而至于奏谳，亦不许辄用拟贷之例。"[3]由此可见，朱熹的"以严为本"，最终是以维护封建纲常伦理，他不惜抛弃"直"与"不直"的是非界限，混淆罪与非罪的区分。

五、恤民说

朱熹为了维护南宋王朝的统治，为了缓和当时的阶级矛盾，主张"恤民"政策。他认为："国家之大务莫大于恤民。"其"恤民"所涉及的方面较多，具体内容如下：

第一，"以口数占田"。为了防止土地兼并，朱熹主张清丈土地，按人口数占田。他在《井田类说》中说："夫土地者，天下之大本也，《春秋》文义，诸侯不得专封，大夫不得专地。今豪民占地，或至数百千顷，富过王侯，是自专其封也。买卖由己，是自专其地也……以口数占田为立科限，民得耕种，不得买卖，以赡贫弱，以防兼并，且为制度张本，

---

[1]《朱文公文集·答郑景望》。
[2]《朱文公文集·论阿梁狱情札子》。
[3]《朱子全书·治道·论刑》。

不亦宜乎？"在封建专制时代，这种主张是不可能实现的，但其积极意义是应该肯定的。

第二，奖励农业生产。朱熹在《劝农文》中说："惟民生之本在食，足食之本在农，此自然之理也。"又说："若夫农之为务，用力勤，趋事速者所得多，不用力，不及时者所得少，此亦自然之理也。"因此，他具体提出了不误农时、兴修坡塘水利、奖励垦荒、保护耕牛等主张。

第三，推行社仓制度。这是由国家的地方组织掌握一部分粮食，设立社仓，在青黄不接时贷放给农民，秋后归还，以免高利贷者乘机盘剥农民。朱熹在《建宁府崇安县五夫社仓记》中说："山谷细民，无蓄藏之积，新陈未接，虽乐岁不免，出倍称之息，贷食豪右；而官粟积于无用之地，后将红腐不复可食。愿自今以来，岁一敛散，既以舒民之急，又得易新以藏。俾愿贷者出息什二，又可以抑侥倖，广储蓄，即不欲者，勿强。岁或不幸，小饥则弛息，大侵则尽蠲之，于以惠活鳏寡，塞祸乱原（源），甚大惠也。"显然，这种社仓制度是有利于农民的。

朱熹生当乱世，其时法令废弛，纲纪荡然。所以他力主整肃纲纪，以变风俗；法令简易，慎刑恤狱。同时，他也主张发展农业生产，采取恤民措施。毫无疑问，在这些挽救"法弊、时弊"的主张中，包含有不少合理因素。但从其以"理"为核心的法律思想的本质来说，则适应了中国封建社会后期统治阶级维护三纲五常、强化思想统治的需要，禁锢了人们的思想，阻碍了包括法学在内的学术思想的自由发展。

第四节 丘濬对封建正统法律思想的总结

丘濬（1418—1495），字仲深，别号琼台，琼山（今海南琼山）人，人称琼山先生。明代思想家，幼孤，母李氏教之读书，过目成诵。景泰五年（公元1454年）中进士，历任翰林院学士、国子监祭酒、吏部尚书、文渊阁大学士等职。他博览群书，学识渊博。当他看到宋代真德秀的《大学衍义》仅至修身齐家而止，没有治国平天下的内容，乃博采群书,以补充之,弘治元年(公元 1488 年)书成,定名为《大学衍义补》。这是他的主要著作。值得注意的是,此书在广泛汇辑整理前代法律制度、法律思想的基础上,对封建正统法律思想进行了总结和阐发。他在《大学衍义补·序》中说:"此所纂辑者,非臣之私意杜撰,无一而非古先贤、经书、史传之前言往事也,并参以本朝之制,附以一己之得。"很明显,丘濬是在认真研究和吸取前人思想成果的基础上,并结合明代的实际,然后总结出"一己之得"的。

一、德礼政刑关系论

丘濬生活的明代中期,阶级矛盾和民族矛盾日益激化,社会危机不断加深,封建统治岌岌可危。为了挽救朱明王朝的危机,他首先主张重礼义、重纪纲,同时又强调加深封建法制,认为"德、礼、政、刑王道之治具也"。[1]这是说德、礼、政、刑四者都是治理国家不可或缺的工具。

他用比较分析的方法,论证了德礼政刑的关系,主张将孔子的"道(导)之以政,齐之以刑,民免而无耻;道(导)之以德,齐之以礼,有耻且格",和朱熹的"政者,为治之具;刑者,辅之治法;德、礼所以出治之本,而德又礼之本也,此相为终始"这两句话结合起来理解,全面地加以研究。他说:"孔子分政刑、德礼为二,而言其效有深浅;朱熹则合德礼政刑为一,而言其事为终始。要之,圣贤之言,互相发也。"[2]即孔子的"一分为二",是为了说明德礼、政刑的不同地位和作用,朱熹的"合二而一",则表明它们之间的联系和一致。如果把孔子、朱熹的论述融会贯通起来,就能全面掌握德礼政刑的关系,即既要看到德礼和政刑的不同作用,又要看到它们在实际政治中的密切联系。德礼和政刑都是治理国家不可缺少的工具,都是"王道之治具"。所以他又说,君主以

---

[1]《大学衍义补·圣神功化之极》。
[2]《大学衍义补·圣神功化之极》。

此四者治理天下，"不徒有出治之本，而又有为治之具；不徒有为治之具，而又有为治之法。本末兼该（通'赅'，尽备），始终相成，此所以为王者之道，行之天下万世而无蔽"。[1] 这种认识，反映出地主阶级的统治经验更趋完整和成熟。它既肯定礼义、德治的重要，又强调法令、刑罚的不可偏废，"本末兼该"，相辅相成，交替使用这四种工具，就能有效地维护封建统治。

与封建礼义相联系的是伦理纲常。丘濬主张整饬纪纲，首先整饬家庭纪纲，然后扩充到整饬天下之纪纲，借以维护封建秩序。他说："人君为治，欲正天下之纪纲，先正一家之纪纲，家之纪纲，伦理是也。伦理既正，则天下之事，井然各得其理矣。"[2] 丘濬既以重礼义、整饬纪纲作为治国的根本，必然重视教化，否定专任刑罚。他曾明确指出，统治者应"以教化仁政为言，不专于法令征赋"。[3] 在《崇教化》篇中，他进一步阐述了保民以教化为先的思想："保民以何为先？曰教之……故创业之君。拳拳以教化为先。"但他"教化"的内容与传统的说法有所不同，他把礼乐刑政之施和爵禄警戒之事等都包括在内。

二、因情以立法说

丘濬总结历史上诸子百家的立法思想，提出了一些立法原则，其中尤其注重吸收儒家的立法思想。

（一）"因情以立法"

丘濬认为，立法应合乎天理，顺乎众人的好恶。古圣先贤就注重因情以立法，如衡之于轻重，不徇一己之私，十分公平正直。他说："先王因情以立法，如衡之于轻重，少者不可多，大者不可小，物有多少大小，而衡一以无心待之，随其多少大小而权之也。"[4]

---

[1]《大学衍义补·圣神功化之极》。
[2]《大学衍义补·正朝廷》。
[3]《大学衍义补·固邦本》。
[4]《大学衍义补·戒滥纵之失》。

(二) 保护工商

丘濬主张，根据时势的变化和发展，适时地制定和修改法律。国家法律固然要保持连贯性和稳定性，既能"施之于一时"，也应"为法于后世"。同时要注重"随时制宜，补偏弃废"[1]。他根据明代社会的实际情况，主张发展私人经济，修改"盐禁"等法令。他提出的原则是："盐之为利，禁之不可也，不禁之亦不可也。要必于可禁不可禁之间，随地立法，因时制宜，必使下不至于伤民，上不至于损官，民用足而国用不亏。"[2]因此，他主张废除历代沿用的"榷盐"制度，只要获得官府的准许，私人便可"自煮""自卖"，经营食盐的生产和销售。他还进一步指出："官不可与民为市，非但榷盐一事也。大抵立法以便民为本，苟民自便，何必官为？"[3]他引古论今，以市籴之令、银钱之法、贡赋之制、关市之禁，以及海运、对外贸易等方面，提出"听民自便"的主张。显然这种随时制宜、保护工商的主张，反映了明代中期资本主义萌芽并力争发展的客观要求。

(三) 应经合义

丘濬认为，礼即封建纲常名教，是国家政治制度和法律的核心，"礼乐者，政刑之本"。法律符合礼的原则的就是"良法"，否则就是"淫刑"。因此，立法时必须以礼的精神和原则为指导。而礼的精神和原则集中体现在儒家经典之中，立法应"本之经典"，应经合义。"经者，礼义所自出，人必违于礼义而然后入于刑法。律令者，刑法之所在。议而校定，必礼义、法律两无歉焉，本是以立天下之法。"[4]所以说，儒家经典及其所体现的原则，应成为封建立法的指导思想。丘濬主张由通晓经义的儒家学者参与立法活动，以保证所制定的法律符合经义的精神。

(四) 宽严适中

在丘濬看来，古圣先贤立法制刑，无不用中典，《吕刑》作者就明确

---

[1] 《大学衍义补·军伍之制》。
[2] 《大学衍义补·山泽之利》。
[3] 《大学衍义补·山泽之利》。
[4] 《大学衍义补·定律令之制》。

指出了这一点。立法宽严适中，则无过无不及，常用而无弊。"是故先王立法制刑莫不用中，中则无过无不及，可以常用而无弊……过而严，则民有不堪，而相率为伪以避罪；不及而宽，则民无所畏，而群聚竞以犯罪。"[1]

（五）简明划一

丘濬认为古代法律简易，后世日益繁杂，甚至人们很难了解其含义，这怎么能使人懂得"法意"而避免犯罪呢？他主张律令划一。"今所定律令，芟（除去）繁就简，使之归一，直言其事，庶几人人易知而难犯。"因此，法令条文应通俗明白，即使是粗通文义者也能"开卷即了其义"。具体说来拟定法律时应当做到："书其所犯之罪，所当用之刑。或轻或重，或多或少，或加或减，皆定正名，皆定实数，使读律者不用讲解、用律者不致差误。"[2]

丘濬的这些立法思想，既是对我国古代立法思想的总结，又是根据明代的社会实际作了新的阐发。

三、慎狱恤刑的主张

丘濬重视法律的作用、维护法律的尊严的思想在司法问题上的反映，就是慎狱恤刑，不枉不滥，并提出了一系列主张。

（一）律与令、例相结合

在《定律令之制》篇中，丘濬明确指出，"事有律不在而其于令者，据其文而援以为证"，"有不得尽知法者，则引法与例，取载于上"。然而，在运用这一原则时，必须注意以法律为主，"法所不载，而后用例"。

（二）慎狱恤刑

丘濬认为，《尚书·舜典》中所云"惟刑之恤哉"是后世帝王应遵循的刑罚原则。[3]所以他主张："治狱必先宽"，"罪疑从轻"。所刑者，

---

[1]《大学衍义补·戒滥纵之失》。
[2]《大学衍义补·定律令之制》。
[3]《大学衍义补·总论制刑之义》。

"乃求其所以免不可得而后刑之";所杀者,"乃求其所以生不可得而后杀之"。凡谳狱者应"以是存心",[1]如此,朝廷就不会有冤狱,天下就不会有冤民了。

对于具体案件的审理,丘濬尤重人证物证,调查核实。如对盗窃案件,他认为,要了解其犯罪事实,必须穷其党羽,校勘赃物人证,而无一参错互异之处,然后定罪。"是以验其党与,必历审其家世居止习性之异,离合聚散图谋之由;验其赃仗,必详究其制造、物色、形状之殊,小大新陈利钝之实,某物因某而得,某人因某而来,某执其器械,某得某货财,所经由也,何处证见也何人?既访诸其邻保,又质诸其亲属。及其追赃也,必俾失主先具其所失之物,其形状如何?其色样如何?或大或小,或长或短,或新或陈,某物乃某工所制,某物从某人而得,所失之物,与所得之赃,校勘皆同。必须无一之参错互异,然后坐以罪焉。"[2]在历代学者中,这样详尽地论述如何审理案件的,实不多见。由此我们看到,丘濬对待刑狱是十分慎重的。

(三) 原情定罪

丘濬认为,审理案件既要看罪犯的行为,更要重视罪犯的犯罪动机,"随其情而权其轻重,于经于律两无违悖"。[3]在他看来,"论罪者必原情。原情二字,实古今谳狱之要道也"。[4]

(四) 维护"八议"之制

丘濬主张,凡犯法在"八议"之列者,视其罪行轻重,可以减免刑罚。"先儒谓八者(指八议)天下之大教,非天子私亲故而挠其法也。人伦之美,莫斯为大。"[5]

(五) 赦非常典

在丘濬看来,赦罪只能作为一时权宜之计,但不可以之为常典。"当

---

[1] 《大学衍义补·谨详谳之议》。
[2] 《大学衍义补·谨详谳之议》。
[3] 《大学衍义补·总论制刑之义》。
[4] 《大学衍义补·谨详谳之议》。
[5] 《大学衍义补·慎刑宪》。

承平之世，赦不可有，有则奸宄得志，而良民不安；当危疑之时，赦不可无，无则反侧不安，而祸乱不解。"[1]赦与不赦，应视其是否有利于维护封建统治为原则。宋代把大赦定为常典，结果"人可揣摩以需其期，非独刑法不足以致人惧，而赦令亦不足以致人感也"。[2]

（六）限制赎刑

古代所谓赎刑，指赎鞭朴一类轻罪者。后来"一概用之为常法"，甚至犯死罪者亦可以金赎免，这就违背了"圣人制刑之意"。因此，他主张对赎刑严加限制，只可适用于轻罪，而决不可适用于死刑。"若死者而可以利赎，则犯法死者皆贫民，而富者不复死矣……若夫杀人者亦得赎焉，则死者何辜？而其寡妻孤子，何以泄其愤哉？"[3]

（七）否定肉刑

丘濬赞扬汉文帝废除肉刑，罪犯免除断肢体、刻肌肤的痛苦，"文帝之德大矣"。而宋朝标榜"以忠厚立国"，却复用刺面等酷刑，人民受祸最惨。他说："宋承五代为刺配之法，又杖其脊，又配其人，刺其面，是一犯两兼三刑也。宋以忠厚立国，其后子孙受祸最惨。"[4]

四、慎选狱官论

在丘濬看来，要正确贯彻执行法律，尤须慎选狱官。"夫狱慎之事，择人以用，不间（参与）以小人。""得其人必能敬刑。"[5]典狱之官，人民之生死所系，必须选择正直仁厚，"权势不能移，财力不能动"的人充当。丘濬在《简典狱之官》中指出："典狱之职，所系之重如此，膺天命而制生灵之命者，可不择其人以用之乎？要之，狱所以不公者，外为权势之嘱托，内为财利之贿赂故也。"

---

[1]《大学衍义补·慎刑宪》。
[2]《大学衍义补·慎眚灾之赦》。
[3]《大学衍义补·明流赎之意》。
[4]《大学衍义补·明流赎之意》。
[5]《大学衍义补·慎刑宪》。

典狱之官被威胁利诱,"其根本则又在于上之人焉"。丘濬指出,如果居上位者能够申祖宗执法,使有罪者不得以贿免;告诫左右之人,使掌法者得以执奏,"而用以居是官者,又必得乎存心敬畏,秉性刚直之人用之,则法不至于私滥,人不死于非命"。[1]这里,他明确指出了统治者特别是最高统治者带头守法与司法公正的关系问题。他在《谨好尚以率民》篇中,更尖锐地指出:"君人上者,立法制,明禁令必先有诸己,然后为之。"

丘濬是明代重要的思想家。如果说张居正是致力于政治、经济的实际改革的话,那么,丘濬则侧重于总结前代的统治经验。结合明代的社会实际,丘濬从理论上加以分析和总结,又有新的阐发,且较多地反映了明代的社会现实,其思想在中国法律思想发展史上占有重要地位。

第五节　王阳明的心学与强化封建法制的主张

王阳明（1472—1529）,又名守仁,字伯安,余姚（今浙江余姚）人。明代政治家、哲学家、教育家。他出身于官僚地主家庭,弘治进士,先后任刑部主事、户部主事。因得罪宦官刘瑾,被充军到龙场驿去做驿丞,后调任庐陵知县,历官至右佥都御史,巡抚南康、赣州。其曾先后镇压福建、江西各地农民起义。在平定宁王朱宸濠叛乱之后,旋即升任南京兵部尚书。嘉靖年间,他又总督两广军务,镇压广西思恩、田州等地少数民族起义。其著作为《王文成公全书》。

一、"致良知"的心学

王阳明生当明朝中期阶级矛盾和民族矛盾日益激烈,封建统治岌岌可危的时候。他提倡"致良知"的心学,企图以此来维护日益腐朽的封建统治。

---

[1]《大学衍义补·简典狱之官》。

由北宋开始形成的理学，到南宋的朱熹，已发展成为具有完整体系的客观唯心主义。与朱熹同时的陆九渊则倡导主视唯心主义，宣扬所谓"宇宙便是吾心，吾心便是宇宙"。明代中期，王阳明发展了陆九渊的思想，形成一种完备的主观唯心主义体系。由于陆、王学派专以所谓"心上做工夫"，所以又称为"心学"。

王阳明的心学在明代中期盛行一时，是有其深刻的政治原因的。当时，土地兼并十分激烈，大量的农民离开土地，最后人口"流亡过半"，甚至"十者只存其一"。最后，流民铤而走险，揭竿起义。如荆襄地区曾两次发生农民起义，参加者达百余万人，而刘六、刘七领导的起义军，曾直接威胁北京。王阳明为了维护朱明王朝的统治，曾多次亲自率兵镇压农民起义军。王阳明从自身的经历中体验到，对于农民起义，可以暂时地镇压下去，但深藏在农民心里的不满情绪和反抗思想并不能被消灭。他认为："民虽格面，未知格心。"[1]农民受到军事镇压后，内心并未顺服。他深感"破山中贼易，破心中贼难"。[2]所谓"山中贼"，是他对农民起义军的比喻；所谓"心中贼"，也就是过去理学家们抽象地叫作"人欲"，其中也包括农民的反抗思想。王守仁懂得，要镇压农民的反抗，维护封建统治，除运用武力以外，还要用"软刀子"，要"格心"，要"拔本塞源"，杜绝产生祸乱（人民起义造反）的根源。他立志要从思想上破"贼"。关于如何"格心"、破人欲，以前朱熹也曾讲过，但在他那一套庞大的客观唯心主义体系之下，他所讲的"灭人欲"，烦琐难行，确实不如王阳明的"心学"那样"直指人心"，"明白简易"。因此，王阳明的"心学"就一时兴盛起来。

王阳明认为，除了人的主观意识之外，什么也没有，而人的主观，就是人的"心"。人心是宇宙的本体，也是天地万物的主宰。他说："人者，天地万物之心也；心者，天地万物之主也，心即是天，言心则天地

---

[1]《王文成公全书·年谱》。
[2]《王文成公全书·与杨仕德、薛尚谦书》。

万物皆举之矣。"[1]在他看来，天地万物都只不过是由人心所派生出来的东西。他又进一步提出："心外无物，心外无事，心外无理，心外无义，心外无善。"[2]把自然和人类社会的一切事物以至各种道德法律规范，都说成是心所派生，这是彻底的主观唯心主义和唯我论。

王阳明把"人心"作为宇宙的本体，那么人心的本体又是怎样呢？他认为，良知"是心之本体，心自然会知。见父自然知孝，见兄自然知弟（悌），见孺子入井自然知恻隐"。[3]在他看来，封建的"三纲"、仁义礼智等观念，是先天地存在、人心所固有的东西。这种"良知"处在"未发之中"时，是至善至美的，但人心在受到物欲、人欲的影响时，就会发生同"良知"相背离的言论行动。因此，他创造了一套"致良知"的理论，所谓"致"，就是要人们去做扩充善念，克服恶念，保持良知而不使丧失的修养功夫。一句话，就是要"去人欲，存天理"。

王阳明专从"心上做工夫"，提倡"致良知"，实际上是为了成就封建主义的"德业"，治理地主阶级的天下。他在《传习录》中卷中明确指出："世之君子，惟务致其良知，则自能公是非，同好恶，视人犹己，视国犹家，而以天地万物为一体，求天下无治，不可得矣。"

二、"以教化当干戈"论

王阳明反对程颐、朱熹的"知先行后"的理论，指出他们把知和行支离为二，不能统一，并提出了他的"知行合一"论。他说："知行合一之说，专为近世学者分知行为两事，必欲先用知之之功而后行，遂致终身不行，故不得已而为此补偏救弊之言。"[4]

王阳明主张知行合一。所谓"知"，是指心中自明自觉的本能（"明觉"），是指人先天固有的良知良能。所谓"行"，是指心中的意念，指

---

[1]《王文成公全书·答季明德书》。
[2]《王文成公全书·与王纯甫书二》。
[3]《王文成公全书·传习录上》。
[4]《王文成公全书·答周冲书》，《中国哲学》第一辑，三联书店 1979 年版。

动机，根本不是实践活动。他说："我今说个知行合一，正要人晓得一念发动处便是行了。发动处有不善，就将这不善的念克倒了，须要彻根彻底，不使那一念不善潜伏在胸中。此是我立言宗旨。"[1]可见王阳明所讲的知和行都在意识之中。他认为，"惟圣人能致其良知"，[2]只有"圣人"能够将行合于知，即这种人的意念发生能符合良知良能。这就是知行合一。很清楚，王阳明提倡知行合一论，是为了防止人民心中有"不善"的念头发生，即企图从思想上消除人民的反抗意识，以实现其"破心中贼"的目的。

因此，王阳明特别重视礼义教化的作用。他认为，如果整个社会都遵守忠孝仁义的封建礼教，明王朝就有"起死回生"的希望。他在《传习录》中说，"是故亲吾之父以及人之父，以及天下人之父，而后吾之仁实与吾之父、人之父与天下人之父而为一体矣。实与之为一体而孝之，明德始明矣"。

在王阳明看来，礼义教化优于刑罚，统治人民必须以教化为主，反对专靠"刑名器数"。他在《申行十家牌法》中说："后之守令，不知教化为先，徒恃刑驱势迫；由其无爱民之实心；若使果然视民如己子，亦安忍不施教诲劝勉，而辄加箠楚鞭挞。孟子云：'善政不如善教之得民也。'况非善政乎？"他主张"善教"的目的，在于教育人们遵守礼义，控制人们的思想，克服人们一切不利于封建统治的"不善"念头。有人评论王阳明是"以教化当干戈"，[3]较确切地说明了王阳明重礼义教化的实质。

三、强化封建法制的主张

王阳明在维护封建礼制的同时，又主张强化封建法制，严明赏罚。他要求明赏以励功，严刑以振威。他批评边关将领贻误军机，而罚无所加，以致军务松弛。这是"法之不行，自上犯之"的必然结果。他在

---

[1]《王文成公全书·传习录下》。
[2]《王文成公全书·传习录中》。
[3]《王文成公全书·行浔州府抚恤新民牌》评注。

《陈言边务疏》中说："今边臣之失机者，往往以计倖脱，朝丧师于东陲，暮调守于西鄙，罚无所加，兵因纵弛；如此，则是陛下不惟不置之罪，而复为曲全之地也，彼亦何惮而致其死力哉？夫法之不行，自上犯之也。"他敢于批评孝宗赏罚不明，指出"朝丧师于东陲，暮调守于西鄙"，使有罪者得以幸免，这确是难能可贵的。

然而，王阳明提出的"申明赏罚"，强化封建法制的思想主张，大多是针对防止和镇压农民起义而发的。如他在《绥景流贼》中论述如何运用刑赏时说："夫刑赏之用当，而后善有所劝，恶有所惩；劝惩之道明，而后政得其安……夫善者益知所劝，则助恶者日衰；恶者益知所惩，则向善者益众；此抚柔之道，而非专有恃于兵甲者也。至于本院所行十家牌谕，诚亦弭盗安民之良法。"显然，这种刑赏并用的主张，实际上是对付农民起义斗争的两手政策，恩威并施，剿抚兼用，以期扑灭农民起义的烈火。

为了有效地防止和镇压农民起义斗争，王阳明还制定了"十家牌法""保长法""乡约"等束缚和管制农民的条规。具体内容如下：

第一，"十家牌法"。他在《申行十家牌法》中说："凡立十家牌，专为止息盗贼。""十家牌法"的具体做法是，制一"十家牌式"，上面写明十家居民的姓名、籍贯、房屋等情况。"此牌就仰同牌十家轮日收掌，每日酉牌时分，持牌到各家，照粉牌查审，某家今夜少某人，往某处干某事，某日当回；某家今夜多某人，是某姓名，从某处来，干某事，务要审问的确，仍通报各家知会，若事有可疑，即行报官，如或隐蔽，事发，十家同罪。"[1]显而易见，这种办法是为了严格控制人民，防止农民的结社和联系活动，借以维护封建秩序。

第二，"保长法"。开始实行"十家牌法"时，十家不设"牌头"。后来，王阳明看到，在乡村"遇有盗贼之警，不可以无统纪，合（应当）立保长督领，庶众志齐一"。于是，他颁布命令："于各乡村推选才行为

---

[1]《王文成公全书·十家牌法告谕各府父老子弟》。

众信服者一人为保长，专一防御盗贼……遇盗警，即仰保长统率各甲设谋截捕。"[1]

第三，"乡约"。王阳明所制定的"乡约"制度，就是用"三纲五常"来制约人民，把封建统治秩序用一定的形式固定下来。"乡约"规定："皆宜孝尔父母，敬尔兄长，教训尔子孙，和顺尔乡里；死伤相助，患难相恤，善相劝勉，恶相告诫；息讼罢事，讲信修睦，务为良善之民，共成仁厚之俗。"[2]为了保证"乡约"的贯彻执行，王阳明下令成立执行"乡约"的组织。在"同约"中推举"年高有德为众所敬服者"一人为约长，二人为约副，又推举"公直果断者"四人为约正，"通达明察者"四人为约史，"精健廉干者"四人为知约，"礼仪习熟者"二人为约赞。"乡约"建立之后，设立三个簿子。一个是同约人的花名册和同约人的行动纪录，"知约司之"；一个是"彰善"簿，记载同约人"善"的行为；一个是"纠过簿"，记载同约人"恶"的行为。[3]显而易见，这些都是为了及时了解和掌握人民的行动，防止农民起义的发生。

王阳明代表着大地主的利益。他在明朝农民革命蓬勃发展的年代，为维护朱明王朝的封建统治，率兵镇压农民起义军；并在哲学思想上建立了一个彻头彻尾的主观唯心主义体系，用封建伦理纲常思想统治人民。但他的学术思想并非一无是处，如他不迷信权威的思想就颇有价值。他曾说："夫道，天下之公道也；学，天下之公学也，非朱子可得而私也，非孔子可得而私也。天下之公也，公言之而已矣。"[4]在当时人们迷信孔子和朱熹的情况下，能这样尖锐地提出不应以孔子的是非为是非，反对孔学、朱学的垄断地位，这确实是一种卓越的见解和勇敢的行为。这种思想，对后来的李贽、黄宗羲、谭嗣同等人有一定影响。

---

[1]《王文成公全书·申谕十家牌法增立保长》。
[2]《王文成公全书·南赣乡约》。
[3]《王文成公全书·南赣乡约》。
[4]《王文成公全书·答罗整庵少宰书》。

思考题

1. 理学对封建正统法律思想有什么影响？
2. 试述朱熹"存天理，灭人欲"的法律观。
3. 简述丘濬对封建正统法律思想的总结和发挥。
4. 简述王阳明强化封建法制的主张。

第十二章

宋明时期改革家的法律思想

内容分析和要点提示

本章主要阐述了宋明时期几位改革家的法律思想。其中,"中国十一世纪的改革家"王安石的法律思想应全面掌握,他的变法理论和实践在中国历史中占有重要地位。

本章的基本知识、基本理论有:(1)王安石"三不足"的变法理论。(2)王安石"大明法度,众建贤才"的主张。(3)王安石"有司议罪,惟当守法"的主张。(4)陈亮的"法深无善治论"。(5)张居正以法规范天下的主张。(6)张居正整饬吏治的主张。(7)张居正的"法在必行,奸无所赦"思想。

本章的基本概念有:(1)"三不足"。(2)大明法度,众建贤才。(3)"有司议罪,惟当守法"。(4)"王霸并用,义利双行"。(5)"信赏罚,一号令"。(6)以法律规范天下。(7)立法"惟其时之所宜与民之所安"。(8)法在必行,奸无所赦。

第一节 封建统治危机下出现的改革家与理学反对派

一、封建统治危机下出现的改革家

中国封建社会发展到宋王朝,进入了由盛而衰的转折时期。自宋开始,统治者虽极力加强皇权,但政局总是处于危机四伏之中。宋朝建立不久,阶级矛盾和民族矛盾便日益尖锐。由于统治者采取"不抑兼并"

的政策，广大农民丧失土地，流离失所，在宋太宗时便发生了王小波、李顺领导的农民起义。此外，宋代边患严重，北敝于辽，西困于夏，统治者每年不惜输纳巨款以求得边境的短暂安宁。而这些沉重的负担自然转嫁到农民身上，从而进一步加剧了阶级矛盾。

这样，北宋王朝在阶级矛盾、民族矛盾日益尖锐的情况下，陷入了内外交困的境地，加剧了统治危机。因此，一部分有识之士迫切要求在不触动封建制度的前提下进行一定程度的变法改革，于是出现了范仲淹的"庆历新政"和王安石变法。

庆历三年（公元1043年），宋仁宗任命范仲淹为参知政事（副宰相）。范仲淹提出了一套改革方案，其主要内容为整饬吏治、裁汰冗官、改革科举、选拔人才、提倡农桑等。但这一改革仅实行了约一年便夭折了。

继"庆历新政"之后的王安石变法，是北宋时期一次较大的改革运动。它始于宋神宗熙宁二年（公元1069年），时间达16年之久。虽然它最后失败了，但其进步作用是应当肯定的。

明朝中期，被人称为明代"第一权相"的张居正，为了挽救明王朝的危机，也曾进行改革，颇有成效。

二、理学反对派的出现

南宋时期，封建统治者偏安江南，对人民拼命搜刮，激起人民的强烈反抗。从南宋初钟相、杨么起义开始，农民的反抗便没有间断过，南宋统治者对内镇压农民起义，对金朝则采取屈辱求和的方针。

这一时期的法律思想，主要是围绕理学和反理学的斗争以及天理人欲、王霸义利的辩论表现出来的。当时，以陈亮、叶适为代表的功利学派，在思想战线上始终反对朱熹等唯心主义理学家空谈"义理"和性命之学，批评他们对社会危机和民族耻辱麻木不仁，"皆风痹不知痛痒之人也"。

陈亮、叶适都要求改革政治，并提出实事实功的功利思想。时人评价他们的学说是"盖近世儒者之所未讲"。这为中国思想史增添了新的内容。

到了明代中期，随着商品经济的发展，在封建社会内部已经孕育着资本主义的萌芽。新的生产关系的出现，要求打破封建制度的束缚，并且很快就显示出自己的力量。以反映市民阶层要求的进步思想家李贽，把批判的矛头指向维护封建礼教的理学，他反对理学家的空谈义理，获取名利，"阳为道学（理学），阴为富贵，被服儒雅，行若狗彘然也"。[1]在封建统治十分严酷的明代，他的言论确实起到了振聋发聩的启蒙作用。

第二节　王安石的变法改革思想与实践

王安石（1021—1086），字介甫，抚州临川（今江西临川）人。列宁称赞他是"中国十一世纪的改革家"。他出身于小官僚地主家庭，22岁中进士，历任扬州签判、鄞县知县、舒州通判、提点江东刑狱等职。他于所到之处兴修水利、办理借贷、兴办学校。嘉祐三年（公元1058年），入京为度支判官，曾上万言书，主张变法革新，但未被采纳。熙宁二年（公元1069年），宋神宗任他为参知政事（副宰相）。次年升宰相，主持变法。熙宁七年（公元1074年）及九年（公元1076年）曾两度罢相，最后退居江宁（今江苏南京），封荆国公，故也称王荆公。他的著述很多，现在存留的有《临川集》等。

一、王安石变法

王安石生活的北宋，是我国历史上国力比较衰弱的一个王朝，始终处于"积贫积弱"的局面，阶级矛盾和民族矛盾都十分严重。嘉祐四年（公元1059年），王安石在《上仁宗皇帝言事书》中就明确指出："内则不能无以社稷为忧，外则不能无惧于夷狄，天下之财力日以困穷，而民俗日益衰坏。四方有识之士諰諰然（恐惧的样子）常恐天下之久不安。"国家内部动荡不安，人民生活困穷，潜伏着农民反抗和暴动的危

---

[1]《续焚书·三教归儒说》。

险，外族的入侵，国家财政的枯竭，社会风气败坏，严重的社会危机引起一些有识之士的担忧。王安石的变法就是在这样的时代背景下产生的，其目的在于富国强兵，以解救宋王朝"积贫积弱"的统治危机。

王安石主持变法时，设"制置三司条例司"，议行新政，制定新法，先后颁布了"均输法""青苗法""市易法""保甲法"等一系列法律，统称"熙宁新法"。新法的推行，取得了一定成效，增加了国家的财政收入，减轻了人民的负担，限制了大地主、大官僚的兼并。由于新法在一定程度上触犯了大地主、大官僚和富商的利益，因而遭到他们的强烈反对。王安石死后，新法被废除，变法失败。

二、"三不足"的变法理论

在变法革新之初，王安石针对守旧派所谓"天不变，道亦不变"的论调和因循"祖宗成法"的陈腐观点，提出了"天变不足畏，祖宗不足法，人言不足恤"的理论。其具体内容如下：

第一，"天变不足畏"。王安石认为，天是自然，自然界的灾异不值得害怕。"天地与人，了不相关，薄蚀、震摇，皆有常数（指自然的规则），不足畏恐。"[1]针对保守派借彗星出现攻击新法，王安石又说："天文之变无穷，人事之变无已，上下傅会，或远或近，岂无偶合？此所以不足信也。"[2]

第二，"祖宗不足法"。王安石认为，祖宗的立法，不适应时代需要的，理应改变；必须"视时势之可否，因人情之患苦，变更天下之弊法"，[3]使能适应于"所遭之变"和"所遇之势"。而宋朝之所以"积贫积弱"，其原因就在于"累世因循祖宗成法"，只有"变风俗，立法度"，才能改变这种局面。

第三，"人言不足恤"。王安石认为，社会上的流俗之见不用顾虑，

---

[1]《司马温公传家集》卷七十五。
[2]《续资治通鉴长编》卷二六九。
[3]《临川集·上皇帝万言书》。

只要新法可行,"当于义理,何恤乎人言"?他向宋神宗说:"如今要做事,何能免人纷纭?"又说:"文王侵阮徂共,以至伐崇,乃能成王业。用凶器,行危事,尚不得已,何况流俗议论?"[1]

显然,王安石这种不怕"天",不怕祖宗,不怕守旧势力的反对,坚决主张变法改革的精神,是难能可贵的。

三、立法度、用贤才论

王安石变法坚持两条原则,一是"大明法度","立善法";二是"众建贤才",选任良吏。他说:"盖夫天下,至大器也,非大明法度,不足以维持;非众建贤才,不足以保守。"[2]

(一)明法度,"立善法"

王安石认为,统治者立法"贵乎权时之变者也",[3]应当因时立法,不要拘泥于祖宗之成法,墨守先王之旧政。具体地说,宋王朝必须"视时势之可否,因人情之患苦",变更天下各种弊法,并制定"善法"以代之。他说:"盖君子之为政,立善法于天下,则天下治;立善法于一国,则一国治。"[4]这种使天下、国家蒙受其利的"善法",是指他所推行的以理财为中心的新法。他在《度支副使厅壁题名记》一文中曾明确提出,"法不善则有财而莫理",足见他对以法律促经济发展的重视。

(二)选贤才,任良吏

儒家主张礼义德教,所以重人治,轻"法治";法家主张刑名法术,所以重"法治",轻人治。而王安石论政,则强调"制而用之存乎法,推而行之存乎人",[5]要求"善吾法而择吏以守之"。其观点明显地反映出兼重人治和"法治"的主张。在王安石看来,单有好的法仍不足以治理

---

[1]《熙宁奏对日录》,转引自《杨龟山文集》卷六。
[2]《临川集·上时政疏》。
[3]《临川集·非礼之礼》。
[4]《临川集·周公》。
[5]《临川集·周礼义序》。

好国家，必须有好的官吏来加以贯彻执行。"古人有言，徒善不足以为政，徒法不能以自行。"〔1〕推行新法，就得有一支良好的执法官吏队伍。他在论述理财、法律、官吏三者的关系时说："夫合天下之众者，财；理天下之财者，法；守天下之法者，吏也。吏不良，则有法而莫守；法不善，则有财而莫理……达则善吾法而择吏以守之，以理天下之财，虽上古尧舜犹不能毋以此为先急，而况于后世之纷纷乎？"〔2〕

在王安石看来，变法之前应着手培养人才。他指出："然则方今之急，在于人才而已。诚能使天下之才众多，然后在位之才可以择其人而取足焉。在位者得其才矣，然后稍视时势之可否，而因人情之患苦，变更天下之弊法，以趋先王之意，甚易也。"〔3〕

如何培养这样的人才呢？王安石强调，要从"教之、养之、取之、任之"四个方面培养能够胜任政治、军事、经济、法律诸方面的人才，改造整个官僚体制，使之能适应变法改革的需要。

四、据律论罪的主张

王安石对于司法官吏的不依法办案、擅作决断表示不满，主张严格执法，据律论罪。熙宁元年（公元1068年），王安石任翰林院学士时，为了议定登州妇女恶其夫貌丑"谋杀已伤"，但又自首这一案件的刑名时，曾上疏强调说，"臣以为有司议罪，惟当守法"，如果舍法以论罪，"则法乱于下，人无所措手足矣"。〔4〕王安石认为，司马光等人主张以礼决狱，必问何云死罪的主张是错误的。

熙宁六年（公元1073年），宋神宗和王安石议论周世宗的功过问题时，王安石再次表达了有罪必罚、据律论罪的思想主张。神宗说，闻世宗去世时，人皆恸哭。安石曰："人悦德乃在于罚行，罚行，则涎慢、偷

---

〔1〕《临川集·材论》。
〔2〕《临川集·度支副使厅壁题名记》。
〔3〕《临川集·上皇帝万言书》。
〔4〕《文献通考·刑考九》。

惰、暴横之人畏戢（收敛），公忠趋事之人乃有所赴愬（诉），有所托命。此世宗上仙（指去世），人所以哭也。"在王安石看来，人民之所以对统治者悦德信服，那是由于统治者据律论罪，有罪必罚，从而使怠慢、懒惰、残暴之人畏惧，而忠于职守，勤劳之人则得到保护。

王安石这种据律论罪的思想主张已突破了儒家以经义决狱、以礼决狱的传统，颇有法家的"法治"精神。这对于克服当时司法中主观擅断、任意出入人罪的弊法，无疑是有积极作用的。

第三节 陈亮反理学的法律思想

陈亮（1143—1194），字同甫，原名汝龙，世称"龙川先生"，婺州永康（今属浙江）人，南宋思想家。他一生怀才不遇，"行年五十，犹一布衣"。曾多次上书孝宗皇帝，要求改革政治和抗金。由于当权者的忌恨，三次被诬入狱。他51岁时才考中进士，授以佥书健康军判官厅公事，但未等赴京就去世了。今有《陈亮集》。

南宋时期，出现的以陈亮、叶适为代表的浙东学派，始终主张抗击金人的侵扰，同时在思想战线上坚决反对朱熹等唯心主义理学家空谈"义理"和性命之学，批评他们对社会危机和民族耻辱麻木不仁，漠不关心。

一、"王霸并用，义利双行"说

朱熹认为天理是义，人欲是利，二者不可并存，仁义道德和利欲是根本对立的。据此，他又认为"三代（指夏、商、周）专以天理行，汉唐专以人欲行"。陈亮也承认人有私欲，它是人与生俱来的本性，存在于人们的日常生活中，"出于性，则人之所同欲也"，[1]是人所不能没有的。所谓"义"就在于最大限度地满足人们的这种"人欲"或"利"，因而

---

[1]《陈亮集·问答下·七》。

天理、人欲不可分，义和利并不矛盾。根据这种观点，陈亮批评朱熹的"三代专以天理行，汉唐专以人欲行"的论调说："近世诸儒，遂谓三代专以天理行，汉、唐专以人欲行，其间有与天地暗合者，是以亦能久长。信斯言也，千五百年之间，天地亦是架漏（把破漏的房屋支架起来，比喻勉强支撑）过时，而人心亦是牵补度日，万物何以阜蕃（生长繁殖），而道何以常存乎？"[1]陈亮又问朱熹何以汉、唐不如三代？这就涉及王霸问题。朱熹把三代说成是天理流行的"王道"盛世，社会尽善尽美；把汉、唐说成是人欲横流的"霸道"衰世，社会混乱纷争，并认为这是由于帝王的心术和动机不同所导致的结果。三代帝王的"道心"和天理相符，没有一丝人欲；汉、唐帝王则"无一念之不出于人欲"，因此有王霸之分。陈亮则认为天理和人欲、义和利并不矛盾，王道和霸道本无区别；义理就在功利之中，霸道来源于王道，就好像一个人身上只能有一个头颅一样。"谓之杂霸者，其道本与王也。诸儒自处者曰义曰王，汉、唐做得成者曰利曰霸，一头自如此说，一头自如彼做；说得虽甚好，做得亦不恶，如此却是'义利双行，王霸并用'。如亮之说，却是直上直下只有一个头颅做得成耳。"[2]至于汉、唐的帝王，他们有成功和济世之能，建功立业，就是"一世英雄"。

二、"法深无善治"论

陈亮针对当时法制混乱、用法严酷的情况，提出了"法深无善治"的主张："风林无宁翼，急湍无纵鳞；操权急者无重臣，持法深者无善治。奸宄之炽，皆由乎禁网之严；罅漏（漏洞）之多，亦由夫防闲之密。"[3]据此他主张简法轻刑。

陈亮认为法令宽简，就能收到"狱讼日简，教化浸（渐渐）行"[4]

---

[1]《陈亮集·甲辰答朱元晦书》。
[2]《陈亮集·甲辰答朱元晦书》。
[3]《陈亮集·法深无善治》。
[4]《陈亮集·谢杨解元启》。

的效果，依靠繁法苛刑是不能治理好国家的。所以他强调，"宽简之胜于微密也，温厚之胜于严厉也"[1]，"简法重合以澄其源，崇礼立制以齐其习"[2]。同时，他反对严刑峻法，主张效法古代圣明帝王，减轻刑罚。"情之轻者释以财，情之误者释以令。凡可出者悉皆出之矣，其所谓怙终贼刑者盖其不可出者也，天下之当刑者能几人？"[3]他希望朝廷"考尧舜之所以轻刑之由"，从中吸取经验。他主张，凡报批的案件，情节稍轻的，都"驳就宽典"。

三、严明赏罚的主张

陈亮认为人君治国是离不开赏罚的。"君制其权，谓之赏罚；人受其极，谓之劝惩。"[4]而赏罚必须顺乎天下民心之公，而不能处于君主一己之私。"天下以其欲恶而听之人君，人君乃以其喜怒之私而制天下，则是以刑赏为吾所自有，纵横颠倒，而天下皆莫吾违，善恶易位，而人失其性，犹欲执区区之名位以自尊，而不知天下非名位之所可制也。"[5]如果君主凭个人的喜怒行使赏罚，那是"亡国之赏罚"；如果君主顺应人们共同的趋利避害的要求行使赏罚，那是"王者之赏罚"。所以，只有具备了"公天下之心"的君主，才能做到严明赏罚，治理好国家。

第四节 张居正以法绳天下的思想

张居正（1525—1582），字叔大，号太岳，湖广江陵（今属湖北）人，嘉靖进士，授翰林院编修，不久迁侍裕王邸讲读。穆王继位，其迁礼部左侍郎兼东阁大学士，总裁《世宗实录》，进礼部尚书兼武英殿大学

---

[1]《陈亮集·廷对》。
[2]《陈亮集·中兴论》。
[3]《陈亮集·问答下·八》。
[4]《陈亮集·问答下·七》。
[5]《陈亮集·问答下·七》。

士。神宗即位，他与宦官冯保合谋逐高拱，代为首辅。万历年初，神宗年幼，张居正以内阁首辅主持国事长达10年，为明代"第一权相"。著有《张文忠公全集》。

张居正为官的时候，朝政腐败，法制松弛，兼并之风严重，国家财政困难，军备废弛，农民起义连绵不断。在这种情况下，张居正进行了一些改革，以期挽救明王朝的危机。在政治上，张居正重振纪纲，修明法度，整饬吏治，加强中央集权；在经济上主张农商并重，"厚农而资商""厚商而利农"，[1]并限制土地兼并，清丈田亩，实行"一条鞭法"，税粮差役一律改为征银，大大增加了国家的财政收入；在军事上，整顿军队，整饬边防，慎选边防将领，抵御外侮，使边境得到安定。张居正的改革取得了显著效果。

一、"以法绳天下"论

张居正极力主张"强其根本，振其纪纲"，[2]严明法度，"以法绳天下"，以期加强中央集权，达到"整齐而不乱"的效果。

张居正"以法绳天下"的内容大致有以下几方面：

（一）严明赏罚

他在《陈六事疏》中向皇帝建议："用人必考其终，授任必求其当。有功于国家，虽千金之赏，通侯之印，亦不宜吝；无功国家，虽鬈笑之微，敝绔之贱，亦勿轻予。"据此，他提出了严考课之法。

（二）法在必行，奸无所赦

慈圣皇太后曾以皇帝婚期将届，"吩咐概停刑"。而张居正却认为，"春生秋杀，天道之常。稂莠不去，反害嘉禾；凶恶不去，反害善良。愚臣看来，还是不必停。"[3]张居正这种法在必行，奸无所赦的思想主张，在当时法制松弛的情况下，有其积极意义。

---

[1]《张文忠公全集·赠水部周汉浦榷竣还朝序》。
[2]《张文忠公全集·论决重囚疏》。
[3]《张文忠公全集·论决重囚疏》。

(三)"法可严而不可猛"[1]

张居正反对纵释有罪以博取宽厚、仁政虚名,主张"严刑明法"以"制欲禁邪"。[2]但认为"法可严而不可猛",他自称对奸宄之人,必不敢姑息,"以挠三尺之法"。[3]然而,他作为地主阶级政治家,对于镇压农民起义是毫不手软而主张"猛"的,他曾说过,"盗者必获,获而必诛,则人自不敢为矣"。[4]

(四)严惩贪污

嘉靖以来,官场上贪风极盛,贿赂公行。张居正决心要"杜绝贿门,痛惩贪墨"。[5]其具体办法是:"其贪污显著者,严限追赃,押发各边,自行输纳,完日发遣发落。"[6]

由于张居正平生"以法绳天下",所以在他执政的十多年中,封建法纪松弛的状况有所改变。

二、创立"考成法"

"考成法"的具体办法是,凡六部、都察院在下达文件时,应"先酌量道里远近,事情缓急,立定程期,置立文簿存照,每月初注销"。这一本作为各部、院的底册。再同样造文册两本,注明事情的紧关略节及原来计划处理日期。一本送该科(吏、兵、户、刑、礼、工六科)备注,实行一件注销一件;一本送内阁查考。各科的文册,上半年、下半年各清理一次,查文册内的事情,是否有超过期限没有处理的,若有拖延,则进行责任检查。他设置供稽查用的三本文册,建立了对各级官僚的考查制度。"如此,月有考,岁有稽,不唯使声必中实,事可责成,而参验综核之法严,即建言立法者,亦将虑其终之周效,而不敢不慎其始矣。

---

[1]《张文忠公全集·陈六事疏》。
[2]《张文忠公全集·答宪长周友山言弭盗非全在不欲》。
[3]《张文忠公全集·乞鉴别忠邪以定国是疏》。
[4]《张文忠公全集·答总宪吴公》。
[5]《张文忠公全集·答应天巡抚宋阳山论均粮足民》。
[6]《张文忠公全集·陈六事疏》。

致理之要，无逾于此。"〔1〕《明史·张居正传》也说："自是一切不敢饰非，政体为肃。"由此行政效率大大提高了。

三、整饬吏治与任人唯贤的主张

张居正创立考成法，用建立规章制度的办法来整饬吏治，当时确实是一良策。同时，如何慎选官吏，任人唯贤，又是张居正整饬吏治的一项重要内容。

在用人方面，张居正重实不重名，严格考查，讲求实效，反对论资排辈。他在《陈六事疏》中强调，关于选任官吏，"用舍进退，以功实为准，毋徒眩于声名，毋尽拘于资格，毋摇之以毁誉，毋杂之以爱憎，毋以一事概其平生，毋以一眚（过失）掩其大节。"考察官吏，一切以实效为准。这种规定官吏的升降要做到"六毋"的主张，在当时确实不失为一种改革时弊的好办法。事实上，张居正也是这样做的。

严格实行对官吏的定期考核制度，根据成绩，优者晋升，劣者罢黜。据谈迁《国榷》记载，仅万历九年（公元1581年）即裁撤不称职中央冗官419人，地方冗官902人。

严斥和限制理学家以虚名猎取富贵。当时，讲究理学"靡然成风"，理学家们甚至"借以把持郡邑，需索金钱，海内为之侧目"。〔2〕张居正对此深恶痛绝。如常州知府施观私创书院科敛民财，宣扬理学，张居正下令拆毁天下书院，尽以为公廨。

任人不拘资格。明中叶后，朝廷用人重进士出身，轻举人出身，"同一严也，在进士为精明，在举人则为苛戾"。〔3〕山东昌邑知县孙鸣凤以贪污问罪，皇帝问张居正："鸣凤之婪，乃出进士乎？"张居正回答说："此人唯恃进士，故而恣肆……今后用人，但问功能，不可拘资格。"〔4〕只要

---

〔1〕《张文忠公全集·请稽查章奏随事考成以修实政疏》。
〔2〕《万历野获编·嫉谄》。
〔3〕《明史·贾三近传》。
〔4〕《明史纪事本末·江陵柄政》。

有德有才，即使是和尚道士、街卒都可破格提拔使用。

知人善用，因能授官。张居正善于根据官吏的才能，安排职位。他曾力排众议，将戚继光从南方调往北方，镇守蓟门；用李成梁镇守辽地；让四川总兵刘显戴罪出征；等等，致使"边境晏然"，"故世人称居正知人"。[1]

张居正在用人方面提出了一些有价值的思想和主张，特别是在整顿吏治的实际工作中取得了成效，故为世人所称誉。

总的看来，张居正为适应明中叶的形势，从儒家的立场出发，吸取法家的精神，援法入儒，重振纪纲，厉行法家综核名实、信赏必罚的主张，是比较现实的。张居正死后，以明神宗为首的腐朽势力否定其改革成就，"举朝争索其罪而不敢言其功"。然而，这除了表明明王朝的腐朽统治已不可救药以外，并不能否定张居正改革的历史功绩。

思考题

1. 简述王安石变法革新思想的主要内容。
2. 试析陈亮的"王霸并用，义利双行"的思想。
3. 简析张居正"以法绳天下"的主张。

---

[1]《明史·张居正传》。

第十三章

辽、金、元各少数民族统治集团的法律思想

内容分析和要点提示

本章主要阐述了辽、金、元时期以金世宗和耶律楚材为代表的统治集团的法律思想。本章非重点章节，应主要掌握金世宗和耶律楚材学习中原文化和法律制度的主张。

本章的基本知识、基本理论有：(1) 金世宗慎行"议亲""议贤"的主张。(2) 金世宗的"赏罚不滥，即是宽政"说。(3) 金世宗慎用执法官吏的主张。(4) 耶律楚材的以儒治国主张。(5) 耶律楚材建立封建法制取代落后习惯法的主张。(6) 耶律楚材秉公执法的主张。

本章的基本概念有：(1) "赏罚不滥，即是宽政"。(2) 以儒治国。(3)《便宜一十八事》。(4) "九州成一统，刑赏归朝权"。

第一节 我国北方少数民族的汉化改革

与北宋、南宋相对峙的辽、金政权和继宋而起的元朝，是我国北方少数民族——契丹族、女真族、蒙古族统治集团分别建立的王朝。这些王朝在建立之前，大都处于由原始社会末期向奴隶社会过渡的阶段。这些少数民族入主中原后，逐渐受到中原汉民族生产方式和文化诸方面的影响，不断封建化。为了维护和巩固其统治，一些较开明的统治者积极倡导和推行汉法，吸收封建正统思想，主张"以儒治国"。如金世宗完颜雍和元代的耶律楚材就是其中较为杰出的人物。

金代的封建化和汉化改革经历了较长的历史时期。在金熙宗完颜亶、废帝海陵王完颜亮和金世宗完颜雍时基本完成。而元统一中国以前，元太祖成吉思汗就任用了耶律楚材等已经汉化的知识分子，又招抚姚枢等理学家，辅佐他治国平天下。此后，元太宗窝阔台各代，也大都标榜文治，学习汉法。应当肯定，作为元太祖和元太宗的重要辅臣耶律楚材，在促进"文治"，引进儒臣，宣传和制定"汉法"方面起了特别重要的作用。

第二节 金世宗修改"八议"的主张

金世宗完颜雍（1123—1189），女真族，本名乌禄，金太祖完颜阿骨打之孙。其在皇统年间封葛王，为兵部尚书；天德年间历任留守、府尹；贞元三年（公元 1155 年），为东京（今辽宁辽阳）留守；正隆六年（公元 1161 年），海陵王完颜亮大举攻宋，完颜雍乘机在东京自立为帝，年号大定。公元 1165 年，其与南宋达成"隆兴和议"，争取了 40 年的和平局面，公元 1189 年病逝。

一、实行"与民休息"的政策

金世宗在位期间，励精图治，大力推行封建化，与民休养生息，推动了封建经济、政治和法制的发展，被称为金朝全盛时期。

他曾长期在京外为官，颇知"民间利害"（民间疾苦），知吏治之得失。"即位五载，而南北讲好（指"隆兴和议"），与民休息"，"重农桑"，"孳孳（孜孜）为治"。[1]并颁布了免奴为良的诏令："应诸人若能于契丹贼中自拔归者，更不问元初首从及被威胁之由，奴婢、良人罪无轻重并行赦免……内外官员郎君群牧直撒百姓家驱奴、宫籍监人等，并

---

[1]《金史·世宗本纪》。

放为良，亦从所愿处收系，与免三年差役。"[1]

同时，金世宗还采取了一系列促进农业发展的政策，取得了显著成效。如中都、河北、河东、山东等路，"人稠地窄，寸土悉垦"，土地荒芜的现象已有所改变，黄河流域的垦田面积达 300 万顷。随着农业的发展，国家仓库中的储粮大大增加，"天下仓廪府库皆实"。

二、修改"八议"的主张

金世宗统治时期，女真族的封建化和金代各种典章制度的建设已基本完成。但女真贵族仍有相当的势力，他们依仗自己所掌握的军事权力以及与皇族的血缘或姻亲关系，贪赃枉法，为所欲为，无视法纪，并往往援引"八议"得以免罪。这样，直接影响到皇帝的权威和封建法制的推行。大定二十五年（公元1185年），后族有犯罪者，尚书省按"八议"规定上奏，请求减免刑罚。金世宗不以为然，他说："法者，公天下持平之器，若亲者犯而从减，是使之恃此而横恣也。昔汉文诛薄昭（指汉文帝杀舅父薄昭）有足取者。前二十年时，后族济州节度使乌林达钞兀尝犯大辟，朕未尝宥。今乃宥之，是开后世轻重出入之门也。"[2]宰臣坚持说："古所以议亲，尊天子，别庶人也。"金世宗则说："外家自异于宗室，汉戚权太重，至移国祚，朕所以不令诸王、公主有权也。"宰臣又以犯罪者有"贤行"，请求以"议贤"减免之。世宗批评他们说："既曰贤矣，肯犯法乎？"[3]次年，遂明确规定："太子犯大功以上亲、及与皇家无服者、及贤而犯私罪者，皆不入议。"[4]这是对"八议"的一次触动，一次不大的"修改"。

---

[1]《金史·移剌窝斡传》。
[2]《金史·刑法志》。
[3]《金史·刑法志》。
[4]《金史·刑法志》。

三、严明赏罚论

为了维护金王朝的统治,稳定封建法制,金世宗还强调严明赏罚。大定十一年(公元 1171 年),他告诫太子,治理国家要"以勤修道德为孝,明信赏罚为治而已"。[1]他和历史上许多封建帝王一样,强调统治人民要宽猛相济。他说:"夫朝廷之政,太宽则人不知惧,太猛则小玷亦将不免于罪,惟当用中典耳。"[2]什么叫"宽政",世宗有自己的解释,即"帝王之政,固以宽慈为德,然如梁武帝专务宽慈,以至纲纪大坏。朕尝思之,赏罚不滥,即宽政也"。[3]

所谓"赏罚不滥",实际上多指刑罚不滥。例如:

大定七年(公元 1167 年),左藏库被盗,未能抓到盗者,世宗命点检司治之。点检司抓获八个嫌疑犯,经刑讯后,三人被打死,五人"诬伏"。世宗觉得可疑,命令同知大兴府事移剌道参与治狱。不久,亲军百夫长阿思钵在市上出卖金银珠宝,案破伏法。世宗得志后说:"箠楚之下,何求不得?奈何鞫狱者不以情求之乎?"[4]

大定十三年(公元 1173 年),南客车俊等因榷场贸易误犯边界,尚书省拟依律治以死罪。世宗说:"本非故意,可免罪发还,毋令彼国知之,恐复治其罪。"[5]

后来,金世宗明确规定:"凡诉讼案牍,皆当阅实是非,囚徒不应囚系则当释放,官吏之罪即以状闻。"对于"失纠察者,严加惩断,不以赎论"。[6]无疑,这对于正确地施行刑赏,加强司法责任,是有一定作用的。

---

[1] 《金史·世宗本纪》。
[2] 《金史·世宗本纪》。
[3] 《金史·世宗本纪》。
[4] 《金史·世宗本纪》。
[5] 《金史·世宗本纪》。
[6] 《金史·刑法志》。

四、重用儒者与整肃吏治的主张

金朝统治者入主中原后,深感女真族官吏无论从质量抑或数量上都远远不能适应当时的需要,所以把荐举人才作为当务之急。金世宗曾说:"天子以兆民为子,不能家家而抚,在用人而已。"[1]又说:"天下至大,岂得无人?荐举人材,当今急务也。"[2]

如何用人?世宗有一条重要的原则,那就是重用儒者。他认为儒者德行最优,"操行廉洁"。"夫儒者操行清洁,非礼不行。以吏出身,自幼为吏,习其贪墨,至于为官,习性不能迁改。政道废兴,实由于此。"[3]"起身刀笔("刀笔吏"的简称,指办理文书的小吏)者,虽才力可用,其廉介之节,终不及进士。"[4]因此,他一方面重用汉族地主阶级出身的儒士,一方面注重对女真族官吏进行儒学传统教育。"猛安谋克皆先读女直(真)字经史,然后承袭",[5]使之共同为巩固金朝封建统治效力。

金世宗在用人方面有几点值得注意:

第一,不分亲疏,不拘资历。他说古代有布衣入相者,听说宋朝也多用"山东、河南流寓流远之人,皆不拘于贵近也"。[6]同时,他强调用人不拘资历,"若才行过人,岂可拘以常例"?即使是"草莱之士可以助治者",也应破格录用。[7]

第二,不求全责备。金世宗认为人无完人,"安能每事尽善"?如果吹毛求疵,求全责备,"必俟全才而后举,盖亦难矣"!只要有一技之长,"朕亦量材用之"[8]。

---

[1] 《金史·世宗本纪》。
[2] 《金史·刑法志》。
[3] 《金史·世宗本纪》。
[4] 《金史·世宗本纪》。
[5] 《金史·世宗本纪》。
[6] 《金史·世宗本纪》。
[7] 《金史·世宗本纪》。
[8] 《金史·世宗本纪》。

第四编　封建社会宋至鸦片战争（前）时期的法律思想

第三，试之以事。金世宗强调不能单凭言辞取人，必须试之以事，考察其处理政事的实际能力。他说："凡人言辞，一得一失，贤者不免。自古用人咸试之以事，若止以奏对之间，安能知人贤否？"[1]

第四，取用壮年，年老"致仕（退休）"。在金世宗看来，"用人之道，当自取壮年心力精强时用之。若拘以资格，则往往至于耄老，此不思之甚也"。[2]他也主张要改革官吏终身制，实行"致仕"制度。"应赴部求仕人，老病昏昧者，勒令致仕，止给半俸，更不迁官。"年龄不满六十而自愿是职者，"欲令子孙袭（世袭）者，听"。[3]

总的看来，金世宗结束长期战乱的局面，实行休养生息政策，重视封建法制建设，整肃吏治，改革了一些弊政，从而促进了封建经济、政治和文化的发展。他是我国少数民族帝王中一位较有作为的人物，中原人士称他为"小尧舜"。

第三节　耶律楚材以儒治国的思想与实践

耶律楚材（1190—1244），字晋卿，号湛然居士，元代著名的思想家、政治家。他是契丹贵族的后裔，他的家族接受汉文化很早，受儒家思想影响较深。楚材博览群书，尤通经史，对天文、地理、律历、术数等也颇有研究。他17岁中进士，24岁授开州同知。成吉思汗（元太祖）攻克金朝中都（今北京）时，耶律楚材被召用。成吉思汗晚年对其后继者窝阔台汗（元太宗）说："此人天生我家，尔后军国庶政，当悉委之。"[4]窝阔台汗即位后，任命耶律楚材为中书令（丞相）。他在元太祖、太宗时期任职近30年，元代典章制度多由他奠定。他遗留下来的著作有《西游录》《湛然居士文集》。

---

[1]《金史·世宗本纪》。
[2]《金史·世宗本纪》。
[3]《金史·世宗本纪》。
[4]《元史·耶律楚材传》。

一、实行汉法的主张

元太祖时,蒙古社会尚处于奴隶制阶段。蒙古贵族统治者进入中原地区以后,如何统治汉民族,遂成为他们面临的最大问题。耶律楚材不顾蒙古贵族的反对,提出了实行汉化的施政方针,主张建立中央集权制政权。他曾向元太宗条陈《便宜一十八事》,其主要内容是,建立军、民分治的中央集权制;严禁官吏擅自科差;"贸易借贷官物者罪之";蒙古、回鹘、河西诸人,"种地不纳税者死";"监主自盗官物者死";犯死罪者,"具由申奏侍报,然后行刑";禁止贡献,"贡献礼物,为害非轻,深宜禁断"。[1]

后来,耶律楚材又向太宗上奏《陈时务十策》,其主张:"一曰信赏罚,二曰正名分,三曰给俸禄,四曰封功臣,五曰考殿最(古代考核政绩或军功,上等的称'最',下等的称'殿'),六曰定物力,七曰汰工匠,八曰务农桑,九曰定土贡,十曰置水运。"[2]这些主张,虽然太宗没有完全采纳,但"亦时择用焉"。耶律楚材又大力提倡儒家学说,进用汉族儒士;反对大规模的屠杀,确立封建法制;严明赏罚,执法不畏权贵。这与蒙古贵族统治者的屠杀政策相比,无疑是一个很大的进步。

二、以儒治国的思想与实践

耶律楚材一生崇儒学,主张以儒治国。元太宗即位后,他经常"进说周孔之教",并向太宗说:"天下虽得之马上,而不可以马上治。"他的建议为太宗所采纳。太宗即位后第二年(公元1230年),耶律楚材建立了统一的税收制度,在燕京等处成立了十路课税所,并选拔儒生陈时可、赵昉、刘中等20余人为课税使和副使,专门办理税政,卓有成效。这是蒙古统治者试图用儒臣治天下的开始。后因太原课税使和副使吕振、刘

---

[1]《元史·耶律楚材传》。
[2]《国朝文类·中书令耶律公神道碑》。

子振贪赃枉法，太宗怀疑"孔子之教可行，儒者为好人"之说。耶律楚材遂进一步提出，必须接受中原固有文化，才能巩固统治。他说："三纲五常，圣人之名教，有国家者莫不由之，如天之有日月也，岂得缘一夫之失，使万世常行之道独见废于我朝乎？"[1]经过多次争辩，太宗承认儒术可行，许诺"可官其人"。公元1232年，耶律楚材奏封孔子五十一代孙孔元措为衍圣公。以后，其又召名儒梁陟、赵万庆等人"直译九经，进讲东宫"；亲自率领大臣子孙执经解义，"俾知圣人之道"；置编修所于燕京，经籍所于平阳，专门编辑经史。[2]在蒙古统治阶级中开始兴起了文治之风。

公元1237年，耶律楚材进一步以"守成必用儒臣"为由，试图恢复唐宋以来的科举取士制度，明令规定战争期间沦为家奴的儒生也可以参加科举，对阻挠家奴应试者要加以惩处。当时考取的4000多名儒生中，"免为奴者四分之一"。

三、严禁"屠城"、确立法制的主张

蒙古贵族进入中原以前，还没有系统的成文法。他们用以调节人们活动的行为规范，是世代相沿的习惯法。后来，随着蒙古军队的南进，一些落后的野蛮的习惯法也扩散到中原地区。蒙古贵族统治者生杀任情，草菅人命，每到一处则屠城杀人。

耶律楚材任中书令期间，曾对那些杀人的习惯法加以革除。《元史·耶律楚材传》记载，公元1230年，中原新征服地区不少人触犯了蒙古的习惯法，被判处死刑。耶律楚材"议请肆宥"，赦免那些误触法网的人。

公元1232年，蒙古军南下，窝阔台汗想招降陕、洛、秦虢诸州逃民，下令"若迎军来降，与免杀戮"。但遭到蒙古贵族的反对，认为"此辈急则降，缓则走，徒以资敌"。耶律楚材请求制旗数百面，发给降民，

---

[1]《元史·耶律楚材传》。
[2]《元史·耶律楚材传》。

叫他们回到已为蒙古军占领的州郡去。结果,"全活甚众"。

公元1233年,汴梁即将攻破,根据蒙古旧制:"凡攻城邑,敌以矢相加者,即为拒命,既克,必杀之。"耶律楚材得知后,立即向窝阔台汗进谏:"将士暴露数十年,所欲者土地人民耳。得地无民,将焉用之……奇巧之工,厚藏之家,皆萃于此,若尽杀之,将无所获。"窝阔台汗终于同意"罪止完颜氏,余皆勿问"。这次免遭屠杀者约有147万人之多。从此以后,蒙古贵族统治者逐渐放弃了屠城政策,改屠城法为只杀"首恶"者。以后忽必烈"攻取江汉诸城,因为定例"。

耶律楚材反对屠城旧制,严禁杀戮,要求确立封建法制的主张,显然是继承了儒家约法省刑的思想。他曾赞扬西汉初期统治者"约法三章日,恩垂四百年",谴责秦始皇"焚书嫌孔孟,峻法用高(赵高)斯(李斯)"。[1] 正是从这种思想出发,他主张慎刑慎杀,反对滥刑滥杀。应当说,他对遏制蒙古贵族屠杀之风起到了重要作用。

思考题

1. 试析金世宗修改"八议"的主张。
2. 简评耶律楚材的"以儒治国"论。

---

〔1〕《湛然居士文集·怀古一百韵寄张敏之》。

第十四章

明清之际启蒙思想家的法律思想

内容分析和要点提示

本章主要阐述了明清之际启蒙思想家的法律思想。明清是一个"天崩地析"的时代，出现了黄宗羲、王夫之等杰出的启蒙思想家。他们站在时代的前列，创造了具有民主主义的新思想。就他们的法律思想来说，其特点是开始冲破了2000年封建思想的樊篱，并开始形成一种带有民主启蒙因素的思潮。因此，他们的主张是不同于以往任何思想家的，其重要性自不待言，本章应重点掌握黄宗羲、王夫之对封建法制的批判及其带有民主因素的法律思想。

本章的基本知识、基本理论有：（1）黄宗羲对封建君主及其"一家之法"的批判。（2）黄宗羲具有民主因素的"法治"理论。（3）黄宗羲的"学校议政"主张。（4）黄宗羲的"有治法而后有治人"说。（5）王夫之"趋时更新"的法律时变观点。（6）王夫之具有民主因素的立法思想。（7）王夫之任法与任人结合，宽与严结合的司法主张。

本章的基本概念有：（1）"天下为主君为客"。（2）"一家之法"。（3）"天下之法"。（4）"工商皆本"。（5）"有治法而后有治人"。（6）"趋时更新"。（7）"同条共贯，相扶成治"。

第一节 明清之际的社会大变动与启蒙思潮的兴起

由于封建统治者不断强化封建专制主义的中央集权统治，到明朝末年，封建君主专制制度已经十分腐朽没落。大地主、皇室和贵族们疯狂地兼并土地，加之阉宦擅权，官吏贪暴，赋役繁重，人民处于水深火热之中。最后，声势浩大的李自成领导的农民起义军推翻了腐朽的明王朝。

继之而起的是由满洲贵族建立的清王朝，其统治的专制性较明有过之而无不及。它在政治、文化方面的残酷统治，尤以摧残进步的民族意识为突出，因而激起了人民的强烈反抗。启蒙思想家黄宗羲、王夫之、顾炎武等人都曾亲自参加抗清斗争。他们既目睹明朝的腐朽衰败，又切身体会到清王朝专制统治的残暴，从而促使他们对封建专制重新加以认识。

明中叶以后，我国封建社会内部已孕育着资本主义的萌芽。到明朝末年，这种资本主义萌芽已有相当的发展。而伴随着资本主义萌芽的产生，出现了市民阶层。为了反对封建控制，这一阶层产生了初步的民主要求，积极参加反对封建压迫的斗争。这一阶层的意愿和要求，在启蒙思想家的思想主张中有所反映。

在思想文化领域，居于统治地位的程朱理学，严重禁锢着人民的思想。然而，由于封建社会危机已经有了明显的显现，又有资本主义萌芽和市民阶层的出现，并且还加上大规模的农民起义和尖锐的民族斗争，这些都强烈地刺激着文化思想界，以致各种思想勃兴，大放异彩，形成一股启蒙思潮。这一思潮反映在哲学、史学、经济思想等方面，在法律思想上也有明显的表现。他们的代表人物是黄宗羲、王夫之、顾炎武、唐甄等人。他们确实提供了前人所未曾提供的新思想，成为中华传统文化中的瑰宝。

第二节 黄宗羲的民主思想与"天下之法"论

黄宗羲（1610—1695），字太冲，号南雷，学者称梨洲先生，浙江余姚人，他是明末清初的著名启蒙思想家。其父黄尊素是东林党的重要成员，因弹劾阉党而遭杀害。19岁的黄宗羲曾袖长锥，只身入都讼冤，并

第四编 封建社会宋至鸦片战争（前）时期的法律思想

锥击阉党特务头子许显纯，为父报仇，由此声名大振。回浙后，致力学术，经史百家，广学深研。崇祯后期，黄宗羲与其他复社名士一起作《防乱揭》，发起反阮（阮大铖）运动，被阮逮捕下狱，险遭杀害。清兵南下，他招募义兵，成立抗清武装"世忠营"，参加抗清活动，前后达10年之久。公元1653年，明鲁王在海上失败，他看到复国无望，才奉老母还乡。

黄宗羲晚年的岁月，主要从事讲学和著述，其著作有《明夷待访录》《宋元学案》《明儒学案》《南雷文集》等。特别是《明夷待访录》一书，较集中地反映了他进步的政治法律思想。

一、君主为天下之大害说

在惨痛酷烈的斗争中，黄宗羲看透了封建专制统治的黑暗和腐朽，他对整个封建制度产生了怀疑和否定。他奋笔疾书，对封建制度进行了深刻的批判。

黄宗羲指出，封建君主把国家视为其一家一姓的私产，"视天下人民为人君囊中之私物"，以便传之后代，受益无穷。这样，君民的关系就颠倒过来了。"古者，以天下为主，君为客。""今也，以君为主，天下为客。"[1]他们为了争夺国家这个"产业"，就不惜采用各种手段压榨和残害人民，"荼毒天下之肝脑，离散天下之子女，以博我一人之产业"。得天下之后，又"敲削天下之骨髓，离散天下之子女，以奉我一人之淫乐。视为当然"。甚至大言不惭地认为这是"产业之花息"。[2]黄宗羲一针见血地指出，君主"为天下之大害"，[3]天下一切祸害的根源就在于这种君主制度。

在封建君主专制制度下，君主集大权于一身，群臣百官为君主独裁的工具，平民百姓只是君主剥削奴役的对象。黄宗羲说："谓臣为君而设

---

[1]《明夷待访录·原君》。
[2]《明夷待访录·原君》。
[3]《明夷待访录·原君》。

也,君分吾以天下而后治之,君授吾以人民而后牧(管理)之,视天下人民为人君橐中之私物。"[1]这样,君主独断一切,必然不能发挥群臣百吏和国家机构的作用。黄宗羲还指出,君主独裁专断,事实上必然宠幸身边一部分人为其耳目,宦官专权就是它的一种表现形式,"奄宦之祸,历汉、唐、宋而相寻无已,然未有若有明之为烈也"。[2]这是历史的教训。

黄宗羲以前,晋代鲍敬言、宋元之际的邓牧等人,曾对君主专制进行过批判,但那只是痛苦中的叫骂。黄宗羲则大大地前进了一步。他还深入地剖析了维护君主制的政治法律制度,主张以"天下之法"代替君主"一家之法",实行学校议政,全面否定了君主家天下的制度。

二、立"天下之法"论

黄宗羲用古今对比的方法,批判了封建法制,主张制定反映市民阶层利益的"天下之法",实行法治。

(一) 批判封建法律

黄宗羲认为,封建社会无公法,其所谓法者,乃君主"一家之法",而非"天下之法"。这种法律,所维护的是君主一家的利益。他尖锐地指出,历代君主,"既得天下,唯恐其祚命之不长也,子孙之不能保有也,思防患于未然而为之法"。[3]这种法律是"非法之法",其实质是搜刮天下之财富以供君主一家之私。"藏天下于筐箧者也,利不欲其遗于下,福必欲其敛于上……天下之人共知其筐箧之所在,吾亦鳃鳃然日唯筐箧之是虞。故其法不得不密。"[4]

(二) 立"天下之法"

黄宗羲主张以"天下之法"代替君主"一家之法"。他认为,"三代

---

[1] 《明夷待访录·原君》。
[2] 《明夷待访录·奄宦上》。
[3] 《明夷待访录·原法》。
[4] 《明夷待访录·原法》。

之法"是为了天下人民的生养教化而设立的,"未尝为一己而立",所以它是"天下之法"。他说:"三代之法,藏天下于天下者也。山泽之利不必其尽取,刑赏之权不疑其旁落,贵不在朝廷也,贱不在草莽也。在后世方议其法之疏,而天下之人不见上之可欲,不见下之可恶,法愈疏而乱愈不作。"[1]这种"天下之法"无疑是最理想的法律,因为它是保护人民"各得其私,各得其利"的,是保障"贵"(统治者)、"贱"(被统治者)平等的。由此可见,黄宗羲是把保护私有财产和法律平等作为基本要求的。

三、"有治法而后有治人"论

黄宗羲认为,天下之乱生于"非法"之中,为了拨乱求治,就必须有正当的立法,然后依法办事,才能取得成效。他说:"论者谓有治人无治法,吾以谓有治法而后有治人。自非法之法(一家之法)之桎梏天下人之手足,即有能治之人,终不胜其牵挽嫌疑之顾盼,有所设施……使先王之法而在,莫不有法外之意存乎其间。其人是也,则可以无不行之意;其人非也,亦不至深刻罗网,反害天下。故曰有治法而后有治人。"所以说,单有"治人",没有"治法"是不行的,"有治法而后有治人",没有"治法"就没有"治人"。这是治理国家必须遵循的一条重要原则。这里,黄宗羲所强调的是要改革旧的法制,制定适应时代要求的新法,实行法治;否则,国家就很难得到治理。

总之,黄宗羲主张改革封建专制制度下的"一家之法",制定出公正平等的"天下之法"是有进步意义的。因为这种法主要反映了新起的市民阶级的利益和要求,适应了社会发展的趋势。

四、学校议政的主张

在《学校》篇中,黄宗羲提出了近似议会政治的设想。他认为,设

---

[1]《明夷待访录·原法》。

学校不仅是为了培养人才，还应当使学校成为监督政府的机关。

黄宗羲极力赞扬汉、宋太学生的清议，认为学校确实能代表人民的舆论。他说："东汉太学三万人，危言深论，不隐豪强，公卿避其贬议。宋诸生伏阙捶鼓，请起李纲。三代遗风，惟此犹为相近。"根据这种"清议"的历史经验，黄宗羲主张扩大学校的职能，使它成为清议的机关，监督政府。国家无论行政、外交、军事、刑狱等事务，都应当通过学校的意见来执行。他说："学校，所以养士也。然古之圣王，其意不仅此也，必使治天下之具皆出于学校，而后设学校之意始备。非谓班朝，布令，养老，恤孤，讯馘，大师旅则会将士，大狱讼则期吏民，大祭祀则享始祖，行之自辟雍也……天子之所是未必是，天子之所非未必非，天子亦遂不敢自为非是，而公其非是于学校。"本来学校只是一种教育机关，可是黄宗羲却大大推崇学校的政治作用，让它主持公是公非，对政府施行一种监察权。这样的学校就近似一个议会了。

黄宗羲还把由群众选举的学校主持人（祭酒）的地位提得很高，使其享有"其重与宰相等"的职权。学校怎样监督君主和政府呢？黄宗羲提出了一些具体的办法。在中央，每月初一，君主亲临太学，宰相、六卿、谏议等都参加，由祭酒讲学，"天子亦就弟子之列，政有缺失，祭酒直言不讳"。在地方，每月初一、十五，召集"缙绅士子"开会，"学官讲学，郡县官就弟子列"，对于郡县官吏的弊政，小的就批评纠正，大的就敲鼓宣布于公众之前。

显而易见，黄宗羲所设想的学校，已经具有议政的权力和监督的权力，同近代资产阶级议会颇相近了。这是黄宗羲政治法律思想中富有民主主义的内容，反映了中小地主阶级知识分子迫切要求参政的愿望。

此外，黄宗羲又提出了"工商皆本"的思想。他说："世儒不察以工商为末，妄议抑之；夫工固圣王之所欲来，商又使其愿出于途者，盖皆本也。"[1]过去地主阶级都以农为本，工商为末，压制工商业。黄宗羲一

---

[1]《明夷待访录·财计三》。

反自秦汉以来的传统观点，明显地反映了新兴市民阶级的利益和要求。

综上所述，黄宗羲的政治法律思想，确实触到了封建君主专制主义的症结，提出了比前人更进一步的"民主"思想。在清末思想界，其对反对封建君主专制的斗争和促进民主主义思潮的诞生，起到了积极的启蒙作用。正如资产阶级改良派梁启超在《清代学术概论》中所说："梁启超、谭嗣同辈倡民权共和之说，而将其书（指《明夷待访录》）节抄，印数万本，秘密散布，于晚清思想之骤变，极有力焉。"他确实不愧为一位刚刚跨入新时代门槛的卓越的启蒙思想家。

第三节 王夫之的"趋时更新"与立法为公论

王夫之（1619—1692），字而农，号薑斋，湖南衡阳人，学者称船山先生，明末清初启蒙思想家。他出身于封建官僚家庭，自幼学习勤奋，青年时即以博学闻名，23岁中举人。清军入关后，他在衡阳起兵，阻清军南下，兵败，退肇庆。他在南明桂王政权中任庶吉士，因弹劾王化澄结奸误国，险些被杀。后投奔抗战将领瞿式耜，瞿殉难后，王夫之"知势愈不可为，遂决意林泉矣"。他辗转湘西一带，伏处深山，窜身窑洞。晚年居衡阳之石船山；终生不雉发，坚持爱国主义立场，至死不渝。他在极艰苦的条件下坚持著述，长达40余年。他的著作宏富，有《张子正蒙注》《周易外传》《尚书引义》《思问录》《薑书》《噩梦》《读四书大全说》《读通鉴论》《宋论》等。其主要贡献是在哲学上总结和发展了中国传统的唯物主义，成为中国古代唯物主义思想的集大成者。而散见于其著作中的法律观点和思想亦颇丰富，且富有民主性色彩。

一、"趋时更新"的变法思想

王夫之和其他启蒙思想家一样，也具有历史进化论的思想。他认为宇宙间一切事物都是变化发展的。"今日之日月，非用昨日之明也。今岁之寒暑，非用昔岁之气也……是以知其富有者，惟其日新，斯日月贞明而寒暑贞盛也。"[1]在他看来，变化日新就是客观世界中事物新旧交替不断更新的过程。王夫之把这种推陈出新的过程叫作"推故而别致其新"。这种发展观反映了他的积极进取精神。

王夫之的变化日新思想运用到政治法律上即主张"趋时更新"，反对复古保守，一切典章制度、法律法令都应随着时代的发展而变化。他说："以古之制，治古之天下，而未可概之以今日者，君子不以立事；以今之宜，治今之天下，而非可必之后日者，君子不以垂法。"[2]他认为古代的典章制度、法律法令只能适应于古代社会，而今天的治国方法也不一定能适应于后代。"事随势迁，而法必变"，举凡一兴一废一繁一简，"因乎时而不可执也"。[3]在王夫之看来，法律法令的制定和变更，必须做到因时因地而异。他说："法者非一时非一人非一地者也……南北异地也，以北之役役南人，而南人之脆者死；以南之赋赋北土，而北土之瘠也尽；以南之文责北土，则学校日劳鞭扑；以北之武任南兵，则边疆不救危亡。"[4]

王夫之认为，当时业已腐朽的明朝统治者没有趋时更新的精神，死守祖宗成法，"守其故物，而不能日新，虽其未消，亦槁而死"。[5]

二、立法为公论

王夫之具有强烈的爱国主义精神，反对君主独裁，主张"公天下"。他批评历代君主把天下当作一家一姓之私产。在王夫之看来，"天下者，非一姓之私也"，[6]应当以公为重，"不可废天下之公"。[7]他以秦王朝为例说，秦朝寿命不长，那是由于秦朝统治者为其一家一姓考虑，不是

---

[1]《周易外传·系辞下传》。
[2]《读通鉴论》卷末。
[3]《读通鉴论》卷六。
[4]《读通鉴论》卷二。
[5]《思问录外篇》。
[6]《读通鉴论》卷十一。
[7]《读通鉴论》卷十四。

从公义出发，秦之所以获罪于万世者，"私己而已矣"。而历代封建统治者斥责秦始皇的私心，但同时又想子孙永保帝位，"又岂天下之大公哉"？[1]王夫之这种公天下思想反映在法律上就是主张立法为公。他说："帝王立法之精意寓于名实者，皆原本仁义，以定民意、兴民利，进天下以协于极，其用隐而化神。"[2]

"以天下论者，必循天下之公；天下非夷狄盗贼逆之所可尸，而抑非一家一姓之私也。"[3]由此可见，在王夫之思想中，"公"和"私"已经是界限清楚的两个不同概念。凡有关民众生死的一切大事都是公，而君主个人的权力或一姓的兴亡则为私，君主立法应当体现为天下之公的"精意"。为此，他主张君主"公财利""公爵禄"。君主不应私授爵禄，要"以天下之禄位公天下之贤者"，要"以公天下为心，以扶进人才于君子之涂为道"。[4]显然，这种立法为公论是具有积极意义的。

三、改革法律的主张

王夫之鉴于明末统治者昏庸腐败，法纪荡然，民心沮丧，深感"治道之裂，坏于无法"。他主张改革封建法律，对一系列法律问题阐述了自己的看法。

第一，律简刑清。王夫之反对法网繁密。若律外有例，例外有令，彼此可以旁通，那么官吏得以舞文弄法，意为轻重。虽有圣明的天子，谨慎的廷尉，"卒无以胜一狱吏之奸，脱无幸于陷阱"。因此，他主张小过不察，大罪不漏，做到律简刑清。他说："律简则刑清，刑清则罪允，罪允则民知畏忌，如是焉足矣。"[5]

第二，原情定罪。王夫之说："原情定罪，而罪有差等；饬法明伦，

---

[1]《读通鉴论》卷十一。
[2]《读通鉴论》卷二十二。
[3]《读通鉴论》卷末。
[4]《读通鉴论》卷三。
[5]《读通鉴论》卷二。

而法有轻重。"[1]他主张应当据理依法，予以处置。例如，同为杀人，但原因各异，不可一概而论。对于故意杀人，即"积忿深毒，怀贪竞势，乘便利而杀之者"，"应从刑故之条"；对于过失杀人，"有一朝之忿，虽无杀心，拳勇有余，要害偶中"，则应"慎赦过之典"。因此，作为司法官员应当善于按原情定罪，"岂可概之而无殊乎"？[2]

第三，关于故出入人罪。王夫之认为，司法官吏应据法理刑，则无故出入人罪，而刑狱平允。如违法悖理，故出入人罪，则为国法所不容。他以为在处理这类问题时，以宋制最为允当。他说："然考之宋制，故出罚轻而故入罚重，此王政也。"[3]但无论故出故入，各因受赃与否，分别从轻或加重论处。如果因故入而致人于死者，纵不抵罪，亦必终身禁锢，不得以任何名义滥予荐举。

第四，废除酷刑。实施死刑，是为了"止恶""惩恶"，是不得已而用之。王夫之说："夫刑极于死而止矣"，如果采用极端残酷的死刑手段，"枭之、磔之、轘之，于死者何加焉，徒使罪人之子孙，或有能知仁孝者，无以自容于天地之间……无裨于风化。"[4]

第五，不留狱。王夫之主张及时审理结案，"不留狱"，反对传统的秋冬行刑制度。他指出："留狱者，法之所为大扰也。留以俟秋冬，而枉直者交困于心而不能释，怨且由是而深，而变计滋起矣。"[5]

第六，君主也应受法律的约束。王夫之为限制君主和官僚贵族的特权，主张"法先自治以治人，先治近以及远"，[6]只有身居高位的当权者奉公守法，才能治理好国家。所以他强调上至君主，下至百官庶民，都应当用法律和道德的力量加以约束，即"以法相裁，以义相制，以廉相

---

[1]《读通鉴论》卷二十四。
[2]《读通鉴论》卷六。
[3]《噩梦》。
[4]《读通鉴论》卷十九。
[5]《读通鉴论》卷三。
[6]《读通鉴论》卷二十三。

帅，自天子始而天下咸受裁焉"。[1]

四、"严以治吏，宽以养民"说

明末残酷、黑暗的统治，激起了声势浩大的农民起义，最终埋葬了明王朝。王夫之是这一政治大变动的目击者。他总结历史经验，寻求救治社会的方案。他认为，历代封建统治阶级奉行儒家"宽猛相济"的统治方法是矫枉过正，从一个极端走向另一个极端，其结果必然是严重地伤害人民，不利于国家的治理。他说："夫严犹可也，未闻猛之可以无伤者。相对而为宽猛，则矫枉过正，行之不利而饬物者多矣。"[2]

在王夫之看来，统治者施政行法应当宽严结合，即对官吏从严，对百姓从宽。"严者，治吏之经也；宽者，养民之纬也；并行不悖，而非以时为进退者也……故严以治吏，宽以养民，无择于时而并行焉，庶得之矣！"[3]

王夫之所强调的"严以治吏"，主要是指严惩贪赃枉法之吏。他主张"惩有司之贪"，对于贪官污吏必须"以刑辟整绝之"。[4]特别是对于贪赃枉法的大官僚更要加重惩处。"严下吏之贪，而不问上官，法益峻，贪益盛，政益乱，民益死，国乃以亡；严之于上官，而贪息于守令，下逮于簿尉胥吏，皆啄息（动物用口呼吸）而不敢逞。"[5]

王夫之所谓"宽以养民"，主要是指对人民实行轻徭薄赋的政策。他明确提出："夫王者之爱养天下，如天而可以止矣；宽其役，薄其赋，不幸而罹乎水旱，则蠲征以苏之，开粜以济之。"[6]

对于统治者的横征暴敛，王夫之严加指责。他认为，"赋重而无等，

---

[1]《读通鉴论》卷十九。
[2]《读通鉴论》卷八。
[3]《读通鉴论》卷八。
[4]《黄书·原极》。
[5]《读通鉴论》卷二十八。
[6]《读通鉴论》卷二十九。

役烦而无艺",使农民"以有田为祸","自乐输其田于豪民"。[1]这样,国家社稷的前途就不堪设想了。

由上可知,王夫之"严以治吏,宽以养民"的思想主张,多半是前人都论述过的。但在特务政治公行、贪官污吏遍于国中的明清之际,这些内容仍不失为一种匡时救弊的良方,具有积极意义。

思考题

1. 简评黄宗羲的启蒙法律思想。
2. 王夫之"趋时更新"的变法主张表现在哪些方面?

---

[1]《宋论》。

第五编 鸦片战争至辛亥革命时期的法律思想

从1840年鸦片战争开始,到1919年五四运动,是我国旧民主主义革命时期,也是我国社会发生急剧变革的时代。

鸦片战争以后,中国社会的经济基础发生了深刻的变化。"中国封建社会内的商品经济的发展,已经孕育着资本主义的萌芽,如果没有外国资本主义的影响,中国也将缓慢地发展到资本主义社会。"[1]由于外国资本主义的侵入,破坏了中国自给自足的自然经济的基础,在客观上为中国资本主义的产生、发展创造了条件。

一些资本主义国家通过签订不平等条约,对中国进行侵略和掠夺,在沿海和内地一些城市创办了一些买办型的工业和企业。与此同时,买办阶级也随之产生。受其影响,我国的民族资本主义经济也开始出现。从19世纪下半期起,一部分地主、官僚、富商投资于近代工业,到1894年中日甲午战争时,商办的工厂企业已有100多家,资本总额500多万元。甲午战争之后,一些爱国人士为了抵制列强的经济侵略,纷纷设厂自救,于是出现了民办工业的高潮。这种微弱的民族资本主义经济,一开始就受到外国资本主义和中国封建势力的压制。然而,它的产生具有重大意义。因为由此而产生的新的资本主义的生产关系,是资产阶级改良主义思潮赖以存在和发展的经济基础。从此,新兴的民族资产阶级开始活跃起来。

中国近代社会的阶级关系和阶级矛盾,是错综复杂的。原有的封建主义和人民大众的矛盾依旧存在,又加上资产阶级和无产阶级的矛盾,更有帝国主义和中华民族的矛盾。这些矛盾一直贯穿于整个中国半殖民

---

[1]《毛泽东选集》第1卷,第589页。

地半封建社会。这些矛盾及其变化,是考察和了解近代法律思想的出发点。

这个时期法律思想的发展,大致可分为下列几个阶段:

第一,鸦片战争时期。外国资本主义势力的侵入,激起了中国人民的强烈反抗,在人民大众反侵略斗争的推动和影响下,从封建统治阶级中分化出来一部分比较开明的地主官僚知识分子,其代表人物是龚自珍、魏源、林则徐等人。他们抵抗外来侵略势力,揭露社会黑暗,批判腐朽的封建政治法律制度,提倡社会改革;他们又主张了解外国,学习西方,"师夷之长技以制夷";并倡导因"势"变法,立法必须"便民""利民"。他们是近代第一批睁眼看世界的先进人物,是地主阶级改革派。当然,他们在政治上并没有突破封建制度的限制。

第二,太平天国革命时期。1851年,爆发了声势浩大的太平天国农民革命运动,揭开了反帝反封建的民主革命的序幕。农民起义领袖洪秀全领导千百万农民同清朝封建专制统治进行了坚决斗争,建立了农民革命政权;颁布了《天朝田亩制度》,提出了废除封建土地所有制的土地立法主张;制定了一系列法律法令,实行重刑惩罚主义;要求平等,建立一个没有剥削没有压迫的理想社会。太平天国后期,主持朝政的洪仁玕制定了带有资本主义性质的施政纲领——《资政新篇》,较完整全面地阐述了发展资本主义的思想,提出了一些实行资产阶级法制的主张。

第三,洋务运动时期。第二次鸦片战争后,外国侵略者加紧了对中国的经济政治和文化的侵略。在封建统治集团内部,出现了洋务派和顽固派的分化。洋务派的代表人物如曾国藩、李鸿章、左宗棠、张之洞、刘坤一等,都是掌握实权的封疆大吏。洋务派提出"自强""求富"的主张,开展了以创办近代军事工业和民用企业为内容的洋务运动。他们主张,在不违反封建纲常的前提下,可以"采西法以补中法之不足";他们维护以"三纲"为核心的纲常名教,法律也要以纲常名教为本源;他们倡导以"礼让为国",对人民实行"宽猛相济"的两手策略。

第四,戊戌变法时期。中日甲午战争后,帝国主义掀起了瓜分中国领土的狂潮。在民族危亡的紧急关头，从19世纪七八十年代出现的资产阶级早期改良主义思潮，迅速发展成为一场规模浩大的政治运动和思想解放运动——戊戌变法运动，其主要代表人物是康有为、梁启超、谭嗣同、严复等人。资产阶级改良派为了救亡图存，提出了变法维新的口号，其实质在于变封建主义为资本主义。他们主张改革政体，实行君主立宪；学习西方，实行资产阶级法制，改订旧律，实施新法。他们代表资产阶级上层的利益，希望通过改良的道路，幻想依靠一个"英明"的皇帝来实现自上而下的变法改革。但在近代中国，改良的道路是注定走不通的。

第五，辛亥革命时期。戊戌变法失败后，改良主义思潮日趋没落。从19世纪末至20世纪初，在中国民族资本主义得到进一步发展的基础上，形成了一支资产阶级、小资产阶级知识分子队伍，并领导了日益兴起的资产阶级革命运动，其主要代表人物是孙中山、章太炎、黄兴、邹容等人。资产阶级革命派主张通过暴力革命，推翻清政府的反动统治。其倡导三民主义，并以三民主义作为其政治纲领，并同资产阶级改良派进行论战，批判改良派反对暴力革命、不能实行民主共和等谬论。他们宣传资产阶级民主主义思想，主张实行五权宪法，最后领导人民推翻了清王朝，埋葬了在中国延续2000多年的封建君主专制制度，建立了中华民国。中华民国建立后，又制定了《中华民国临时约法》和一系列法律法令，要求实施资产阶级法治，保障人民的民主自由。

第十五章

近代地主阶级改革派的法律思想

内容分析和要点提示

本章主要阐述了近代地主阶级改革派的法律思想。学习时应着重掌握龚自珍的"更法改图"和魏源的"因势变法""师夷长技以制夷"的思想，后者是学习的重点。近代地主阶级改革派是在农民起义和人民群众反侵略斗争的推动和影响下，从地主阶级内部分化出来的一批改革思想家。他们有改革时弊的强烈愿望，但又有较大的局限性，学习时应注意掌握这一特点。

本章的基本知识、基本理论有：（1）龚自珍批判封建法律制度和"更法改图"思想。（2）龚自珍的国家、刑法、礼乐起源于农说。（3）龚自珍的"不拘一格降人才"思想。（4）龚自珍以重典禁烟的主张。（5）林则徐以重法禁烟的主张。（6）魏源抨击封建君主专政，赞赏西方政治法律制度的思想。（7）魏源"变古愈尽，便民愈甚"的变法论。（8）魏源的民主议政主张。（9）魏源的广收人才、"治法在人"的主张。（10）魏源"师夷长技以制夷"的主张。

本章的基本概念有：（1）"更法改图"。（2）"不拘一格降人才"。（3）"变古愈尽，便民愈甚"。（4）"治法在人"。（5）"师夷长技以制夷"。

第一节 鸦片战争时期的中国社会与近代地主阶级改革派法律思想概述

鸦片战争前几十年，清朝封建统治的危机日益严重。由于土地高度集中，吏治腐败，统治阶级奢侈腐化，人民生计艰难，社会阶级矛盾日益激化，农民革命的暴风雨不断冲击着清王朝。此时的清王朝已处于"日之将夕"，进入了"衰世"。

当时，土地兼并严重，中小地主和一部分自耕农纷纷丧失土地，社会生产衰败。据统计，不少地主占地达 3000 亩以上；官僚贵族更是占田无限，有的高达几十万亩。如乾隆朝宰相和珅得宠 20 年，占有土地 80 多万亩，拥有财产折银多达 8 万万两，相当于当时五年的国库收入。而广大农民遭受沉重的剥削，饥寒交迫，"场功既毕，米谷随尽，至有以糠秕糊口者。故佃户有不可终日之势"。[1]

清王朝由于军需、宗室俸禄、皇室享用等开支的大量增加，财政日益拮据。统治者遂采取卖官鬻爵的办法来解决财政困难，而买官者一旦入仕，即拼命搜刮，无所不用其极。"三年清知府，十万雪花银"，正是清朝吏治窳败的生动写照。

地主阶级残酷的经济剥削和政治压迫，迫使农民纷纷揭竿而起。如 1796 年爆发了历时 9 年、转战五省（鄂、川、陕、豫、甘）的白莲教农民起义。1813 年又爆发了一度杀进北京皇宫的天理教农民起义。这些起义虽然都被镇压下去了，却有力地打击了清王朝的封建统治。

正当清王朝危机四伏、风雨飘摇的时候，英国加紧向中国输送鸦片，并于 1840 年发动了鸦片战争；自此以后，资本主义列强相继侵入，中华民族和外国侵略者的矛盾更加突出。本来已经腐朽不堪的清朝封建统治，陷入了更加深重的社会危机之中。

清朝封建统治的腐朽，反映在思想文化领域，则是以宣扬封建的

---

[1]（清）彭翊：《无近名斋杂著·一得刍言》。

"三纲五常"为核心的程朱理学，朱熹的《四书集注》广为刊行，成为科举考试的必读教材，社会上形成了一种"非朱子之传义不敢言"的局面。同时，清朝统治者大兴文字狱，迫使许多知识分子"束发就学，皓首穷经"，埋头于古文纸堆中，从事古代典籍的训诂、校勘、辨伪、辑佚等工作，不敢接触实际的政治问题，不敢谈论现实。自乾嘉之后，到鸦片战争前这一段时期，思想界一直为这种脱离实际、专注于烦琐考证的"正统"汉学所统治，失去了明清之际那种生气蓬勃的战斗精神。

然而，在深重的社会危机刺激下，从封建统治营垒中分化出一批地主阶级改革派，其代表人物是龚自珍、林则徐、魏源等人。他们的法律思想的主要内容如下：

第一，"更法改图"，因势变法。改革派认为清王朝以"不可破之例"束缚官民，动弹不得。而"一祖之法无不蔽"，自古以来，"法无不改""事例无不变迁"。历史的进化是一种客观的必然趋势，法令制度必须随着时势的变化而变化，"变古愈尽，便民愈甚"。

第二，"不拘一格降人才"，治法在人。改革派认为必须改革腐朽的科举制度，依靠迅雷般的社会大变动，冲破"万马齐喑"的沉闷局面，"不拘一格降人才"。而选任执法人才尤为重要，"不难于立法而难得行法之人"。

第三，禁绝鸦片，宜用重典。改革派主张运用法律手段，使用重典，以禁绝种植、贩运和吸食鸦片，表现出强烈的爱国主义精神。

第四，"师夷长技以制夷"。改革派主张学习西方资本主义先进的科学技术，制造新式武器，以达到战而胜之的目的。这是一个十分重要的问题，"善师四夷者，能制四夷；不善师外夷者，外夷制之"。

第二节 龚自珍的"更法改图"思想

龚自珍（1792—1841），又名巩祚，字璱人，号定庵，浙江仁和（今杭州市）人，出身于官僚地主家庭。他自幼受到经学、文学的熏陶，曾随段玉裁学习文字学。从 1810 年 19 岁起开始参加科举考试,接连失败,直到 27 岁第五次参加考试时才考中举人。这几年里,他曾任武英殿校录,故有机会阅读国家的图书典籍。他又因跟随父亲调任,奔走南北,目睹了不少官场内幕和下层人民的生活情况。1813 年起,他开始写作政论,如《明良论》《乙丙之际著议》《平均篇》等。28 岁时,他参加会试落第,遂从经学家刘逢禄学习"公羊学",接受"经世致用"的思想,寻找"更法改图"的理论根据。他 38 岁中进士,历任宗人府主事、礼部主事等闲职,"困阨下僚",无法实现自己的政治抱负。48 岁时,他辞官南下,1841 年病逝于江苏丹阳云阳书院。著有《定庵文集》,今人辑有《龚自珍全集》。

一、"更法改图"思想

龚自珍生活在清朝嘉庆、道光年间。这正是中国封建社会开始崩溃,西方资本主义开始侵入,农民起义蓬勃发展的年代。时代的洪流推动龚自珍注意和考虑当时的社会现实,走上了要求"更法改图"改革现状的道路。

对清王朝腐朽的封建专制的揭露和批判,是龚自珍思想的特点。这一特点也体现在他的法律思想之中。

龚自珍猛烈抨击清王朝政治的衰朽腐败,认为当时的社会已经走向没落的"衰世",好像一个气息奄奄的人一样,整个社会像一个满身疥癣、病势沉重的人。"卧之以独木,缚之以长绳,俾四肢不可以屈伸,则虽甚痒与其痛,而益冥心息虑以置之耳。何也?无所措术故也。"[1]这实际上也是对君主专制的批判。

龚自珍对清朝法制的批判也是比较深刻的。清朝统治者制定和运用苛刻繁杂的律令去约束和控制臣民;而刑狱之吏贪赃枉法,出入人罪的现象比比皆是,人民处于水深火热之中。

---

[1]《龚自珍全集·明良论四》。

龚自珍认为，清王朝已经到了非加以改革不可的地步了。他提出了"事无不变"的观点，作为"更法改图"的根据。他说："古人之世，儵（疾速的意思）而为今之世；今人之世，儵而为后之世，旋转簸荡而不已。"[1]又说："自古及今，法无不改，势无不积，事例无不变迁，风气无不移易。"[2]更法是历史的必然。

当时，以嘉庆皇帝为首的顽固派却死守"一祖之法"，反对任何改革。面对这种现实，龚自珍尖锐地指出，"一祖之法无不敝"，力主更法。他警告清朝统治者，如果死抱着"一祖之法"不放，别人势必起来取而代之，进行猛烈的改革。"一祖之法无不敝，千夫之议无不靡，与其赠来者以劲改革，孰若自改革？抑思我祖所以兴，岂非革前代之败邪？前代所以兴，又非革前代之败耶？"[3]所以说，还不如自己主动进行改革较为有利。

怎样进行"更法改图"呢？龚自珍主张仿古法而行之，"药方只贩古时丹"，认为这样做"正以救今日束缚之病，矫之而不过，且无病，奈之何不思更法"？[4]他主张冲破腐朽的典章制度的束缚，认为在繁杂的"不可破之例"的束缚下，即使像管仲、诸葛亮那样有才能的人，"犹不能一日善其所为"，何况那些"本无性情，本无学术"的官僚呢？龚自珍主张，皇帝只"总其大纲大纪"，应放松对臣下的束缚，"但责之以治天下之效，不必问其若之何而以为治"，让他们做自己应该做的事情，履行自己的职责，不要过多地加以干预。

龚自珍虽然大声疾呼"更法改图"，但并不要求对清朝政治法律制度作根本性的改革。而且，他还认为改革"不可以骤"，以免人民群众对旧制度冲击得太厉害，以致损害地主阶级的根本利益。

龚自珍"更法改图"的思想是为了"补天"，基本上没有超出封建

---

[1]《龚自珍全集·释风》。
[2]《龚自珍全集·上大学士书》。
[3]《龚自珍全集·乙丙之际著议第七》。
[4]《龚自珍全集·明良论四》。

主义的范围。但在"避席畏闻文字狱，著书都为稻粱谋"的社会中，他敢于开创议论时政的风气，揭露清朝统治的黑暗腐朽，宣传改革政治的主张，在当时确实起到了振聋发聩的作用，对清末思想界发生了重大影响。正如梁启超所说："晚清思想之解放，自珍确与有功焉。"[1]

二、"不拘一格降人才"说

龚自珍认为，清朝官僚集团庸碌无为的重要原因之一，是腐朽的科举制度："今世科场之文，万喙相因，词可猎而取，貌可拟而肖"[2]。这种制度严重地扼杀和摧残人才。因此，龚自珍改革时弊的主张，往往集中到一个基点上，即人才问题。他希望在用人问题上作一番大的改变，使人们从故纸堆中走出来，扭转"万马齐喑"的沉闷局面。他说："九州生气恃风雷，万马齐喑究可哀。我劝天公重抖擞，不拘一格降人才。"[3]要打破死气沉沉的局面，使中国富有生气，只有依靠疾风迅雷般的社会大变动。

龚自珍对清王朝选官任官时论资排辈的弊端作了充分的揭露，认为这种制度助长了腐朽势力，窒息了新生力量。"累日以为劳，计岁以为阶。"熬上一定的年头，就能逐步升迁官职。"今之士进身之日，或年二十至四十不等，依中计之，以三十为断。翰林至荣之选也，然自庶吉士至尚书，大抵须三十年或三十五年；贤智者终不得越，而愚不肖者亦得以驯而到。此今日用人论资格之大略也。"[4]

这种提拔官吏论资格、排辈分的办法必然造成严重的后果，即有才能的人因资历限制，不能迅速提升，而碌碌无为的人混到一定年数，也能晋升高官。龚自珍迫切要求改变这种状况，极力反对用人"限以资

---

[1]《清代学术概论》。
[2]《龚自珍全集·与人笺》。
[3]《龚自珍全集·己亥杂诗》。
[4]《龚自珍全集·明良论三》。

格"。他指出:"当今之弊,抑或出于此,此不可不为变通者也。"[1]

龚自珍还进一步揭露封建名教已经成为摧残、扼杀人才的工具。在这个封建衰世里,如果出现有才能的,就会被歧视,被杀戮。"当彼其世也,而才士与才民出,则百不才督之缚之,以至于戮之。戮之非刀、非锯、非水火;文亦戮之,名亦戮之,声音笑貌亦戮之……其法亦不及要(腰)领(颈),徒戮其心,戮其能忧心、能愤心、能思虑心、能作为心、能有廉耻心、能无渣滓心。"[2]这就是用软刀子杀人,用传统思想和社会舆论来束缚他们,摧残他们。

三、禁绝鸦片"宜用重典"的主张

鸦片战争前,龚自珍就指出鸦片对中国社会有相当的危害,主张禁绝鸦片。

1823年,龚自珍在《阮尚书年谱第一序》中,就揭露英国侵略者对中国的欺诈和威胁,主张积极备战,抵抗侵略。他说:"近惟英夷,实乃巨诈,拒之则扣关,狎之则蠹国;备戒不虞,绸缪未雨,深忧秘计,世不尽闻。"1836年,他又著文指出,要"自诛食妖,以肃津梁",[3]只有杜绝吸食鸦片,才能禁止鸦片进口。

1838年,林则徐赴广东查禁鸦片前夕,龚自珍写下了充满爱国主义的《送钦差大臣侯官林公序》,集中表现了他的禁烟思想。在序文中,龚自珍严厉地驳斥了投降派"必毋用兵",对侵略者讲宽大的谬论,主张用武力抵抗侵略者。他认为这种抵抗是"驱之,非剿之",因而是正义的,绝不是什么"开边衅"。他建议林则徐到广东"宜以重兵自随","多带巧匠,以便修整军器",做好反侵略的准备。

特别值得提出的是,龚自珍接受中国传统的"刑乱邦用重典"的思

---

[1] 《龚自珍全集·明良论三》。
[2] 《龚自珍全集·乙丙之际著议第九》。
[3] 《龚自珍全集·赠太子太师兵部尚书两广总督谥敏肃涿州卢公神道碑铭》。

想，在上述序文和《农宗篇》等文中，主张运用法律手段，使用重典，以禁绝种植、贩运和吸食鸦片。具体主张如下。

种植鸦片者斩首，并在田头示众，同时将其"三族"内的亲属都沦为官奴。即，"诛种艺食妖辣地膏者，枭其头于陇，没其三族为奴。"）

贩卖和制造鸦片者斩首，即，"贩者、造者宜刿脰（dòu，颈项）诛！"

吸食鸦片者处绞刑，即，"其食者宜缳（绞索）首诛！"

对官吏、幕僚、说客、商人、绅士中那些狡猾奸诈，招摇撞骗，貌似老成而实际是迂腐愚拙并反对禁烟的人，应该杀一儆百。[1]

这些主张，既反映了龚自珍的爱国思想，也反映了他注重发挥法律的惩戒作用，并以此禁绝鸦片。

第三节 林则徐以重法禁烟的主张

林则徐（1785—1850），字元抚，一字少穆，晚号竢村老人，福建侯官（今闽侯）人。他是我国近代史上反抗帝国主义侵略的民族英雄和著名政治家、军事家。1811年中进士，任庶吉士，散馆后授编修。1820年初，林则徐由翰林外放江南道监察御史，四月放杭嘉湖道，此后曾担任过盐运使、按察使、布政使、巡抚、总督等职。1837年至1838年期间，他在湖广总督任内严禁鸦片取得成效。1839年年初，他被任命为钦差大臣前往广东查禁鸦片，迫使英、美烟贩缴出鸦片237万多斤，在虎门海滩当众销毁。1840年1月，林则徐接替邓廷桢为两广总督。在广州期间，为了对付侵略者，他"日日使人刺探西事，翻译西书，又购其新闻纸"，自编《四洲志》，是封建统治阶级中睁眼看世界的第一人。由于受到投降派的攻击，林则徐竟被加上"误国病民，办理不善"的罪名，受到革职查办处理，充军伊犁。1845年被重新起用，署陕甘总督。次年授陕西巡

---

[1]《龚自珍全集·送钦差大臣侯官林公序》。

抚。1848年调任云贵总督，1849年因病辞职返回原籍。1850年太平天国革命爆发前夕，被再度起用为镇压广西农民起义的钦差大臣，在广东潮州途中病逝。

林则徐所遗留下来的著述，主要是奏稿和公牍，辑为《林文忠公政书》《云左山房文钞》《信及录》等书。今人编有《林则徐集》。

一、以重法禁烟的思想与实践

林则徐一贯主张严厉禁烟。早在1833年，当鸦片烟毒流行，日甚一日的时候，林则徐心急如焚，大声疾呼："鸦片以土易银，直可谓之谋财害命……其为厉于国计民生，尤堪发指。"并拟定了一套惩治办法，坚决表示："令在必行，法无虚立，庶可杜根株而除大害。"[1]

1838年，林则徐在湖广总督任上，反复陈述鸦片之害，如果仍容忍鸦片流入，那无异于"藉寇资盗"。他尖锐地指出："若犹泄泄（弛缓）视之，是使数十年后，中原几无可以御敌之兵，且无可以充饷之银，兴思及此，能无股栗！"[2]

此后，他还明确表示："若鸦片一日未绝，本大臣一日不回，誓与此事相终始，断无中止之理。"[3]

林则徐这位禁烟派的领袖，坚决主张以重法禁烟。他认为，法之轻重，应"以弊之轻重为衡"，当鸦片未盛行的时候，吸食者不过本身受害。当鸦片流毒于天下时，那就危及国家和民族的生存，所以要用重法加以禁绝。他说："诚使中外一心，誓除此害，不惑于姑息，不视为具文，将见人人涤虑洗心，怀刑畏罪。先时虽有论死之法，届期并无处死之人。即使届期竟不能无处死之人，而此后所保全之人且不可胜计，以视养痈贻患，又孰得而孰失焉？夫《舜典》有怙终贼刑之令，《周书》有群饮拘杀之条，古圣王正惟不乐于用法，乃不能不严于立法。法之轻重，

---

[1]《林则徐集·奏稿·查议银昂钱贱除弊便民事宜折》。
[2]《林则徐集·奏稿·钱票无甚关碍宜重禁吃烟以杜弊源片》。
[3]《林则徐集·公牍·谕各国商人呈缴烟土稿》。

以弊之轻重为衡，故曰刑罚世轻世重，盖因时制宜，非得已也。当鸦片未盛行之时，吸食者不过害及其身，故杖徒已足蔽辜。迨流毒于天下，则为害甚巨，法当从严。"[1]毫无疑问，这种以重法禁绝鸦片的主张是完全正确的。它主要是针对以下三种人：

第一是鸦片贩子，其中包括外国侵略者。1838年，林则徐发布《谕英吉利国王檄》，严厉斥责英商贩卖鸦片，危害中国，所以中国严禁鸦片进口。

林则徐从这种严禁鸦片的正义立场出发，坚持对包括外国鸦片贩子等在内的不法之徒予以严惩。他要外国商人具结：以后来船永远不夹带鸦片；如有夹带，一经查出，"货尽没官，人即正法"。同时，林则徐还认为，外商走私鸦片，一定要与国内鸦片贩子勾结。"若无内奸，则夷人与华人言语不通，耳目不习，虽有鸦片，安能不胫而走，故新例最重通夷潜卖之罪"，所以"必严拿汉奸"。林则徐根据法律规定，要求"沿海奸徒勾通外夷潜卖鸦片烟土入口，囤积发卖图利，一经审实，首犯拟斩立决，恭请王命，先行正法，仍传首海口地方，悬竿示众。知情受雇之船户，拟绞监候，房屋船只一律入官"。[2]以此严惩了一批鸦片贩子。

第二是因鸦片走私而受贿的官吏。林则徐说，衙门中吸食鸦片者最多，如幕友官亲长随书办差役，"嗜食鸦片者十之八九，皆力能包庇贩卖之人，若不能从此严起，彼正欲卖烟者为之源源接济，安肯破获以断来路？是以开馆应拟绞罪，律例早有明条，而历年未闻绞过一人，办过一案，几使例同虚设，其为包庇可知"。[3]对于这些包庇走私鸦片的官吏，必须严惩不贷。

第三是鸦片吸食者。林则徐认为，如果仅仅只是严惩鸦片贩子和包庇走私鸦片的官吏，那是很不够的。"譬之人家子弟在外游荡，靡恶不为，徒治引诱之人而不锢其子弟，彼有恃无恐，何在不敢复犯？故欲令

---

[1]《林则徐集·奏稿·钱票无甚关碍宜重禁吃烟以杜弊源片》。
[2]《林则徐集·奏稿·拿获通英售卖鸦片犯条条惩办折》。
[3]《林则徐集·奏稿·钱票无甚关碍宜重禁吃烟以杜弊源片》。

行禁止,必以重治吸食为先。"[1]他建议,百姓吸食者处死刑,官吏加等处罪。

为了扫荡鸦片流毒,林则徐曾刊刻了《禁烟章程十条》,颁发广东全省遵照实行。此章程对吸食、贩卖、贪污、徇隐之人均定有罪名,切中时弊,收到了良好的效果。

二、维新改良的意向

林则徐在进行反侵略斗争的同时,也做了不少发展民族经济的工作,提出了一些反映民族资本主义发展要求的具有维新改良思想意向的主张。这突出地表现在两个方面,一是鼓励发展民族工商业,二是倡导学习西方。这两个方面,实际上成为维新改良思想的前驱。

(一) 鼓励发展民族工商业的思想

鸦片战争之后,中国的政治经济发生了急剧的变化。原来处于萌芽状态的民族工商业,这时在外国资本主义的刺激下,渐渐地抬起头来,一部分地主商人要求发展民族资本主义的愿望趋于强烈。林则徐颇受影响。1850年他获准离开新疆入关后,觉察到这种势头,并看到陕西、甘肃等地方"商办亦甚疲乏",即积极地建议,要保护商民的利益,帮助他们搞好货物和资金的周转。[2]后来,在云贵期间,他留心考察了商民开矿的情形,提出了"藏富于民"的主张。他说:"有土有财,货源恶其弃于地;因利而利,富仍藏之于民。"为此,他上奏章,建议允许商民开发矿山,以便"裕国足民,利用厚生","召集商民,听其朋资伙办,成则加奖"。[3]在当时的历史条件下,林则徐的主张未被采纳,但其进步意义是应该肯定的。

(二) 学习西方的先进科学技术

学习西方,是中国近代史上一切先进的中国人、一切想要维新救国

---

[1]《林则徐集·奏稿·钱票无甚关碍宜重禁吃烟以杜弊源片》。
[2]《林则徐集·奏稿·覆部议详核捐输经费折》。
[3]《林则徐集·奏稿·查勘矿厂情形试行开采折》。

的人们的共同理想和所追求的唯一途径。"救国——维新——学习西方",这是当时新派人物所走道路的模式。林则徐是主张走这条道路的开创者。他之所以这样做有两个原因:其一,外国资本主义的入侵,改变了中国封建社会独立自主的局面,出现了空前的民族危机,推动他不得不重新审时度势,把眼光扩展到世界。其二,清朝的吏治极其腐败,引起了地主阶级统治的危机。清朝统治阶级在外国资本主义的入侵面前,昔日"天朝大国"的威风扫地以尽。这使林则徐认识到,必须彻底冲破"天朝大国"的迷信,抛弃陈旧迂腐的观念,改变闭关锁国的状态,向西方学习,改造落后的中国,才能恢复大国的实力和尊严。

在当时的历史条件下,林则徐向西方学习的内容主要限于技术方面和知识了解方面。这在当时已经是很不容易的了。

林则徐在抗击斗争中,看到了外国武器、技术的先进,产生了了解外国,汲取外国技术长处的想法。为了了解外国,他很重视翻译西方书报。在他亲自主持和指点之下,出版了一批近代最早的涉外的书报,如《四洲志》《澳门新闻纸》《澳门月报》《华事夷言》等。这些书报的出版,对社会的进步,文化思想的开放起了积极作用。

由于反侵略战争的需要,林则徐特别重视学习、引进西方的军事技术和装备,并为我所用。1840年年初,他从西方购买大炮6门,仿照研制。从美国商人手中购买到英制商船改装为战舰。当时外人评价林则徐这种做法是"变自由贸易有利于己"。[1]这是符合事实的。

林则徐向清朝政府报告说:"设法密购西洋铜炮,及他夷精制生铁大炮,自五千斤至八九千斤不等,务使利于远攻。"他在引进西方技术时,还注意自己制造船炮。他要求:"制炮必求极利,造船必求极坚。"1840年4月,由他主持仿造、改制的三只双桅船,曾在广州下水。他在协理浙江军务的时候,曾帮助嘉兴县制造车轮战船。同时,他还主持制成了四轮车式炮车和威力相当于10门普通大炮火力的炸炮。

---

[1] [英]杰克·比钦:《中国鸦片战争》,三联书店1975年版。

林则徐引进西方技术，加强海防、边防，其主要目的在于富国强兵，以抵御外国帝国主义的侵略，其进步意义是显而易见的。此外，在客观作用上，其使人们打开了眼界，看到了资本主义生产方式比封建生产方式具有优越性。这有利于人们思想的解放，有利于资本主义的发展和封建制度的瓦解。

第四节　魏源的因势变法论

魏源（1794—1857），字默深，湖南邵阳人，中国近代著名的思想家和史学家。他出身于中小地主官僚家庭，15岁中秀才。1814年，魏源21岁时随父至京城，从刘逢禄治《公羊春秋》，并与龚自珍、林则徐结识，共同研究学问，谈论时政。1822年考中举人，以后屡试不第，直到1845年才考中进士。曾做过内阁中书、江苏东台、兴化县知县、两淮盐运司海州分司运判和高邮州知州等官职。其晚年辞去官职，避居兴化、杭州，研究佛学。1857年病逝于杭州。魏源的著作很多，主要有《古微堂集》《元史新编》《老子本义》等多篇。其短篇论著和诗篇，现编为《魏源集》。

魏源的思想和龚自珍很接近，都比较重视现实政治社会问题，所以当时有"龚魏"之称。但他比龚自珍多活了15年，亲身经历了鸦片战争的全过程，亲眼看到清王朝在外国侵略者面前屈膝投降的丑恶行径，看到了社会危机的加深。这就使他的思想比龚自珍、林则徐等人的思想有更新的内容。

一、因势变法论

19世纪的清王朝已从乾嘉盛世转向中衰，官吏贪污腐化，财政空虚，国事日弱。魏源洞察清王朝的积弊甚深，非奋发图强，就难以存在下去，他说："凡有血气者所宜愤悱，凡有耳目心知者所宜讲画。"〔1〕从这种摆脱社会危机和拯救国家的思想出发，他主张变法改革。

魏源变法改革主张的重要理论根据是历史进化论。他认为，世界上没有什么永恒不变的事物，天地万物和人类社会都是不断变化发展的，历史的进化是一种客观的必然趋势。"势则日变而不可复者也。"谁也不应违反这种客观事物发展的必然趋势。"古乃有古。执古以绳今，是为诬今；执今以律古，是为诬古。诬今不可以为治，诬古不可以语学。"〔2〕

从这种变化发展的观念出发，魏源提出"变古愈尽，便民愈甚"〔3〕的变法思想。他认为："天下无数百年不弊之法，亦无穷极不变之法，亦无不除弊而能兴利之法，亦无不易简而能变通之法。"〔4〕他列举历代关于赋税、选举、劳役、兵役等制度不断变革的事实，说明法令、制度也随着"势"的变化而变化，这是历史自身发展的法则。治理国家不一定要用相同的方法，只要有利于人民就行。"天下事，人情所不便者，变可复；人情所群便者，变则不可复。江河百源，一趋于海，反江河之水而复归之山，得乎？履不必同，期于适足；治不必同，期于利民。"〔5〕

魏源还认为，后代的法令、制度比古代进步。"后世之事，胜于三大者三大端：文帝废肉刑，三代酷而后世仁也；柳子非封建，三代私而后世公也；世族变为贡举，与封建之变为郡县何异？"〔6〕"时愈尽，势愈切。"〔7〕所以，他极力反对那种"执古""泥法"而不知随"势"的变法者，怒斥他们是"读周、孔之书，用以误天下"的庸儒。〔8〕

怎样改革，变些什么"法"呢？魏源认为，现有的法令、制度本身没有大的问题，要变的是：必须讲求行法之人，除去法外的弊端。"不难

---

〔1〕《海国图志叙》。
〔2〕《魏源集·默觚下·治篇五》。
〔3〕《魏源集·默觚下·治篇五》。
〔4〕《魏源集·筹鹾篇》。
〔5〕《魏源集·默觚下·治篇五》。
〔6〕《魏源集·默觚下·治篇九》。
〔7〕《魏源集·皇朝经世文编叙》。
〔8〕《魏源集·默觚下·治篇五》。

于立法而难得行法之人……君子不轻为变法之义，而惟去法外之弊，弊去而法仍复其初矣。不汲汲求立法，而惟求用法之人，得其人自能立法矣。"[1] 可见，魏源所重视的并不是废旧法立新法，而是除去"法外之弊"。他在任幕府参议政事时，就特别注意漕运、盐税、水利三大财政问题，主张以海运代替漕运，以票盐制代替包商制，让黄河从故道大清河入海。在他看来，"天下无兴利之法，去其弊则利自兴矣"。[2] 魏源的变法，只是进行"衣垢必澣，身垢必浴"的点点滴滴的改良，根本没有触及封建统治制度，也没有以新法代旧法，仿行西方资产阶级政治法律制度的要求。所以说，他的这种变法主张所产生的作用是很有限的，但在当时因循守旧恶浊空气的笼罩下，魏源的变法主张仍有一定的进步意义。

二、民主议政说

魏源在一定程度上认识到人民的力量和智慧，主张民主议政，广开言路，显示出封建末世早期民主思想的特色。

在魏源看来，人是天地间的精华，在有生命的东西中，人是最宝贵的。"天地之性人为贵。天子者，众人所积而成。而侮慢人者，非侮慢天乎？人聚则强，人散则尪（wāng 汪），人静则昌，人颂则荒，人背则亡。故天子自视为众人中之一人，斯视天下为天下之天下。"[3] 这里，魏源看到了人民的智慧，看到了人民的力量不可侮，并把帝王视为众人中之一人，国家是所有老百姓的国家。从这些观点来看，不管他的主观愿望如何，客观上确实是向封建末世的君权的挑战。

魏源还把国家比作一个人的整体。"后元首，相股肱，诤臣喉舌。然则孰为其鼻息？夫非圣人欤？九窍、百骸、四支（肢）之存亡，视乎鼻息。口可以终日闭，而鼻不可一息柅（nǐ，遏止的意思）。古圣帝明王，

---

[1]《魏源集·默觚下·治篇四》。
[2]《魏源集·筹鹾篇》。
[3]《魏源集·默觚下·治篇三》。

惟恐庶民之不息息相通也，故其取于臣也略，而取与民也详。"[1]

魏源认为，人们要想对事物有正确的认识，就要广征博采，"合四十九人之智，智于尧、舜"，做皇帝的更应是这样。所谓"师箴、瞍赋、矇诵、百工谏、庶人传语、士传言"，等等，都是为了使人民的"公议无不上达"，"于以明目达聪"。[2]从而使皇帝成为明智的统治者，将相成为皇帝的得力助手。

在广泛听取人民意见方面，魏源主张皇帝应当做到"执两为兼听，而不以狐疑为兼听"。[3]因为大家议论纷纭，意见高明与否，皇帝"当以达聪为独断，而不以臆决为独断也"。他还用形象的比喻来说明高明的人应当广泛听取意见："受光于隙见一床，受光于牖见室央，受光于庭户见一堂，受光于天下照四方。君子受言以达聪明也亦然。"[4]

显然，在"万马齐喑"的清朝后期，魏源这种民主议政、广开言路的主张，对于统治阶级禁锢思想、堵塞言路的野蛮专制统治是有力的一击，实属难能可贵！

三、治法在人说

魏源主张任人唯贤，慎选执法人才。他认为法律作为一种工具，如同射箭时用的弓一样。有了弓，未必能射中目标，关键在于射手的技能；有了法律，也不一定能治理好国家，关键在于治法之人。他说："弓矢，中之具也，而非所以中也；法令，治之具也，而非所以治也。"[5]在魏源看来，法律既可以治天下，也可以害天下。正如同药物可以治好病人，也可以杀死活人一样，法律的运用也具有这种二重性。法律运用适当，可以达到治理国家的目的，运用不适当，反而有害于国家。"医之活人，方

---

[1]《魏源集·默觚下·治篇十二》。
[2]《魏源集·默觚下·治篇十二》。
[3]《魏源集·默觚下·治篇六》。
[4]《魏源集·默觚下·治篇十二》。
[5]《魏源集·默觚下·治篇四》。

也；杀人，亦方也。人君治天下，法也；害天下，亦法也。"[1]从历史经验来看，有些弊政并不是法律本身的毛病，而是执法官吏不良所引起的，因此魏源特别强调慎选执法人才。他说："不难于立法而难得行法之人。青苗之法，韩琦、程伯子所部必不至厉民；周家彻法，阳货、荣夷公行之，断无不为暴……买公田省饷之策，出于叶适，而贾似道行之，遂以亡国。"[2]同一种法，不同的人去执行，其结果迥异，这说明慎选执法人才极为重要。很明显，魏源的这些思想主张，受到儒家"有治人，无治法"的传统思想的影响。在法与人这二者之间，他更重视后者而不是前者。

然而，鸦片战争失败后，魏源在认真研究西方资产阶级法治经验之后，开始从强调人治转向重视法律的作用。他在《海国图志》中指出，西方资产阶级法治的一条重要经验，就是"使大小文武，皆得仿行国人以律例为重，不徒以统领为尊"，且"所有条例，统领必先遵行。如例所禁，统领也断不敢犯之，无异于庶民，而后为庶民所服"。[3]由此可见，魏源已开始认识到资产阶级法治较之封建君主专制具有进步性和优越性，即使是统治者也应当和平民百姓一样遵守法律，不能超越法律，为所欲为。这种法律面前人人平等的思想，在当时是十分进步的。

四、"师夷长技以制夷"的主张

在鸦片战争中，清王朝的声威一遇到不列颠的枪炮就扫地以尽。[4]像魏源这样具有民族自尊心并敢于正视现实的少数地主阶级改革家，终于从战争的失败中清醒过来。

魏源亲身参加了鸦片战争，他在人民群众反侵略斗争的推动和影响下，反对穆彰阿、琦善等投降派所推行的投降卖国路线。他从其强烈的

---

[1]《魏源集·默觚下·治篇四》。
[2]《魏源集·默觚下·治篇四》。
[3]《海国图志·弥利坚总论》。
[4]《海国图志·筹嶅篇》。

爱国思想出发，写出了当时中国人民了解西方和抵抗西方的第一流宝贵的典籍——《海国图志》，提出了"师夷长技以制夷"的反侵略纲领。

所谓"师夷长技以制夷"，就是学习西方资本主义的先进科学技术，制造新式武器，以达到战而胜之的目的。在魏源看来，善于或不善于"师夷"是个十分重要的问题。"善师四夷者，能制四夷；不善师四夷者，外夷制之。"魏源认为，外夷之长技有三："一、战舰，二、火器，三、养兵练兵之法。"他主张中国自己创办近代军事工业，"在广东沙角、大角二处，置造船厂一，火器局一，行取佛兰西、弥利坚二国各来夷国一二人，分携西洋工匠至粤，司造船械，并延用西洋柁师，司教行船、演炮之法。"这样，就能"尽得西夷之长技为中国之长技"，富国强兵，战胜帝国主义列强的武装侵略。同时，允许私人开办新式船厂。"沿海商民有自愿仿设厂局以造船械，或自用；或出售者，听之。"至于水师将官，"必由船厂、火器局出身，否则必由柁工、水手、炮手出身"。

此外，魏源还主张生产一些民用工业产品，如"量天尺、千里镜、龙尾车、风锯、水锯、火轮机、火轮舟、自来火、自转碓、千金秤"一类的东西。"凡有益民用者，皆可于此造之。"

魏源是中国近代最先向西方寻找真理的人，他开始接触外国的资产阶级法律知识，开始意识到资产阶级民主制比封建君主制优越。这是他超越于前人的地方。他的思想，对于中国近代思想的发展有较大影响。但魏源的改革、变法主张并没有超越封建制度所允许的范围。他认为封建制度本身是永恒不变的，即所谓"其不变者道而已矣"。他主观上是想通过改革来修补封建制度，摆脱日益严重的社会危机，使国家富强起来。所以，当时有人把他比作王安石一类的人物。

思考题

1. 简述地主阶级改革派法律思想的特点。
2. 试评林则徐以重典禁烟的主张。
3. 谈谈魏源"变古愈尽，使民愈甚"的变法思想。

第十六章

太平天国的法律思想

内容分析和要点提示

本章主要阐述了太平天国的法律思想，是本课程的重点章节之一。太平天国革命是中国近代史上规模最大的一次农民革命，其法律思想既有革命的一面，也有落后的一面。学习时应掌握洪秀全法律思想具有反封建专制的特点，又夹杂有浓厚的皇权思想和等级观念。而后期总理朝纲的洪仁玕及其《资政新篇》中的法律思想则为本课程的重点之一，它明显地带有资本主义色彩。

本章的基本知识、基本理论有：（1）洪秀全法律思想的进步性和落后性。（2）洪秀全的"斩邪留正""除妖安良"思想。（3）洪秀全的"人无私财"主张。（4）洪秀全的男女平等思想。（5）洪秀全的严刑峻法主张。（6）《资政新篇》的性质及其进步意义。（7）洪仁玕发展资本主义的主张。（8）洪仁玕的"国家以法制为先"的主张。（9）洪仁玕改革刑律的主张。（10）洪仁玕"恩威并济""教法兼行"的思想。

本章的基本概念有：（1）"除妖安良"。（2）奉行"天法"。（3）有田同耕。（4）"人无私财"。（5）天下婚姻不论财。

第一节 太平天国革命运动的兴起

封建社会的主要矛盾，是农民阶级和地主阶级的矛盾。地主阶级对农民残酷的经济剥削和政治压迫，迫使农民举行起义，以反抗地主阶级的统治。这是中国封建社会历次农民起义的基本原因。但太平天国农民革命的发生还有一个"直接原因",那就是帝国主义的侵略。

第一次鸦片战争后,随着一系列不平等条约的签订,外国资本主义势力相继侵入,使中国社会的经济状况发生了剧烈的变动,社会矛盾进一步激化。鸦片战争以前,广大人民已饱受封建地主阶级的剥削,鸦片战争以后,又加上外国资本主义的剥削,人民生活更加恶化。再加上清政府为支付巨额的战争赔款而增加了许多新捐税,这样就大大加重了人民特别是农民的负担。同时,外国资本主义向中国大量输出商品,促使中国自给自足的封建自然经济开始解体,城乡广大个体手工劳动者纷纷破产。而清政府仍实行残暴的阶级压迫和民族歧视政策,政令繁苛,赋敛无度,吏治腐败。当时,国内阶级矛盾和阶级对立已十分尖锐,又加上清政府勾结外国帝国主义残酷镇压中国人民,迫使人民纷纷起来,反抗中外反动势力。据统计,仅仅在鸦片战争后的8年里,大小农民起义达110多次,遍及大江南北。此时的这些起义还没有明确的政治纲领,也缺乏统一的领导,故先后都失败了。但是,它们却预示着一场新的大规模的人民反封建革命运动的风暴将要来临。后来,终于在1851年爆发了声势浩大的太平天国农民起义。太平天国农民起义中涌现出洪秀全、杨秀清、冯云山、萧朝贵、石达开、陈玉成、李秀成、洪仁玕等一大批农民革命领袖。他们利用政权把本阶级的意志表现为"政权机关所制定的法律",进行法制建设,以维护其政治经济利益,促进革命的发展。在法律思想史上,洪秀全提出的反封建的法律思想十分有代表性。

第二节 洪秀全农民平均主义的法律思想与实践

洪秀全(1814—1864),原名火秀,又名仁坤,广东花县人,太平天国主要领导人,中国近代著名的农民革命领袖。他出身于农民家庭,7岁入私塾,16岁因生活困难停学,18岁任本村塾师。他曾数次赴广州考秀才,均未考取。1843年,洪秀全最后一次去广州应试落第后,悲愤交加,从此与科举仕途决裂。回家后，受一本宣传基督教的小册子《劝世良言》的影响，笃信其中拜上帝、敬耶稣、反对偶像崇拜和某些平等思想。1844年，他和冯云山等开始从事拜上帝的宗教活动。1845年至1846年，洪秀全撰写了《原道救世歌》《原道解世训》等作品，劝人信仰上帝，行善去恶，以期建立"天下一家，共享太平"的大同世界。1847年以后，他和冯云山等在广西一些地区以拜上帝会为基础，组织贫苦群众进行反对清朝统治者的斗争。同时，洪秀全又撰写《原道觉世训》，号召人们进行武装斗争。1851年1月，洪秀全等人齐集广西金田村，誓师宣布起义，建立太平天国。此后，农民起义队伍迅速发展。1853年3月，太平军攻克南京，改名天京，定为国都。接着分兵北伐、西征，颁布《天朝田亩制度》。在1856年的"杨韦事件"和次年的石达开出走事件中，洪秀全负有处置不当的错误，使太平天国受到严重的削弱。为了挽救危局，他曾提拔陈玉成、李秀成等年轻将领，命洪仁玕总理朝政。他曾对洪仁玕所呈的《资政新篇》逐条批示，但无法施行。当安庆、苏州、杭州等战略要地失守后，洪秀全仍迷信"天父"，拒绝"让城别变"的正确意见，困守孤城，终致形势日恶。1864年6月，洪秀全病逝，7月天京陷落。轰轰烈烈的太平天国革命运动终于在中外联合镇压下失败了。

一、平均主义的土地立法

土地问题是农民革命的根本问题，也是太平天国革命所要解决的主要问题。太平天国革命前夕，全国大部分土地集中在地主阶级手中，农民很少占有土地甚至没有土地。洪秀全等农民革命领袖，代表广大农民迫切要求土地的愿望，在继承历代农民起义提出的"等贵贱""均贫富""均田"等主张的基础上，吸收原始基督教义中的某些平等思想，制定出《天朝田亩制度》。这是历史上农民战争所能提出的最完整的土地纲领，也是太平天国的土地立法。它规定："凡分田，照人口，不论男妇，算其家人口多寡，人多则分多，人寡则分寡，杂以九等。如一家六人，分三人好田，分三人丑田（不好的田），好丑各一半。凡天下田，天下人同耕，此处不足，则迁彼处，彼处不足，则迁此处。凡天下田，丰荒相通，此处荒则移彼丰处，以赈此荒处，彼处荒则移此丰处，以赈彼荒处。务使天下共享天父上主皇上帝大福，有田同耕，有饭同食，有衣同穿，有钱同使，无处不均匀，无人不饱暖。"[1]

《天朝田亩制度》的核心是废除封建土地所有制，实行耕者有其田。这集中反映了我国几千年来广大农民对土地的要求。这种土地立法，不但是对保护地主土地所有权的清朝封建法律的否定，而且是鼓励广大农民进行反对封建压迫、争取土地的斗争。实际上，在反对旧专制制度的斗争中，特别是反对旧农奴主大土地占有制的斗争中，平等思想是最革命的思想。然而，这种土地立法，是太平天国领袖们从农民阶级狭隘的眼光出发，勾画出来的一个平均主义的图案，带有浓厚的空想色彩；再加上战争的动荡环境，没有也不可能完全付诸实行。在《天朝田亩制度》公布后不久，东王杨秀清、北王韦昌辉、翼王石达开上奏天王洪秀全的本章中说："吾主二兄建都天京，兵士日众，宜广积米粮，以充军储而裕国课。弟等细思安徽、江西，米粮广有，宜令镇守佐将在彼晓谕良民，照旧交粮纳税。"洪秀全的批示写道："御照：胞等所议是也，即遣佐将施行，钦此。"[2] 由此可见，《天朝田亩制度》所规定的平分土地，耕者有其田的办法，确因行不通而未能实行；太平天国不得不采取"照旧交粮纳税"的办法。它不能实行的根本原因在于，超出了当时的社会条件和农民的觉悟水平，也就是违反了当时社会发展的客观规律。它"只是农民小资产者的一种幻想"。

此外，洪秀全基于废除私有，"天下一家，共享太平"的思想，规定在消费上"人无私财"，实行圣库制度。规定每二十五家，设一个国库、一个礼拜堂。农户每年收获所得，除生活必需外，其余一律归公，缴入国库。家逢生丧嫁娶等事，由国库按规定开支。鳏寡孤独病残者由国库供养。"全体衣食由公款开支，一律平均。"据《天命诏旨书》记载：

---

[1]《中国近代史资料丛刊·太平天国》第1册，第321页。
[2]《中国近代史资料丛刊·太平天国》第4册，第203~204页。

"凡一切杀妖取城，所得金宝绸帛宝物等项，不得私藏，尽缴归天朝圣库，逆者议罪。"

这种圣库制度，在太平军中曾起到保证军需的作用，但要推广到社会就行不通了。

二、奉行"天法"的主张

农民出身的洪秀全、杨秀清、萧朝贵等太平天国领袖，对于压迫人民的清朝封建法律深恶痛绝。他们要求"赏罚分明天法彰"，表示要以太平天国的"天法"取代清朝的封建法律。《奉天讨胡檄布四方谕》在抨击清朝统治阶级利用法律压迫人民时说："满洲又纵贪官污吏，布满天下，使剥民脂膏，士女皆哭泣道路，是欲我中国之人贫穷也。官以贿得，刑以钱免，富儿当权，豪杰绝望，是使我中国之英俊抑郁而死也。凡有起义兴复中国者，动诬以谋反大逆，夷其九族，是欲绝我中国英雄之谋也。"

洪秀全废除清朝封建法律、立"天法"的思想，指导了太平天国初期的立法活动。

1851年金田起义时，洪秀全颁布了五条军纪："一遵条命（指"天条"和天父天兄天王的命令）；二别男行女行（分别男女队伍）；三秋毫莫犯；四公心和傩（和睦），各遵头目约束；五同心合力，不得临阵退缩。"[1]这五条军纪具有军律性质，对推进革命起到了重要的作用。

1851年永安建制时，洪秀全把摩西"十戒"改为《十款天条》，强调崇拜上帝，不拜邪神，孝顺父母，不得杀人害人，不得奸邪淫乱，不偷窃抢劫，不起贪心。《十款天条》原是拜上帝会教徒的行为规则，如今成了具有法律效力的军律。同时还颁布了《太平条规》，包括《定营规条十要》和《行营规矩》共20条，这是金田起义时所颁布的五条军纪的发展和具体化。它强调恪守天条，不得私藏金银宝物，不许吸烟饮酒，不

---

[1]《中国近代史资料丛刊·太平天国》第1册，第63页。

得谎言国法王章和讹传军规将令，不得奸淫掳掠，不许乱杀无辜等。这些规定后成为太平军战胜清兵的重要保证。

1853年定都天京后，洪秀全等太平天国领导人加强了立法活动，形成了一套完整的军政法度。刑事立法方面，他们制定了《太平刑律》，据说有177条，现已发现62条。它对谋反罪、叛变通敌罪等，坚决予以镇压，甚至采用点天灯、五马分尸那样严酷的刑罚；对私藏金银、贪污盗窃，也视为重罪，予以严惩；对强奸、杀人、扰乱社会秩序以及宣扬妖书邪说者，均严惩不贷。毫无疑问，这些刑事立法对于镇压敌人，惩罚犯罪，保卫革命成果和保护人民，曾起了重要的作用。但是，它对革命队伍内部一些轻微犯罪或不良行为，如赌博、打架等也视为严重犯罪，处刑很重，未免过于苛重。

需要指出的是，洪秀全等太平天国领导人的立法渗透着宗教迷信的神权色彩。洪秀全在《天父诗》中宣称天父为"天上地下的大主宰"，代天父天兄传言，句句是法，"他出一言是天命"，"有心逆指要斩头"，称惩治犯法的罪犯为"奉行天法"。在太平天国的法律文献中，"天条""天命""天令"之语，比比皆是。实际上，有神性越大，它的非人性也就越大。太平天国法律的有神性确实是相当突出的，其结果必然是限制了法律作用的正确发挥。

太平天国一直处于激烈的战争时期，对敌人实行坚决镇压是完全必要的。但对革命队伍内部和下属的轻微犯罪或不良行为也以重刑惩罚，则混淆了罪与非罪、重罪与轻罪的界限。如"剃胡刮面，皆是不脱妖气，斩首不留"；"凡邪歌邪戏一概停止，如有聚人演戏者全行斩首"；[1]凡赌博、口角、打架、饮酒、吃黄烟、私藏金银、口出怨言都要处以死刑；凡叛变通敌，与之同馆同营者都斩首。[2]最突出的例子是东王杨秀清部属2万余人因受株连而被杀戮，这确是历史上罕见的大冤案。由于太平天国皇权主义严重，等级森严，法制不严密，往往权大于法，特权可以

---

〔1〕《中国近代史资料丛刊·太平天国》第3册，第231~232页。
〔2〕《中国近代史资料丛刊·太平天国》第3册，第230页。

代替法律，从而给革命带来了巨大的损失。

三、男女平等的思想与实践

在任何社会中，妇女解放的程度是衡量普遍解放的天然尺度。就太平天国来说，他们主张男女平等，尊重妇女权利，并制定了关于解放妇女和保障婚姻自由的法令，是值得称道的。

洪秀全写《原道醒世训》时就提出了男女平等的思想。他说："天下多男人，尽是兄弟之辈，天下多女子，尽是姊妹之群，何得存此疆彼界之私，何可起尔吞我并之念。"这种思想成为发动妇女参加斗争的有力武器，在起义初期就有许多妇女参加太平军，组成女军，与男子并肩战斗。据说女兵以10万计，还有一批久战沙场的女将。

这种男女平等的思想，后来在革命实践中逐步发展成为太平天国有关妇女的政策。

《天朝田亩制度》规定："凡分田照人口，不论男妇。"表明太平天国妇女在经济上享有和男子同等的权利。

同时，妇女有参政的权利。太平天国妇女可以参加科举，有女状元和许多女官。妇女也有权上街游行，或乘马行于通衢大道，"绝不装模作样害怕外国人"。

在婚姻关系方面，太平天国提倡"一夫一妇，理所当然"。[1]在《天朝田亩制度》中，宣布废除歧视妇女的买卖婚姻制度，规定"凡天下婚姻不论财"，并主张废除封建婚姻的"繁文缛节"，规定："凡两司马办其二十五家婚娶吉庆等事，总是祭告天父上主皇上帝，一切旧时歪例尽除。"在实践中，结婚的男女双方均由地方政府（乡官）发给"龙凤合挥"（结婚证书），婚姻关系即告成立。

此外，太平天国还严禁娼妓、纳妾、买卖奴婢、缠足、溺婴，注重保护妇女和儿童的利益，打破了许多传统的陋习。

---

[1]《中国近代史资料丛刊·太平天国》第3册，第225页。

然而，对具有严重皇权思想的洪秀全等太平天国领导人来说，一夫一妻制是没有约束力的。定都天京之后，他们就大兴土木，修建"雕琢精巧，金碧辉煌"的宫殿，挑选王妃宫女，供他们享受。他们的选妃制度规定，天王一人占有妃嫔八十八人，以下诸王依次递减。不知多少妇女的婚姻自主权利都被他们剥夺了！

四、"独操权柄"的皇权思想

洪秀全在发动金田起义之初，就表现出浓厚的皇权思想和封建等级观念。他在《天父诗》中写道："只有媳错无爷错，只有婶错无主错。只有人错无天错，只有臣错无主错。""一句半句都是旨，认真遵旨万万年。"登上天王宝座后，他的权力就至高无上，凌驾一切，"生杀由天子，诸官莫得违"，"王独操威柄"，独断专行，谁也不得违抗。

这种皇权思想反映在制度上，就表现为王位世袭制。洪秀全自称万岁，又规定年幼的儿子洪天贵称万岁，而功劳最大且掌握军政大权的东王杨秀清只称九千岁。其他要职也多"以子孙承袭，世传不替"。

建都天京之后，洪秀全和整个太平天国的高级阶层都急遽封建化。洪秀全本人的皇权思想也迅速膨胀开来。他多次封王、侯、军师、丞相等大批官吏，"累代世袭"成为高踞于人民之上的新贵；他大兴土木，建造天王府，"城周十余里，墙高数丈，内外两重"，"雕琢精巧，金碧辉煌"；广置姬妾，一人占有妃嫔八十八人；外出仪仗队上千人，"如不回避，冒充仪仗者，斩首不留"。[1] 如此等等，与封建帝王相差无几。

诚然，太平天国农民政权的封建化，是以小农经济为基础和没有先进阶级领导的农民起义本身的特征所决定的。但它的封建化的急速发展则与洪秀全有直接的关系。

太平天国革命虽然最后失败了，但它的革命斗争实践为后人提供了许多宝贵的经验教训，对后世产生了深远影响。如孙中山就曾称呼洪秀

---

[1]《中国近代史资料丛刊·太平天国》第3册，第230页。

全为"反清第一英雄",并以"洪秀全第二"自居。然而,洪秀全所代表的农民阶级(小生产者)在思想上具有两重性,即革命性和保守性、落后性。洪秀全本人的思想也是这样。他既以轰轰烈烈的武装斗争反抗清王朝的封建统治,又在太平天国内部树立和维护封建皇权;既主张平分土地,废除私有制,又大量占有财物,生活奢侈;既废"妖法",立"天法",又在革命内部推行重刑惩罚主义;既主张男女平等,"天下婚姻不论财",又设立选妃制度,妃嫔成群。特别值得提出的是,在定都天京后,他的皇权思想和等级特权思想迅速膨胀,给革命带来了巨大的危害,也给后人留下了深刻的教训。

第三节 洪仁玕及其《资政新篇》的法律思想

洪仁玕(1822—1864),号益谦,广东花县人,洪秀全的族弟。太平天国革命运动中最先进、最有远见的思想家、政治家。他"生长儒门",自幼学习经史,曾协助洪秀全从事拜上帝会活动,后寄居香港,为外国传教士教中文,接触西方资本主义的机会较多。他"识贯中西",广泛阅读了近代自然科学和社会、政治、经济、历史等方面的著作。这些近代知识的累积,正是他带有资本主义性质的《资政新篇》的重要思想来源。1859年,他由香港辗转来到天京,受到洪秀全的重用,被封为干王,总理朝政。1864年天京失陷后,他从湖州护送幼天王奔江西,在石城被俘,宁死不屈,11月在南昌就义。他的著述主要有《资政新篇》《立法制喧谕》《英杰归真》《军次实录》《诛妖檄文》等。

洪仁玕到达天京时,正值太平天国革命形势发生逆转的危急时刻。洪仁玕总理朝政后,为了挽救革命,旋即向天王洪秀全进呈了著名的《资政新篇》。经洪秀全批改,《资政新篇》作为官方文书颁行,成为太平天国后期的政治、经济纲领。

《资政新篇》的思想内容贵在一个"新"字。它有别于太平天国前期的纲领——《天朝田亩制度》,带有一定的资本主义性质,它较全面地阐述了发展资本主义的思想。虽然由于当时天京处在清军包围之中，洪仁玕的主要精力集中在军事方面，无法实施《资政新篇》所提出的新政，但绝不能因此而忽视它的历史价值。《资政新篇》在中国近代思想史上写下了极其光辉的一页。

一、国家以法制为先论

洪仁玕总理朝政时，太平天国法制松弛，国势日衰。他吸取中国历史上"以法治国"的思想和西方资本主义国家的法制经验，提出了"国家以法制为先"的主张。他说：

> "照得国家以法制为先，法制以遵行为要，能遵行而后有法制，有法制而后有国家，此千秋不易之大经，而尤为今兹万不容已之急务也。本军师用与众弟等痛绝言之。
> 蒙天父天兄大开天恩，亲命我真圣主降凡驱逐胡虏，宰治中原。自金田起义于今九年矣！前此拓土开疆，犹有日辟百里之势，何至于今进寸退尺，战胜攻取之威转大逊于曩时？良由昔之日，令行禁止，由东王而臂指自如；今之日出生入死，任各军而事权不一也。事权不一，虽久安长治之国犹未可保，矧当国家初造，妖势尚横，而谓可保无虞耶！"〔1〕

在他看来，一个国家，如果没有法制，或者法制松弛，就难以存在和发展下去。他把法制视为使国家兴盛的工具。而要实行法制，首先要立法，使人们有法可依，有章可循。所以他反复强调立法的重要性和迫切性，认为国家的纲常伦纪，教养大典，都要以立法为准。"立善法而施法广，积时久而持法严，代有贤智以相维持，民自团结而不可解，天下永垂而不朽矣。"然而，立法是一件难事，立善法尤为不易，必须注意法律基本规范的稳定性和具体条文的可变性相结合的原则。洪仁玕说："盖

---

〔1〕《立法制谊谕》。

律法者，无定而有定，有定而无定，如水之软，如铁之硬，实如人心之有定而无定，世事之无定而有定，此立法所以难也，此生弊所以易也。然则如何而后可以立法？盖法之质，在乎大纲，一定不易。法之文，在乎小纪，每多变迁。"

因此，要立善法，必须慎选立法之人。洪仁玕提出的要求是："必先经磨炼，洞悉天人性情，熟谙各国风教，大小上下，原委重轻，无不了然于胸中者，然后推而出之，乃能稳惬人情也。"只有这种既有实践经验，又了解世界各国情况的人来立法，才能"稳惬人情"，易于推行。

第一，在洪仁玕的立法方案中，他尤重经济立法，其目的在于从法律上保护资本主义方式。例如，他主张须行保护私人投资法。洪仁玕在《军次实录》中，主张鼓励富民把资财化为资本，用来开发"天财地宝"，兴办新式工矿业。《资政新篇》则明确规定，奖励"兴器皿技艺"，凡是"能造精奇利便者，准其自售"；奖给"兴宝藏"者以总领官职，并保障其开矿的优先权，不许他人争夺；主张私人开办银行，既可三四人合营，也可一人独办。

洪仁玕主张颁行劳资法。他主张"准富民请人雇工"，在工矿企业实行雇佣劳动制度。"凡金、银、铜、铁、锡、煤、盐、琥珀、蚝壳、玻璃、美石等货，有民探出者……准其招民探取。"对于兴办银行者，准其获利千分之三，而兴办工矿业者，则准其获利百分之二十。

洪仁玕主张颁行专利法。对科学技术的发明创造，他主张给予专利权。在"兴器皿技艺"方面，凡能制造精奇利便者，准其自售。他人仿造，"罪而罚之"；"器小者赏五年，大者赏十年；益民多者，年数加多"，期限已满，则允许他人仿造。

这些发展资本主义的主张，比较彻底地否定了《天朝田亩制度》中的人无私财，取消私人经济，取消商品生产和商品交换的规定，明显地反映出发展资本主义的特点。这是封建主义的思想家、政治家所无法提出的。

第二，在洪仁玕发展资本主义的立法方案中，主张发展文化教育，革新社会风气。他要求设学校,办报纸,开医院,并改革当时"不务实学,专事浮文"的文风。"只须实写,勿着一字浮文。倘有沉没书札银信及伪造新闻者,轻则罚,重则罪。"同时,洪仁玕还主张革新社会风气,严禁缠脚、斗蟋蟀、斗鸡、溺婴、养婢、卖淫、买卖人口、吸鸦片、建庙宇寺观,修斋建醮以及其他一些"朦昧"人心、有伤风化的陋习。

第三,在其立法方案中,还有"柔远人之法"。在对外关系方面,洪仁玕主张自由通商,平等互利,制定"柔远人之法",和先进国家建立外交关系。他在《资政新篇》中,实际上批评了洪秀全、杨秀清等人视外国为夷狄的盲目自大的态度。他指出:"万方来朝,四夷宾服,乃夷狄、戎蛮、鬼子等一切轻污之字,皆不必说也。盖轻污字样,是口角取胜之事。"使用那些侮辱性的语言,说明太平天国领导人对外部世界并不了解,盲目自大,因而不能正确处理国与国之间的关系。

洪仁玕认为,太平天国应当摒弃闭关锁国政策。首先,应和外国通商。"外邦人技艺精巧,国法宏深,宜先许其通商,但不得擅入旱(内)地。"其主张对鸦片贸易坚决禁止,"外洋鸦片烟甚为中国害",外洋入口之烟,"不准过关"。其次,到中国传授科学技术知识的外国人,不得干涉中国内政。洪仁玕说:"惟许牧司等,并教技艺之人入内,教导我民,但准其为国献策,不得毁谤国法也。"这种不许干涉中国内政的思想主张,既体现了洪仁玕在经济、政治上的独立自主精神和爱国立场,又有利于发展资本主义。

需要指出的是,洪仁玕原来对美、英等资本主义国家的侵略面目认识不清,认为美国"礼义富足,以其为最。其力虽强,而不侵凌邻邦",德国"国不甚威,而德独最也"。后来看到外国侵略者与清朝政府互相勾结,联合向太平军进攻,他才认识到"我朝祸害之源,即洋人助妖之事";清朝政府"买通洋鬼为中国患"。[1]

---

[1]《洪仁玕自述》。

二、改革刑律的主张

从现已发现的太平天国 62 条刑律中，可以看到从轻发落，使罪犯改过自新的主张。洪仁玕说："（对罪犯）宜给以饮食号衣，使修街渠道路，练其一足，使二三相连，以差人执鞭刃掌管。轻者移别县，重者移郡移省，期满释回，一以重其廉耻，二以免生他患，庶回时改过自新，此恩威并济之法也。"

在判罪方面，主张罪刑法定。洪仁玕认为，必须把宗教信条和刑法律令区别开来。拜上帝会的"十款天条"是用来教化人民的，国家的法律则用来惩治人们的犯罪行为，二者不能混为一谈。他说："十款天条，治人心恶之未形者，制于萌念之始。诸凡国法，治人身恶之既形者，制其滋蔓之多，必先教以天条，而后齐以国法，国非不教而杀矣，亦必有耻且格尔。"因此，不能以宗教信条代替国法，判罪必须依法而定。

此外，洪仁玕在执法方面，主张赏罚严明，有功必赏，有过必罚。他赞扬诸葛亮说："之所以见称今古者，惟'器使群材，赏罚严明'八字而已。盖器使则八无乱法，严明则人皆服法；无乱而服，即效命取胜之根也。"他要求太平天国官员以身作则，带头守法。"奉行者亲身以偈之，真心以践之，则上风下草，上行下效矣。"他还针对当时革命队伍内部一些人利用特权破坏法制的现象大声疾呼："岂法不善欤，实奉行者毁之尔！"

综观洪仁玕改革刑律、严明赏罚的主张，其既吸收了西方资本主义国家的一些刑法思想，又继承了中国历史上一些有价值的法学遗产，至今仍有可资借鉴的因素。

三、教、法兼行的主张

洪仁玕"生长儒门"，受过儒学的熏陶，他的"恩威并济"，教、法兼行的思想主张，明显地反映出儒家德主刑辅思想的影响。

洪仁玕既主张"持法严"，严格执行法律，惩罚犯罪，以扭转法制松弛的状况；又倡导"刑外化之以德"，重视德化，以避免刑罚严酷现象的出现。这就是他的"恩威并济"之法。

在洪仁玕看来，如果在严格执行法律的同时，能辅之以宣传教育，就可使人们知法守法，提高遵守法纪的自觉性。他说："教行则法著，法著则知恩，于以民相劝戒，才德日生，风俗日厚矣。"

怎样以教辅法呢？首先要"教以天条，而后齐以国法"。洪仁玕把"天条"作为人们应当遵守的道德规范。"先教以天条"，就能"开人之蒙蔽以慰其心，又足以广人之智慧以善其行"，树立起良好的道德风尚，以防患于未然。对于那些教而不化、明知故犯的人，则仍要"齐以国法，固非不教而杀矣"。其次，要运用报纸对人们进行法纪教育："设新闻馆……照法律，别善恶，励廉耻，表忠孝，皆借此以行其教也。"再次，利用类似公审的形式，惩一儆百。对于判处死刑的罪犯，"先彰其罪状并日期，则观者可以股栗自儆"。

由此可知，洪仁玕的"恩威并济"，教、法兼行的思想主张，虽然继承了儒家的德主刑辅思想，但更强调以教辅法，对人民进行普遍的法纪教育。它带有一定的资本主义色彩。

洪仁玕在其著述中没有提出土地问题，应当说这是他最大的弱点。但总的看来，他的法律思想是中国19世纪五六十年代最进步、最革命的法律思想，与他同时代的或后于他二三十年的思想家、政治家都没有超过他的认识高度。他"立志甚高"，"在南京各王中确是独一无二的人物"。[1]他的法制主张是中国近代法律思想史的开篇，在中国法律思想史上占有特殊的历史地位。

思考题

1. 谈谈洪秀全法律思想的进步性与局限性。
2. 简述洪仁玕法律思想的特点。

---

[1]《太平天国》第6册，第956页。

第十七章

洋务派的法律思想

内容分析和要点提示

本章主要阐述了洋务派的法律思想，它是本课程重点章节之一。首先，应从总体上掌握洋务派的"自强求富""维护纲常名教""中学为体，西学为用"的思想主张。同时要掌握曾国藩"一秉于礼"的法律思想和张之洞以"中体西用"为核心的法律思想。

本章的基本知识、基本理论有：（1）洋务派的"自强""求富"主张。（2）洋务派维护纲常名教的思想。（3）洋务派的"中学为体，西学为用"论。（4）曾国藩的"一秉于礼"思想。（5）曾国藩"以礼自治，以礼治人"的主张。（6）曾国藩"严刑以致乂安"的主张。（7）张之洞的"中体西用"论。（8）张之洞整顿中法、采用西法的主张。（9）张之洞的"法律本原实与经书相表里"说。（10）张之洞的宽猛相济、刚柔结合的主张。

本章的基本概念有：（1）洋务。（2）"自强求富"。（3）"一秉于礼"。（4）"以礼自治，以礼治人"。（5）"严刑以致乂安"。（6）中学为体，西学为用。（7）"采西法以补中法之不足"。（8）"法律本原实与经书相表里"。

第一节 洋务运动的兴起与洋务派法律思想概述

洋务运动是19世纪60年代至90年代清政府中一部分带有买办性的

当权派采用一些资本主义生产技术,以维护封建统治的自救运动。人们称这些当权派为洋务派,其代表人物在中央有恭亲王奕䜣等人,在地方有曾国藩、李鸿章、左宗棠等人,中法战争后又出现了以张之洞为代表的洋务派势力。他们以"自强""求富"相号召,主张依靠外国援助,开办近代军事工业和民用工业,并用新式武器装备陆海军,借以强化国家机器,镇压人民起义,来挽救岌岌可危的封建统治。应当承认,洋务派兴办的近代工业,对封建的自然经济有一些冲击,客观上对后来中国近代民族工业的产生和西方技艺等知识的传播,起到了一定的积极作用。在思想方面,他们主张以"中学为体,西学为用"为指导,以纲常名教为本,也采用若干西法,以适应镇压农民起义和办洋务的需要。

洋务派的法律思想主要有以下几个方面:

第一,"自强求富"的主张。在洋务运动前期,洋务派从用西法训练军队,购买洋枪洋炮到聘请洋匠设局制造新式武器,这些措施都是为了镇压人民反抗斗争。但到19世纪70年代,大规模农民起义被镇压之后,情况发生了变化。左宗棠在《艺学说帖》中就曾说道:"自海上用兵以来,泰西诸邦以机器轮船横行海上,英、法、俄、德又各以船炮互相矜跃,日竞其鲸吞蚕食之谋,乘虚蹈瑕无所不至,此时而言自强之策,又非师远人之长技还以治之不可。"其他洋务派如奕䜣、李鸿章也有类似的主张。"中国欲自强,则莫如学习外国利器;欲学习外国利器,则莫如觅制器之器。"[1]因此,从19世纪七八十年代以来,洋务运动便从集中办军事工业转向了民用企业。他们标榜"求富",认为"欲自强必先裕饷,欲浚饷源,莫如振兴商务"。[2]

实际上洋务派的"自强新政"既没有达到"求富自强"的目的,也没有改变中国的衰弱状况。正如改良派梁启超在《戊戌政变记》中所指责的那样:"三十年来,名臣曾国藩、文祥、沈葆桢、李鸿章、张之洞之徒……(搞洋务)不变其本,不易其俗……而依然若前此之枝枝节节以变之……

---

[1]《筹办夷务始末》同治朝第25卷,第10页。
[2]《李文忠汇全集·奏稿》第39卷,第32页。

则于中国之弱之亡，能稍有救乎？吾知其必不能也。"

第二，"中学为本，西学为用"论。最初提出"中学为本，西学为用"这种主张的是冯桂芬。1861年他在《校邠庐抗议·采西学议》中提出："以中国之伦常名教为原本，辅以诸国富强之术。"

此后的一些学者大都有类似说法。洋务派把它付诸实践，并作为洋务运动的指导思想。1865年李鸿章在其《同治四年八月初一日奏折》中提出："中国文物制度迥异外洋獉狉之俗，所以郅治国邦固丕基于勿坏者，固自有在。必谓转危为安，转弱为强之道，全由于仿习机器，臣亦不存此方隅之见。顾经国之略，有全体有偏端，有本有末，如疾方亟，不得不治标，非谓赔补修养之方，即在是也。"后来，张之洞在其《劝学篇》中，更系统地阐发了这种"中体西用"的主张。

第三，维护纲常名教。太平天国革命，以及西学的输入，危及中国封建纲常名教，猛烈冲击着中国封建体制，使包括洋务派在内的封建卫道士们惊恐不安，纷纷起来维护纲常名教。曾国藩在《讨粤匪檄》中大肆攻击太平天国革命，诋毁他们反对封建伦理纲常的斗争。他说："自唐虞三代以来，历世圣人，扶持名教，敦叙人伦，君臣、父子、上下、尊卑，秩然如冠履不可倒置。粤匪……举中国数千年礼义人伦、诗书典则一旦扫地荡尽。此岂独我大清之变，乃开辟以来名教之奇变，我孔子孟子所痛哭于九原。"在他看来，必须严格遵守封建等级制度和伦理纲常。张之洞在其《劝学篇》中，更全面地论述了三纲五常是永恒不变的观念。"三纲为神圣相传之圣教，礼政之本源"，从五帝三王直到清朝，都是如此"数千年而不改者"。

由此可见，在维护封建纲常、巩固封建统治这样的根本问题上，洋务派同封建顽固派是一致的。

第二节　曾国藩的以礼治人论

曾国藩（1811—1872），字伯涵，号涤生，湖南湘乡人，近代洋务派的创始人之一。他自幼饱受封建传统教育,"日夜孜孜惟孔孟是学"。1834年中举人,1838年中进士。选翰林院庶吉士,不到10年升至礼部右侍郎兼内阁学士,以后历任两江总督、直隶总督兼北洋通商大臣等要职,并因镇压太平天国农民起义有功而被封侯。1865年至1866年,他和李鸿章等在上海创办江南制造总局等军事工业。1872年3月,曾国藩在南京病逝。

曾国藩传下来的文字不少,编为《曾文正全集》。新中国成立后,中华书局又出版了《曾国藩全集》。

一、以礼治人论

曾国藩完全继承了程朱理学的礼治思想。他说:"先王之道,所谓修己治人,经纬万汇者,何归乎?亦曰礼而已矣。"[1]实际上,礼治思想是曾国藩政治法律思想的核心。

曾国藩信奉程朱理学,经常以儒家道统的继承人自居,反复宣扬维护封建纲常礼教的礼治,强调礼为修身、齐家、治国、平天下的根本。他说:"先王之制礼也,人人纳于轨范之中,自其弱齿(指年少),已立制防。"[2]又:"修身、齐家、治国、平天下,则一秉于礼。"[3]"礼"强调上下、尊卑、贵贱、长幼之别,每个人必须按照自己的等级地位去实行相应的礼,不得超越自己的等级地位而"失礼""非礼"。这自然适合曾国藩维护封建统治秩序的要求,所以他极力宣扬"礼"和"礼治"。

曾国藩提出,要"以礼自治,以礼治人"。[4]所谓"以礼自治",就是呼吁其同道加强自我修养,"谨守准绳,互相规劝",加强封建统治阶级内部的团结,以拯救封建统治危机。所谓"以礼治人",就是企图把人们的言行纳入封建统治阶级"礼治"的轨道,使"人人纳于规范之中"。

---

[1]《曾文正公全集·圣哲画像记》。
[2]《曾文正公全集·江宁府学记》。
[3]《曾文正公全集·礼》。
[4]《曾文正公全集·求阙斋日记类钞》卷上。

其目的在于"辟异端",将人们的思想束缚在封建统治所容许的范围之内,防止他们起邪心,生恶念,犯上作乱。

因此,他对太平天国破坏封建纲常,扫荡束缚人们思想的礼治,表现出极端的仇恨。他在其《讨粤匪檄》中写道:"举中国数千年礼义人伦诗书典则,一旦扫地荡尽,此岂独我大清之变,乃开辟以来名教之奇变,我孔子孟子之所以痛哭于九原。凡读书识字者,又无可袖手安坐,不思一为之所也。"显然,曾国藩企图利用传统观念,从意识形态上煽起反对太平天国革命的民族情绪,并号召一切受封建教育的人聚集起来,"赫然愤怒以上吾道"。

二、严刑导致"乂(治理安定)安"说

曾国藩极力主张采用管、商、申、韩之术,用严刑峻法来镇压人民。他论证采用严刑峻法的必要性时说:"管子、荀子、文中子之书,皆以严刑为是,赦宥为非。子产治郑,诸葛治蜀,王猛治秦,皆以严刑以致乂安。"[1]这是曾国藩对法家思想的师承借鉴。实际上,他自奉命督办团练伊始,即大力提倡严刑峻法。他说:"湖南会匪之多,人所共知……若非严刑重法,痛加诛戮,必无以折其不逞之志,而销其逆乱之萌。臣之愚见欲纯用重典,以除强暴。但愿良民有安生之日,即臣身得残忍严酷之名,亦不敢辞。"[2]

从这种严刑峻法的思想出发,他穷凶极恶地镇压各地起义农民。在湖南,他主张刻不容缓地剿灭当地农民起义。"小股则密告州、县迅速掩捕,大股则专人来省,或告抚院辕门,或告本处公馆,朝来告则兵朝发,夕来告则夕发,立时剿办、不逾晷刻。"[3]

在与太平天国的战斗中,曾国藩及其率领的湘军也凶残无比。有一次俘获太平军百多人,使"一概剜目凌迟"。在围困安庆的外围战中,其

---

[1]《曾文正公全集·劝诫州县四条》。
[2]《曾文正公全集·严办土匪以靖地方折》。
[3]《曾文正公全集·与湖南各州县公正绅耆书》。

弟曾国荃屠杀了太平军万余人，事后流露出以多杀人为悔的意思。曾国藩则教唆他说："既已带兵，自以杀贼为志，何必以多杀人为悔。贼……断无不力谋诛灭之理。既谋诛灭，断无以多杀为悔之理。"在攻破太平天国首都天京后，见人即杀，见屋即烧，"秦淮河口首如麻"，"三日夜火光不息"。[1] 曾国藩搞严刑峻法，残酷地屠杀人民，只能暂时地把农民起义镇压下去，但绝不可能阻止人民的反抗斗争，也不可能消除人民"犯上作乱"的思想。

三、"徐图自强"的主张

第二次鸦片战争后，曾国藩于1860年12月回复清政府关于借洋助剿及采米运津上谕的奏折中说："无论目前资夷力以助剿济运，得纾一时之忧；将来师夷智以造炮制船，尤可期永远之利。"这是曾国藩主张筹办洋务见诸文字的最早记载。

曾国藩认为，中国的落后，只是军事装备、科学技术的落后，只要学习西方先进的科学技术，中国就能"自强""自立"。他在《调陈兰彬江南差遣片》中说："外国技术之精，为中国所未逮。如舆图、算法、步天、测海、制造机器等事，无一不与造船练兵相为表里……精通其法，仿效其意，使西人擅长之事，中国皆能究知，然后可以徐图自强。"由此可见，曾国藩筹办洋务确寓有"自强"之意。从发展的观点来看，兴办洋务，"徐图自强"，在客观上为中国资本主义的产生和发展创造了一些条件。

但曾国藩一再强调，"当此积弱之际，难与（洋人）争锥刀之末"，而要"全力与粤匪争衡"，把镇压太平天国农民革命作为"第一要务"。

他在《复陈购买外洋船炮折》中说："若能陆续购买，据为己物，在中华则能见怪而不惊，在英、法则亦渐失其所恃……购成之后，访覃思（深思）之士，智巧之匠，始而演习，继而试造，不过一二十年，火轮船

---

[1]《曾文正公全集·金陵克服全股悍贼尽数歼灭折》。

必为中外官民通行之物，可以剿发捻，可以勤远略（指抵御外敌）。"接着他派李鸿章资取洋人长技，筹办洋务军工，并令以洋枪洋炮武装淮军。曾国藩自己即着手在安庆"设向军械所制造洋枪、洋炮，广诸军实"。安庆内军械所是曾国藩创办的中国最早出现的军事工场。

曾国藩还罗致了一批科技人才，为引进西方科技和近代工业建设开了一个头。他与留美学者容闳商议，筹划建立机器厂。容闳认为："应先建立母厂，再由母厂以造出其他各种机器。"曾国藩欣然同意，即派容闳赴美购买机器。1865年春，容闳购买100多种机器回国。这是中国第一次大规模引进西方先进设备。同年，李鸿章在上海成立江南制造总局，买来的机器全部并入该局内。

此外，曾国藩还提出"煤矿系自然之地利，借洋人之机器，俾华人之傚效，而永收其利，未始不可行"。这是举办民用企业的设想。

为了进一步学习和掌握西方的科学技术，培养科技人才，曾国藩又与李鸿章联衔奏派学生出国留学。1873年夏，第一批官费留学生30人在陈兰彬的带领下前往美国，以后三年每年均派送30名学生出国深造。学生如詹天佑、唐绍仪、严复等都是一时之俊。国内则成立学馆培养人才。

这样，曾国藩便由正统的封建理论家，演变成为最早的洋务派大官僚了。

第三节 张之洞"中体西用"的法律思想

张之洞（1837—1909），字孝达，号香涛，直隶南皮（今属河北）人，洋务派后期的首领。他出身于官僚地主家庭，同治年间中进士，曾任翰林院侍讲学士、内阁学士、四川学政等职。中法战争时，他由山西巡抚升两广总督，起用冯子材，在广西边境击败法军，又设广东水陆师学堂，创设枪炮厂，开矿务局，立广雅书院，设缫丝局、织布局，创办炼铁厂。这是张之洞办洋务的开始。1889年张之洞调任湖广总督，又开办汉阳铁厂等洋务企业。1901年，他与刘坤一联衔会奏变法条陈，清廷多有采用，次年任督办商务大臣，1907年调任军机大臣，掌管学部。其著作被收入《张文襄公全集》。

张之洞重视思想意识形态的作用，其所著《劝学篇》集洋务思想之大成，目的在于"绝康、梁并谢天地"。他集中攻击了康、梁维新派的变法理论。在此书中，张之洞概括和总结了洋务运动的经验教训，并且把它上升为理论，明确提出了"中学为本，西学为用"的理论纲领。这也成为戊戌变法时期的一股逆流。

一、"中学为本，西学为用"论

在中国近代史上，虽然冯桂芬、李鸿章等人早已对"中学为本，西学为用"的主张有所表述，但张之洞对它作了比较系统的阐发，从理论上加以概括。他说："中学为内学，西学为外学；中学治身心，西学应世事，不必尽索之于经文，而必无悖乎经文……以孝弟（悌）忠信为德，以尊主庇民为政，虽朝运汽机，夕驰铁路，无害为圣人之徒也。"[1]他认为中学为"内"，是治身心的根本之术；西学为"外"，是应世事的治标的办法。孰重孰轻判然有别。他还说："内篇为本，以正人心；外篇务通，以开风气。"所谓"本"，显然是指有关世道人心的纲常名教，绝不能改变；所谓"用"，指工商学校报馆律例诸事，可以变通举办。这就是说，在维护封建制度的原则下，可以接受西方资本主义的技艺。

在张之洞看来，能为"中体"服务的西学，当然不是西学之"体"如君主立宪、民主共和、三权分立，等等，只能是西学之"用"如工商技艺等。这种"中体西用"论被资产阶级改良派斥为非牛非马的谬论。严复在《与〈外交报〉主人论教育书》中写道："'体用者，即一物而言之也，有牛之体则有负重之用，有马之体则有致远之用，未闻以牛为体以马为用者也？'中西学之为异也，如其种人之面目然，不可强谓似也。故中学有中学之体用，西学有西学之体用，分之则两立，合之则两亡。"

---

[1]《劝学篇》。

就"中体西用"来说,张之洞的基本立场和老洋务派并无区别,但他为"西学为用"也增添了一些内容,表现在法律思想方面就是所谓"采西法以补中法之不足"。

二、采西法以补中法之不足的主张

1901年初,慈禧为了欺骗人民,颁布了一个"变法"的上谕,要求大臣们就变法事宜"各抒所见"。时任湖广总督的张之洞和两江总督刘坤一联衔上奏"变法奏议三折",强调适应形势实行变法的必要,"不变何以为国",要求"整顿中法""采用西法"。

在《遵旨筹议变法拟整顿中法十二条折》中张之洞提出了整顿中法12条:"一曰崇节俭,二曰破常格,三曰停捐纳,四曰课官重禄,五曰去书吏,六曰去差役,七曰恤刑狱,八曰改选法,九曰筹八旗生计,十曰裁屯卫,十一曰裁绿营,十二曰简文法。"张之洞把上述12个方面存在的弊端视为中国积弱不振的原因,认为只有革除弊端,才能使民心"永远团结",才能"御侮捍患"。

在《遵旨筹议变法谨拟采用西法十一条折》中张之洞又提出了采用西法11条:"一曰广派游历,二曰练外国操,三曰广军实,四曰修农政,五曰劝工艺,六曰定矿律、路律、商律、交涉刑律,七曰用银元,八曰行印花税,九曰推行邮政,十曰官政洋药,十一曰多译东西各国书。"张之洞"采纳西法"的主张,与破坏纲常伦纪的康有为之"邪说谬论"判然不同,大多是30年来"已经奉旨陆续举办者"。它不过是在封建制所容许的范围内,继承和发挥了前期洋务派的思想和主张。

清朝政府对张之洞、刘坤一联衔上奏的《变法奏议三折》十分重视,于当年9月发布上谕说:"昨据刘坤一、张之洞会奏整顿中法以行西法各条,其中可行者即著按照所陈,随时设法择要举办。各省疆吏亦应一律通筹,切实举行。"[1]其实,腐败不堪的清政府,要真正"采西法以补中

---

[1]《光绪朝东律录》第4册,第4771页。

法之不足"又谈何容易!何况,那些主张多是欺人之谈,正如资产阶级改良派思想家揭露所谓变法实质那样,系"第为辟(避)祸全生,徒以媚外人而欺吾民也"。[1]

三、纲常名教为"法律本源"说

张之洞等洋务派首领都是封建礼教的卫道士,极力反对改良派所提倡的资产阶级民主自由学说,认为那是"菲薄名教",背离了封建纲常这一根本。张之洞对改良派尊民权、贬君权的学说视若洪水猛兽,认为民权之说,无一益而有百害。"民权之说一倡,愚民必喜,乱民必作,纪纲不行,大乱四起。"倘若人人有自主之权,则"子不从父,弟不尊师,妇不从夫,贱不服贵",将彻底破坏封建社会的统治秩序。所以,张之洞痛心疾首地说:"君为臣纲,父为子纲,夫为妻纲……天不变道亦不变之义本之……此其不可得与民变革者也……圣人之所以为圣人,中国之所以为中国,实在于此。故知君臣之纲,则民权之说不可行也;知父子之纲,则父子同罪免丧废祀之说不可行也;知夫妇之纲,则男女平权之说不可行也。"[2]

从上述观点出发,张之洞主张,法律必须以纲常名教为本源。他说:"盖法律之设,所以纳民于轨物之中,而法律本原实与经术相表里。其最著者为亲亲之义、男女之别,天经地义,万古不刊。"[3]这主要是说,法律是形式("表"),经术是内容("里"),经术是法律的本源。"亲亲之义"等纲常名教是天经地义、绝不可动摇的。

更有甚者,张之洞还大肆吹捧《大清律例》,认为它包含有十大"仁政"。"本朝立法平允,其仁如天。具如《大清律》一书,一、无灭族之法;二、无肉刑;三、问刑衙门不准用非刑拷讯,犯者革黜;四、死罪中又分情实缓决,情实中稍有一绒可矜者,刑部夹签声明请旨,大率从

---

[1]《驳革命书》。
[2]《劝学篇》。
[3]《遵旨复议新编刑事民事诉讼法折》。

轻比者居多；五、杖一百者折责实杖四十，夏日有热审减刑之令，又减为三十二；六、老幼从宽；七、孤子留养；八、死罪系狱不绝其嗣；九、军流徙犯不过迁徙远方，非如汉法令为城旦鬼薪，亦不比宋代流配沙门岛，额满则投之大海；十、职官妇女收赎，绝无汉室输蚕，唐投掖庭，明发教场诸虐政。"[1]其实，在当时法律领域的斗争中，《大清律例》已成为众矢之的，修律活动已在加紧进行。张之洞公然为《大清律例》唱赞歌，体现了其法律思想。

张之洞的一生，几乎与中国近代史的全过程相重叠。他"身系朝局疆寄之重者四十年"，是清末官场中一个颇为复杂而矛盾的人物。作为洋务派后期的首领，他和曾国藩、李鸿章一样，严厉镇压国内人民，但在外国侵略者面前，则主张维护国家主权，抵抗侵略者。他极力维系封建纲常名教，又力图学习西方技艺，进行一些近代化改革。他歌颂业已腐朽的《大清律例》，又试图"采西法以补中法之不足"。他在中国近代史上占有重要地位。

思考题

1. 简述张之洞"中学为体，西学为用"原则在法律思想上的体现。
2. 如何评价洋务派的法律思想？

---

[1]《张文襄公全集》卷二〇二。

第十八章

资产阶级改良派的法律思想

内容分析和要点提示

本章是本课程中最重要的章节之一，主要阐述了资产阶级改良派的法律思想。从总体上看，资产阶级改良派的变法维新论，君主立宪主张以及重法治、行新法思想，是特别重要的内容，应注意掌握。

本章的基本知识、基本理论有：（1）资产阶级改良派的变法维新思想。（2）资产阶级改良派的君主立宪主张。（3）资产阶级改良派的重法治、行新法主张。（4）康有为的"托古改制"思想。（5）康有为的"变法维新"思想。（6）康有为的君主立宪思想。（7）康有为的"太平之世不立刑"的主张。（8）梁启超的法律起源论。（9）梁启超的变法图存思想。（10）梁启超"三权之体皆莞于君主"的三权分立说。（11）梁启超法治、人治并重与法律道德"相须为用"的主张。

本章的基本概念有：（1）"托古改制"。（2）"变法维新"。（3）"公羊三世"。（4）君主立宪。（5）"法治主义"。（6）三权分立。（7）"三权分立皆莞于君主"。（8）"去九界"。（9）"太平之世不立刑"。

第一节 资产阶级改良主义思潮的高涨与资产阶级改良派法律思想概述

19世纪末，随着民族危机的空前严重，要求抵制外国列强侵略，变法维新，发展民族资本主义工商业的资产阶级改良主义思想，也相应地高涨起来。早期的资产阶级改良主义思潮，逐步成为一场规模浩大的政治运动和思想解放运动——戊戌变法运动。

戊戌变法运动的领导者有康有为、梁启超等人。他们于1898年（戊戌年）初向清光绪帝正式提出救亡变法的政治纲领。同年夏，光绪帝采纳了改良派的建议，发布一系列变法的命令，包括废科举、设学校、兴办工业和交通、开放言路、改革机构，等等，但遭到以慈禧太后为首的封建顽固派的强烈反对。同年秋，顽固派发动政变，杀害了谭嗣同等"六君子"，康有为、梁启超亡命国外，历时103天的戊戌变法运动宣告失败。

在戊戌变法中，以康有为、梁启超、谭嗣同、严复等为代表的资产阶级改良派，以报刊、学会、学堂为阵地，广泛宣传具有资产阶级民主主义色彩的政治、法律思想。其法律思想主要表现在以下几个方面。

第一，变法维新。这是资产阶级改良派的主要口号，其实质在于变封建主义为资本主义，变封建之法（制度），维资本主义之新。他们痛彻地感到，为了挽救国家的危亡，唯有变法维新，别无他策。他们认为，"盖变者，天道也……观大地诸国，皆以变法而强，守旧而亡"；[1] "法何以必变，凡在天地之间莫不变……变者，古今之公理"；[2] "天下理之至明而势所必至者，如今日中国不变法则必亡是已"；[3] "外患深矣……国与教与种将偕亡矣。唯变法可以救之"。[4] 变法维新成为资产阶级改良的共同呼声。他们批评洋务派只知"变事"（如设邮政开矿办厂等），那是"小变"，而不是"变法"，不是"全变"。要拯救中国，必须大变，必须"全变"，"全变则强，小变仍亡"。[5]

第二，实行君主立宪。资产阶级改良派认为，"变易"是万事万物的普遍规律。据此，康有为、梁启超把人类社会的进化过程划分为三大阶段即"据乱世""升平世""太平世"，同时将君主制、君主立宪制、民主

---

[1] 康有为：《进呈俄罗斯大彼得变政记序》。
[2] 《梁启超选集·变法通议》。
[3] 严复：《救亡绝论》。
[4] 谭嗣同：《思纬氤氲台短书——报贝元征》。
[5] 《康有为政论集·上清帝第六书》。

共和制三种制度比附为"据乱世""升平世""太平世"。这就是"孔子之为春秋,张为三世……盖推进化之理而为之"的"公羊三世"说。[1]认为"三世"只能循序而进,不能"躐等"。他们根据这种进化史观,论证中国必须由君主制通过改革进入君主立宪制时代。"今日之时代,实专制、立宪两政体新陈代谢之时地。"[2]这样,变清朝封建君主专政制度为君主立宪制度,就成为改良派变法维新的根本目标。他们主张设议院,开国会,立宪法。"东西各国之强,皆以立宪法开国会之故。国会者,君与民共议一国之政法也……东西各国皆行此政体,故人君与千百万之国民合为一体,国安得不强?"[3]他们认为这样的议会政治有很大的优越性,即有宪法以同受其治,有国会以会合其议,有司法以保护其民,有责任政府以推行其政。

他们主张,在君主立宪制下,实行孟德斯鸠所创立的立法、行政、司法三权鼎立之制。由国会立法,由政府行政,由法官司法,"行三权分立之制,则中国之治强,可计日而待也"。[4]

第三,实施法治,推行新法。采用西方资产阶级新法,实施法治,这是资产阶级改良派的共同主张。他们甚至坚持"法治主义为今日救时之唯一主义"。

实施法治,首先必须制定法律。改良派以主权在民的观点来阐明其为民立法的思想,认为人民是"天下之真主",法律"皆缘卫民之事而后有之"。[5]所以,西方立宪之国"最重造律之权",法律应合乎"天下之公意"。[6]因此立法权应当由"国民之多数"来掌握。

资产阶级改良派劝告清朝统治者,如要继续维持其统治,就应当适应形势,主动地革故更新,即所谓"治旧国必用新法"。这是说要仿行西

---

[1]《孔子改制考》。
[2]《梁启超选集·立宪法议》。
[3]《康有为政论集·请宪立宪开国会折》。
[4]《康有为政论集·请宪立宪开国会折》。
[5] 严复:《法意》卷一按语。
[6]《梁启超选集·变法通议》。

方资产阶级国家的法律制度,"采罗马及英、美、德、法、日本之律,重订施行"[1],制定出中国的刑法、民法、商法、诉讼法等各种法律。

资产阶级改良派在重法治的同时,也不否认伦理道德的作用。例如,梁启超说:"法不能自立","人能制法,非能制人"。一定要由有德有智的人来制定和实施法律,才能有"善法",有"善治"。[2]而且,要使法律真正发挥作用,还需要有道德、教育诸因素的配合。"政治习惯不养成,政治道德不确立,虽有冠冕世界之良宪法,犹废纸也。"[3]严复也强调:"鼓民力、开民智、新民德",三者具备,"而后其政法从之"。[4]所以他反对把人们的一切行为都局限于"专以法之所许所禁"的范围内,提醒人们不要忘记中国"礼防未然,刑惩已失"的历史经验,注重礼义道德教育,"其效深于以刑也"。[5]

由上可知,资产阶级改良派既重西方资产阶级民主主义的社会政治理论和法治,但又不完全照搬西方,确实有许多有借鉴意义的东西。

第二节 康有为的变法维新论

康有为(1858—1927),又名祖诒,字广厦,号长素,广东南海人,戊戌变法运动的领袖。他出身于官僚地主家庭,自幼接受传统的儒学教育,后接受西方资本主义和正在兴起的改良主义思想影响,开始产生变法图强的思想。1888年进京应试时,他上书光绪皇帝,提出变法要求。1891年起,他在广州万木草堂聚徒讲学,并从事变法理论的著述,写成《新学伪经考》《孔子改制考》,为变法维新奠定了理论基础。1895年《马关条约》签订时,康有为联合在京会试的举人1300多人,发起"公车上书",提出拒和、迁都、练兵、变法的主张。此后,他又在北京、上

---

[1]《康有为政论集·上清帝第六书》。
[2] 梁启超:《中国法律学发达史论》。
[3] 梁启超:《中国法律学发达史论》。
[4] 严复:《原强》。
[5] 严复:《法意》卷一按语。

海组织强学会,出版《中外纪闻》和《强学报》,宣传变法维新,逐渐把变法维新从少数的著书立说发展到一个具有相当规模的思想运动和政治运动。此后,康有为成为资产阶级改良主义运动的领袖人物。1898年,他在北京成立"保国会";同年6月11日,光绪皇帝接受他的建议,命康有为参与"新政",下诏变法,宣布实行一系列的"新政"改良措施。由于戊戌变法触犯了以慈禧太后为首的封建顽固派的利益,因而遭到他们的强烈反对。结果,光绪被囚,谭嗣同等"六君子"遇害,康有为、梁启超逃亡日本,历时103天的戊戌变法宣告失败。

此后,康有为仍然坚持"保皇"。1899年,他在加拿大组织"保皇会"。此后,革命形势日益发展,人心日益趋向革命,而他却坚持改良,公然鼓吹"中国只可行立宪,不可行革命"。

辛亥革命后,康有为在上海主编《不忍杂志》,陆续发表反对共和与保存国粹的言论,并任孔教会会长。1927年,他临终前还向溥仪"上折谢恩"。

康有为的主要著作有《新学伪经考》《孔子改制考》《大同书》《戊戌奏议》等。合编有《康有为政论集》。

一、变法维新论

戊戌变法以前,康有为曾7次上书光绪皇帝(1888年1次,1895年3次,1897年1次,1898年2次),提出变法改革的主张;又组织学会,创办报刊,宣传变法维新主张。戊戌变法期间,他又向光绪皇帝上奏折20多道。他把西方资产阶级的进化论,天赋人权论和自由、平等、博爱说,同中国传统的儒家学说结合起来,形成了一套比较完整的变法维新理论。

为什么要变法?集中到一点上,就是为了"救亡图存",即为中华民族争生存,为中国人争生存,也是为了统治者能继续生存下去。康有为生活的时代,帝国主义对中国的侵略日益疯狂起来,中国的民族危机达到了极其严重的地步。中法战争后,"外事交迫,将及腹心","国事蹙

（紧迫）迫，在危急存亡之间，未有若今日之可忧也"。[1]中日甲午战争后，亡国危机更迫在眉睫，康有为说："日本议院，日日会议，万国报馆，议论沸腾，咸以瓜分中国为言，若箭在弦，省括即发。海内惊惶，乱民蠢动……瓜分豆剖，渐露机牙，恐惧回惶，不知死所。"如果人民趁机揭竿而起，造起反来，国家也难逃灭亡的命运："自台事后（即台湾割让后），天下皆知朝廷之不可恃，人因无志，奸宄生心……加以贿赂昏行，暴乱于上，胥吏官差，蠹乱于下。乱机遍伏，即无强邻之偪（逼），揭竿斩木，已可忧危。"[2]在这种形势下，唯有变法维新，"或可图存"。[3]

为了挽救民族的危亡，改造自己的国家，康有为主张向西方寻找救国真理。经过几年的摸索，他以为西方资本主义国家是进步的，西学中"甚多新理"，那些东西可以救中国。"要救中国，只有维新，要维新，只有学外国。"他主张在中国发展资本主义，建立资产阶级君主立宪制度。

除向西方学习外，康有为又从中国传统的儒家学说中吸取变法维新的力量。《新学伪经考》和《孔子改制考》，就是他的两本变法维新的理论著作。《新学伪经考》运用考证的方法，断定"六经皆伪"。他说，东汉以来流传下来的古文经，都是刘歆伪造的。"始作伪，乱圣制者，自刘歆，布行伪经，篡孔统治，成于郑玄。"所以叫做"伪经"。刘歆伪造经文是为王莽新朝服务的，因此叫"新学"，这与孔子无关。"凡后世所指目为'汉学'者，皆贾、马、许、郑之学，乃新学，非汉学也；即宋人所尊述六经，乃多伪经，非孔子之经也。"这样，康有为对当时学术界占统治地位的"汉学"（古文经学派）和"宋学"给予了沉重的打击，使它们失去了价值。其目的在于破除对经学的迷信，唤醒士人觉醒，解放人们的思想，为扫除变法维新的障碍准备理论条件。《孔子改制考》是《新学伪经考》的姊妹篇。在这部书中，康有为认为，孔子是"托古改

---

[1]《康有为政论集·上清帝第一书》。
[2]《康有为政论集·上清帝第五书》。
[3]《康有为政论集·上清帝第五书》。

制"者,他为了改变其所处时代的社会政治状况,就按照自己的政治理想,假托尧舜的事迹和言论,写成"六经",作为实行社会改革的张本。既然孔子是中国历史上搞变法革新的祖师爷,那么,他康有为的变法维新主张,就符合"圣人之道"了。相反,那些坚持"祖宗之法不可变"的顽固派倒成了背叛"圣人之道"的罪人了。由此可见,康有为是拿孔子来对抗孔子,以减轻人们责难变法为"非圣无法"的压力。

为了驳斥顽固派"祖宗之法不可变"的论调,康有为还以事物的发展变化来论证变法的必要性和合理性。他说:"夫方今之病,在笃守旧法而不知变……夫物新则壮,旧则老;新则鲜,旧则腐;新则活,旧则板;新则通,旧则滞,物之理也。"[1]"变"是不可抗拒的普遍规律,任何事物都是如此。从法律来说也是这样,不可守旧,必须变法。"法既积久,弊必丛生,故无百年不变之法。况今兹之法,皆汉、唐、元、明之敝政,何尝为祖宗之法度哉?又皆为胥吏舞文作弊之巢穴,何尝有丝毫祖宗之初意哉?"[2]实际上,这也是对顽固派死守"祖宗之法"而又守不住"祖宗之地"的有力批判。康有为进一步揭露他们说:"法者所以守地者也,今祖宗之地既不守,何有于祖宗之法乎?夫使能守祖宗之法,而不能守祖宗之地,与稍变祖宗之法,而能守祖宗之地,孰得孰失,孰轻孰重,殆不待辨矣。"[3]

那么,怎么样变法呢?康有为特别总结了洋务派"自强新政"的教训,认为他们建铁路、开矿务、办学堂、办商务、经营洋务几十年而成效甚微,其原因就在于他们"变事而已,非变法","于救国之大体无成"。[4]在康有为看来,要救亡图存,只有"筹全局而全变","若仅补苴罅漏,弥缝缺失,则千疮百孔,顾此失彼,连类并败,必至无功"。[5]

---

[1] 《康有为政论集·上清帝第六书》。
[2] 《康有为政论集·上清帝第六书》。
[3] 《康有为政论集·上清帝第六书》。
[4] 《康有为政论集·上清帝第四书》。
[5] 《康有为政论集·上清帝第四书》。

他强调指出："观万国之势，能变则全，不变则亡，全变则强，小变仍亡。"[1]既然要"全变"，其变的范围就很广泛，包括政治、经济、文化、军事、法律等方面。

在政治方面，康有为主张变君主专制为君主立宪，行三权鼎立之制。

在经济方面，康有为要求发展民族资本主义经济。他看到帝国主义向中国大量倾销商品，严重影响国计民生，因而首先呼吁发展商业，和帝国主义进行"商战"。他说："古之灭国以兵，人皆知之；今之灭国以商，人皆忽之。以兵灭人，国亡而民犹存；以商灭人，民亡而国随之。中国之守弊，盖在此也。"[2]但康有为所说的"商"是包括"工"在内的，"惠商"包括"广纺织以敌洋布，造用物以敌洋货"，以商务为先，兼顾工业，也不忽视农业。他在"公车上书"中就提出了"富国""养民"之法。他说的"富国之法"，包含有钞法、铁路、机器轮舟、开矿、铸银、邮政等六个方面的内容；"养民之法"包括"务农""劝工""惠商"等内容。由此可见，康有为主张全面发展民族资本主义经济。

在文化教育方面，康有为主张废除封建的科举八股考试制，兴办各类学校。"京师立大学，各省立高等中学，府县立中、小学及专门学，若海、陆、医、律、师范各学。"[3]他还主张广译西书，派人出国留学。

在军事方面，康有为主张停弓刀石武试，裁绿营放旗兵，仿德、日制，建设陆军、海军。

在法律方面，康有为要求改革封建旧法制，采用西方资产阶级法律制度。"今宜采罗马及英、美、德、法、日本之律，重订施行，不能骤行内地，亦当先行于通商各口。其民法、民律、商法市则、船则、讼律、军律、国际公法，西人皆极详明，既不能闭关绝市，则通商交际势不能概予通行。然既无律法，吏民无所率从，必致更滋百弊。且各种新法，皆我所夙无，而事势所宜，可补我所未备。故宜有专司，采定各律，以

---

[1]《康有为政论集·上清帝第六书》。
[2]《康有为政论集·上清帝第二书》。
[3]《康有为政论集·上清帝第六书》。

定率从。"[1]这主要是说，必须适应形势的发展，设立专门机构，制定出各种急需的法律。

总体看来，康有为进行变法维新，是希望解决当时社会所面临的一系列的现实问题，以拯救国家，使民富国强。虽然他所代表的主要是资产阶级上层的利益，但也反映了全中国人民的要求和愿望。

二、君主立宪的主张

康有为运用进化论，并结合儒家的《春秋》公羊三世说和大同思想，把孔子奉为"托古改制"的祖师爷，为实现其君主立宪制的改革寻求历史根据。他在《春秋董氏学》中说："三世为孔子非常大义，托之《春秋》以明之。所传闻氏托据乱，所闻氏托升平，所见氏托太平。据乱者，文教未明也。升平者，渐有文教，小康也。太平者，大同之……文教全备也……此为春秋第一要义。"他把据乱世、升平世、太平世说成是逐步改良进化的历史进程，同时将君主制、君主立宪制和民主共和制三种制度比附为据乱世、升平世和太平世。在他看来，据乱世是指"行暴主之酷政"的时代，实际上是指封建君主专政的时代；升平世是"行君主之仁政"时代，即"君民共治，拨乱世而升平"，实际上是指资产阶级君主立宪时代；太平世是指民主时代，实际上是指理想化了的西方资产阶级民主制时代。对当时的中国来说，康有为认为是"进至升平"的时代，因此中国必须改革封建君主专制制度，实行资产阶级君主立宪制度。康有为从"公车上书"起多次提出了实行资产阶级君主立宪制的方案。

1895年5月，康有为在"公车上书"中，第一次向光绪皇帝建议说："伏乞特诏颁行海内士民，令公举博古今、通中外、明政体，方正直言之士，略分府县约十万户，而举一人，不论已仕未仕，皆得充选，因用汉制，名曰议郎。皇上开武英殿广县图书，俾轮班入值，以备顾问。并准其随时请对，上驳诏书，下达民词。凡内外兴革大政，筹饷事宜，

---

[1]《康有为政论集·上清帝第六书》。

皆令会议于太和门,三占从二,下施部行。所有人员,岁一更换。若民心推服,留者领班。著为定制,宜宣示天下。"

由此可见,康有为虽然用的是汉制"议郎"的名称,而这个机构实质上是近似西方资产阶级君主立宪的国会或议会。

一个月后,康有为又在《上清帝第四书》中提出了"设议院以通下情"的建议,进一步强调了设议院的必要性。他说:"一在设议院以通下情也。筹饷为最难之事,民信上则巨款可筹,赋税无一定之规,费出公则每岁摊派。人皆来自四方,故疾苦无不上闻;政皆出于一堂,故德意无不下达;事皆本于众议,故权奸无所容其私;动皆溢于众听,故中饱无所容其弊;有是三(应为"四")者,故百度并举,以致富强。"1898年1月,康有为在《上清帝第五书》中,进一步提出了开国会、定宪法的建议,明确要求实行资产阶级君主立宪制的改革。他说:"自兹国事付国会议行;纡尊降贵,延见臣庶,尽革旧俗,一意维新;大召天下才俊,议筹款变法之方;采择万国律例,定宪法公私之分,大校官吏贤否,其疲老不才者,皆令冠带退休;分遣亲王大臣及俊才出洋,其未游历外国者,不得当官任教。"

但是,康有为在《上清帝第六书》(《大誓臣工请开制度局》)中,他却放弃了设议院的主张,改为建议开制度局。他说:"考其(指日本)维新之始,百度甚多,惟要义有三:一曰大誓群众以定国是,二曰立对策所以征贤才,三曰开制度局而定宪法……开制度局于宫中,选公卿诸侯大夫,及草茅才士二十人,充总裁,议定参预之任,商榷新政,草定宪法,于是谋议详而章程密矣。"

为什么康有为从开议院倒退到开制度呢?他在《日本政变考》中作了说明:由于当时守旧派"盈朝","民智未开",如果遽兴议会,遽用民权,"则举国哗鼓守旧愈甚,取乱之道也"。其实,害怕"愚民"揭竿而起,造成大乱,才是其根本原因。

但是,康有为开制度局的根本仍然是西方资产阶级的三权分立学说。他在《日本政变考》中指出:"泰西之强,在其政体之善也。其言政权有三:其一立法官,其一行法官,其一司法官。立法官,论议之官,主造作制度,撰定章程者也。行法官主承宣布政,率作兴事者也。司法官主执宪掌律纠愆谬者也。三官立而政体立,三官不相侵而政事举。"在《上清帝第六书》中,康有为更明确提出实行三权鼎立之制。他指出:"近泰西政论,皆言三权:有议政之官,有行政之官,有司法之官。三权立,然后政体备。"他认为只要实行按三权分立原则建立起来的君主立宪制,就既能限制君权,又能使国民的代表参议国政,这自然不是"一人或数人之治所能敌"。如果实行三权鼎立之制,则中国之富强"可计日而待也"。[1]

三、"太平之世不立刑"的主张

在刑法思想方面,《大同书》的一个主要思想是"太平之世不立刑"。

康有为认为,人们生当乱世,生活贫困,衣食无着,乃"犯罪致刑"。"以贫人之故,则不能忍。不能忍,则有窃盗、骗劫、赃私、欺隐、诈伪、偷漏、恐吓、科敛、占夺、强索、匿逃、赌博之事,甚者则有杀人者矣。"当人们忍饥挨冻、挣扎在死亡线上的时候哪能顾及廉耻和害怕法律呢?即使是"日张法律如牛毛,日议轻刑如慈母,日讲道德如圣主,终不能救之也"。只有进入无国、无家、无己之分的大同社会,消除了人们触犯刑网的根源,才能达到"刑措不用,狱囚不设"的"无讼"境界。康有为具体分析说:"大同无邦国,故无有军法之重律;无君主,则无有犯上作乱之悖事;无夫妇,则无有色欲之争、奸淫之防……刑杀之祸;无宗亲兄弟,则无有望养、贵善、争分之狱;无爵位,则无有恃威、怙(依恃)力、强霸、利夺、钻营、佞诌之事;无私产,则无有田宅、工商、产业之讼;无尸葬,则无有墓地之讼;无税役、关津,则无有逃匿欺吞之罪;无名分,则无有欺凌、压制、干犯、反攻之事。除此以外,然则尚有何罪,尚有何刑哉?"

---

[1] 《康有为政论选集·请定立宪开国会折》。

所以，在大同社会里，百官皆有，就是没有兵刑两官。"故太平之世无讼，大同之世刑措，盖人人皆有士君子之行，不待理矣。"然而，康有为认为，大同社会里虽然没有犯罪，人们仍会发生"失职误事""失议过语"一类的行为。对此，不必采用刑罚，可以"归其本词，依例教诫，或稍加罚锾极矣"。他设想，太平之世虽然"不立刑"，但有"各职业之规则"，还有"禁懒惰""禁独尊""禁竞争""禁堕胎"的"四禁"。其一，"禁懒惰"。康有为设想，在大同社会里，人人受公家教养20年，所以每人应为社会服务20年，40岁以前不得出家修炼。有惰工者计日罚，若经月则削名誉，再久则不得充上职，其人入恤贫院，则做苦工。其二，"禁独尊"。在大同社会里，人人平等，各自独立，"有欲为帝王君长者，则反叛平等之理，皆为大逆不道第一恶罪，公议弃之圜土（牢狱）"。其三，"禁竞争"。在大同社会里，"无异类，无异国，皆同体同胞也"，人人相亲相爱，没有竞争之事。如有"争气、争声、争事、争心者，则清议以为大耻，报馆引为大戒，名誉减削，公举难预焉"。其四，"禁堕胎"。怀胎生子是关系到"人种存亡"的头等大事，所以，凡堕胎者，罪比杀人，"为天下第一大禁"，医生"密为堕胎之方"，药铺"密卖堕胎之药"，都要监禁终身，罚做苦工，剥夺名誉。

诚然，康有为的大同理想，是他对人类美好未来的向往和对自由民主的追求，蕴含着丰富的民主主义的内容，很能启发人们的思想。从预防犯罪方面来看，其大同方案能实现的话，全社会就没有犯罪，而达到"刑措不用，狱囚不设"的"无讼"境界，真是太好不过了！然而，这种大同理想仅仅是一种空想，不可能真正实现。

康有为是19世纪末我国向西方寻求救国真理的先进人物之一。他领导的戊戌变法运动，不是可有可无的历史过场，而是资产阶级革命准备阶段的重要环节。康有为为推进中国政治、法律、经济改革的历史功绩是应当充分肯定的。

第三节　梁启超的宪政理论

梁启超（1873—1929），字卓如，号任公，别号饮冰室主人，广东新会人。他出生于地主家庭，是著名的资产阶级改良主义政治家、宣传家和杰出的学者。他16岁中举人，17岁时拜康有为为师，全盘接受了康有为的变法维新思想。1896年他在上海主办《时务报》，名重一时，次年任长沙时务学堂主讲，积极宣传变法维新主张。如他在《变法通议》中说："法者，天下之公器也；变者，天下之公理也。大地既通，万国蒸蒸，日趋于上。大势相迫，非可阏制。变亦变，不变亦变。变而变者，变之权操诸己，可以保国、可以保种、可以保教。不变而变者，变之权让诸人，束缚之，驰骤之，呜呼，则非吾之所敢言矣。"这些变法言论，时人称之为"惊心动魄，一字千金"。

1898年，梁启超入京参与领导变法。变法失败后逃亡日本，创办《清议报》继续宣传变法维新。1902年创刊《新民丛报》，积极撰文介绍西方资产阶级的政治学说和自然科学知识，提倡民权，批判封建专制制度，在中国近代资产阶级启蒙思想的宣传方面做出了重大贡献。

1911年辛亥革命后，梁启超以立宪派为基础组成进步党，拥护袁世凯，出任司法总长。1915年袁世凯称帝，他发表《异哉所谓国体问题者》，反对变更共和国体。此后，他又组织研究系，与段祺瑞合作，出任财政总长。"五四"时期，他反对尊孔复古，批判封建文化，倡导民主和科学。1920年以后，梁启超集中精力从事学术研究，写了不少有关中国古代历史、哲学、法学、文学、宗教等方面的文章和著作，其著作编为《饮冰室合集》，约1400万字。今人编有《梁启超选集》。

一、宪政理论

在中国近代启蒙思想家中，就法律思想而言，以梁启超论述最多，其中尤以宪政思想最具特色。

梁启超总结古今中外变法的经验教训之后，明确提出了以资产阶级宪政制度取代以封建君主专制为核心的一系列政治法律制度的思想主张。

梁启超根据西方资产阶级的民权理论批判中国的封建专制主义，提出了"伸民权"的主张。他认为，历代专制帝王无不将国家政权视为自己的私产，对人民的权利横加剥夺。"君主者何？私而已矣。民主者何，公而已矣。"[1]然而，"国之强弱悉推原于民主，民主斯固然矣"[2]因此，他向封建统治者提出了"人人有自主权"的要求，应当使人们各尽其力，各得其利，尽应尽的义务，享应享的权利。"各尽其所当为之事，各得其所应有之利，公莫大焉，如此则天下平矣。"[3]这种"人人有自主之权"的原则，和封建君主集中权力于一身，是完全相反的。封建专制主义"收人人自主之权，而归诸一人，以一人而夺众人之权"，[4]在梁启超看来，中国历史无民主，压抑民权是社会进展缓慢、国家衰弱的重要原因。因此，他大声疾呼要"伸民权"。他说："民权兴则国权立，民权灭则国权亡……故言爱国必自兴民权始。"[5]但他又认为"欲伸民权，宜先伸绅权"，[6]实质上表明新兴资产阶级害怕广大人民取得民主权利，而只希望由资产阶级和开明地主分享政权。

梁启超宪政思想的内容相当丰富，现就其荦荦大者加以论述。

(一) 三权分立

梁启超对西方资产阶级宪政制度倍加赞赏，认为只有实行这种制度，才能拯救中国。他说："故立宪政体者，永绝乱萌之政体也……真可谓国家亿万年有道之长矣！即如今日英、美、德、日诸国，吾敢保其自今已往，直至天荒地老，而国中无内乱之忧也！然则谋国者亦何惮而不采此

---

[1]《梁启超选集·与严幼陵先生书》。
[2]《梁启超选集·与严幼陵先生书》。
[3]《梁启超选集·与严幼陵先生书》。
[4]《梁启超选集·论中国积弱由于防弊》。
[5]《梁启超选集·爱国论》。
[6]《湖南时务学堂课艺批》，《戊戌变法》资料丛刊，第548页。

政体乎？"[1]由此可见，梁启超所设想的宪政思想，依然是孟德斯鸠提倡的立法、行政、司法三权鼎立之制。梁启超说："自百年前法儒孟德斯鸠所创立的立法、行政、司法三权鼎立之说，风靡一世，各文明国皆循此以定国基焉，近今学者，虽与其说有所斟酌损益，然大体犹宗之。"[2]又说："今号称明国者，其国家枢机之组织，或小有异同，然皆不离三权范围之意，政术进步而内乱几乎息矣。"[3]

梁启超的三权分立与孙中山1906年后提出的"五权分立"在性质上是相同的，都是资产阶级共和国的宪法原则。

然而，梁启超在改良实践中所宣传的三权分立说，比康有为等人阐述得更系统而具体，又与孟德斯鸠有较大的不同，而显现出自己三权分立说的鲜明特色。

(二) 立法权属于"多数之国民"

梁启超对立法权问题最为重视，强调立法权属于多数之国民。他认为，自18世纪以来，各资本主义国家的"立法之业，益为政治上第一关键，觇看国家之衰强弱者，皆于此焉"。[4]他以资产阶级人性论的观点来论证立法权应属于多数之国民。由于自私自利乃人之天性，所以谁操有立法权，必然有利于己之法。他说："夫立法则政治之本原也，故国民之能得幸福与否，得之者为多数人与否，皆不可不于立法决定之。夫利己者人之性也，故操有立法权者，必务立其有利于己之法，此理势所不能免者也。然则使一人操其权，则所立之法必利一人；使众人操其权，则所立之法必利众人。吏之与民亦然，少数之与多数亦然……循所谓最多数最大幸福之正鹄，则众人之利重于一人，民之利重于吏，多数之利重于少数，昭昭明甚也……若今世所称文明之法，如人民参政权、服官权、言论、结集、出版、迁移、信教各种之自由权等，亦何尝非由立法人自

---

[1]《梁启超选集·立宪法议》。
[2]《梁启超选集·法理学大家孟德斯鸠之学说》。
[3]《梁启超选集·法理学大家孟德斯鸠之学说》。
[4]《梁启超选集·论立法权》。

顾其利益而来……故今日各文明国，皆以立法权属于多数之国民。"[1]所以，只有符合多数国民的意志，才能制定出公正的法律，这就是梁启超在《论立法权》一文中所说的"合多数人私利之法，而公益之法存焉矣"。

那么，国民如何行使立法权呢？梁启超主张设立立法部，国民通过这一机构来行使立法权。在他看来，"泰西政治之优于中国者不只一端，而求其本原，则立法部早发达，实为最著要矣"[2]。法律必须适应"内界之识相"和"外界之境遇"的发展而变化，这就要求有一个专门机构来进行立法工作。他说："夫立法者国家之意志也。就一人论之，昨日之意志与今日之意志，今日之意志与明日之意志，常不能相同。何也？或内界之识想变迁焉，或外界之境遇殊别焉，人之不能以数年前或数十年前之意志以束缚今日，甚明也。惟国亦然。故必须常置立法部，因事势，从民欲，而立制改度，以利国民。各国之有议会也，或年年开之，或间年开之，诚以事势日日不同，故法度亦屡屡修改也。"[3]

梁启超所设想的立法机构，有时提议院，更多的时候是提国会，并把国会的地位抬得很高，如说："语专制政体与立宪政体之区别，其唯一之尝试识，则国会之有无是也。"[4]而且，他对于国会的组织、职权范围、期限以及议员的选举等一系列法律问题，都进行了详细的论述。

(三) 宪法为一国之根本大法

梁启超主张立宪，因此十分重视作为一国之根本大法的宪法，并主张制定一部完整的宪法，为法治提供依据。他在论述宪法的性质地位和意义时说："宪法者何物也？立万世不易之宪典，而一国之人，无论为君主、为官吏、为人民，皆共守之者也，为国家一切法度之根源。此后无论出何令，更何法，百变而不许离其宗者也。"[5]

---

[1] 《梁启超选集·论立法权》。
[2] 《梁启超选集·论立法权》。
[3] 《梁启超选集·论立法权》。
[4] 《梁启超选集·论立法权》。
[5] 《梁启超选集·立宪法议》。

他认为有了宪法之后,还必须付诸实践,上下共同遵守。凡立宪国的国民参与政界,"其第一义,须确认宪法,共信宪法为神圣不可侵犯,虽君主犹不敢为违宪之举动。国中无论何人,其有违宪者,尽人得而诛之也"。[1]

梁启超认为,宪法权力的保障在于民权。"欲君权之有限也,不可不用民权;欲官权之有限也,更不可不用民权。宪法与民权,二者不可相离,此实不易之理。"[2]这说明宪法是行使民权以限制君权和官权的有力武器。显然,梁启超所特别关注的宪法,具有鲜明的资产阶级民主性质。

(四) 建立责任政府

梁启超主张立法、行政分权,建立责任政府。在他看来,立法、行政分权之事,西方国家早已行之,所以他们的政治"益进化焉"。然而,中国的立法机构,"不过政府之所设,为行政官之附属",立法权历来受制于和从属于行政权。"故今日欲兴新治,非划清立法之权而注重之,不能为功也。"[3]在梁启超看来,中国欲行立宪,必须重视立法权,必须明确国会与政府的权限,防止政府专权。"夫所谓分立者,必彼此之权,互相均平,行政者不能强立法者以从我。"[4]在梁启超的分权学说中,虽然还强调行政、立法、司法三权的均平制衡,"不相侵轶",但其重点是对立法权的保护和对行政权的限制。这是他与孟德斯鸠有所不同的地方。

为了保护立法权,限制行政权,梁启超提出了一些措施,特别是要改造现存政府,建立责任政府。"凡行政之事,每一职必专任一人,授以全权,使尽其才以治其事,功罪悉以属之,夫是谓有责任之政府。"[5]这样的责任政府,不对君主负责,"凡以其对国民负责任言之"。"立法部议定之法律,经元首裁可,然后下诸所司之行政官,使率循之。行政官若欲所兴作,必陈其意见于立法部,得其决议,乃能施行。其有于未定之

---

[1]《梁启超选集·政党与政治上信条》。
[2]《梁启超选集·立宪法议》。
[3]《梁启超选集·论立法权》。
[4]《梁启超选集·论立法权》。
[5]《梁启超选集·论立法权》。

法而任意恣行者,是谓侵职,侵职罪也;其有于已定之法而奉行不力者,是谓溺职,溺职亦罪也。但使立法之权确定,所立之法善良,则行政官断无可以病国厉民之理,所谓其源洁者其流必澄,何此一一而防之。故两者分权,实为制治最要之原也。"[1]显然,立法行政分权之后,这种责任政府的地位就很低了,实际上成为立法机构的一个附属机构。梁启超想借此来削弱政府的权力,防止"政府之专恣,以保人民之自由"。

(五)司法独立

梁启超认为:"司法独立为立宪政治之根本。"[2]司法官员的责任就在于"监督一国人使范于法而纠淑其轶(超越)于法外者也",[3]如果司法不独立,就难以保障法律的贯彻和执行。可是中国历来行政权和司法权混淆不清,给法律施行带来很多困难,在司法上产生种种弊端。因为"犯法者非徒人民有之,官吏亦有焉。故以行政官兼司法权,其势必不足以尽法律之用"。[4]更有甚者,行政权兼司法权混淆不清,以行政权去干预司法权,将造成司法官员不依法审理,人民生命财产得不到法律的保护。对此,梁启超有相当深刻的分析。他说:"须有独立之裁判官厅,得守法而无所瞻徇。今中国法律,大率沿千年之旧,与现在社会情态,强半不相应,又规定简略,惟恃判例以为补助,多如牛毛,棼如乱丝,吏民莫知所适从,重以行政、司法两权,以一机关行之,从事折狱者,往往为他力所左右,为安固其地位起见,而执法力乃不克强。坐是之故,人民生命财产,常厝于不安之地,举国谆然若不可终日,社会上种种现象,缘此而沮其发荣滋长之机……故吾党以厘定法律,巩固司法权之独立,为次于国会制度最要之政纲也。"[5]

1913年9月,梁启超被迫辞去司法总长职务时,还写了一篇《呈请改良司法文》。在此文中,他提出了10条建议,其中包括司法和行政分

---

[1] 《梁启超选集·论立法权》。
[2] 《梁启超选集·梁启超年谱长编》,第688页。
[3] 《梁启超选集·代五大臣考察宪政报告》。
[4] 《梁启超选集·代五大臣考察宪政报告》。
[5] 《梁启超选集·政闻社宣言》。

离、严禁法外干涉等内容，由此仍可看出他那种为民争权的爱国爱人民的思想。

二、行法治兼重人治的主张

梁启超第一次明确地以"人治主义"和"法治主义"来概括儒家和法家学说，并且第一次将法家的"法治"和儒家的"人治"同民主、自由等观念联系起来，从而将"人治"和"法治"的争论推向了一个新的阶段。

在资产阶级改良派思想家中，梁启超比康有为、谭嗣同等人更强调法律的作用，极力主张实行资产阶级法治，甚至认为"法治主义为今日救时之唯一主义"。[1]在他看来，西方各国之所以兴旺发达，就是因为有了好的法制，从法律上明确规定人们的权利和义务，举国上下都有法可循，秩序井然。如他在《变法通议·论中国宜讲求法律之学》中说："百年以来，斯文益畅，乃至以十数布衣主持天下之是非，彼数十百暴主，戢戢（聚集貌）受绳墨，不敢恣所欲，而举国君民上下，权限划然，部寺省署，议事办事，章程日讲日密，使世界渐进于文明大同之域。"这说明国家的文明昌盛同法律的关系十分密切。

梁启超认为，实行法治还是为了制裁人民，维护社会秩序，保护天赋人权的需要。在梁启超看来，人性是恶的，如果没有法律加以约束，将会为所欲为，酿成祸乱。他说："万有不齐，驳杂而无纪，若顺是焉，则将横溢乱动，相鬭相阋（争吵）而不可以相群，于是不可不以人为之力，设法律而制裁之。"[2]这是资产阶级思想家对法律的共同看法。当然，法律作为人们的一种行为规则，应该是"均平中正，固定不变，能为最高之标准以节度事物"[3]。它使人们在维护国家利益的前提下，协调一致，保证其所享有的天赋权利不受侵犯，整个社会秩序井然，像军队一样有纪律地行动。

---

[1]《中国法理学发达史论》，《饮冰室文集》卷八。
[2]《梁启超选集·新民说·论自治》。
[3]《中国法理学发达史论》，《饮冰室文集》卷八。

为了强调法治的重要，梁启超在 1902 年所写的《论立法权》一文中，曾批评了荀子的人治主义。

"呜呼！荀卿'有治人无治法'一言，误尽天下，遂使吾中华数千年，国为无法之国，民为无法之民，并立法部而无之，而其权之何属更靡论也；并法而无之，而法之善不善更靡论也。"同时，梁启超还对人治之不如法治，进行了较全面的分析。其一，人治是依靠一人或少数人。"不知一人之时代甚短，而法则甚长；一人之范围甚狭，而法则甚广；恃人而不恃法者，其人亡则其政息焉。"其二，实行法治，贤智者固然能够"神明于法以增公益"，那些愚不肖者也能受到法律的约束，"以无大尤"。其三，中国地域辽阔，政务繁杂，人才缺乏，全国二十多个省，没有百数十万人"不能分任也，安所得百数十万之贤智而薰治之？既无人焉，有无法焉，而欲事之举，安可得也？"

辛亥革命后，梁启超基本上坚持了法治主张。他在《宪法之三大精神》中说："法治主义，既为今世所莫能易，虽有治人，固不可忽于治法。即治人未具，而得良法以相维系，则污暴有所闻而不能自恣，贤良有所藉而徐展其长技。"从这里我们也可以看出，梁启超并不反对人治，实际上有兼重人治的倾向。

梁启超虽然推崇西方的法治，但并不主张完全照搬西方的一套。他看到实行法治的西方国家中，也存在不少弊端，并非一切都好。他总想方设法加以弥补。特别是随着他对时局认识的加深，看到中国上层统治者的极端腐败，日益感到法治主义并非十全十美，人治主义并非一无是处。我们从他对儒法两家法律主张得失的分析中，可以看到他兼重人治的思想。

在梁启超看来，法家的"法治"最大的缺陷是缺乏民主精神，没有解决立法权问题。"夫人主而可以自废法立法，则彼宗所谓'抱法以待，则千世治而一世乱'者，其说固根本不能成立矣。"[1] 既然君主个人制

---

[1]《先秦政治思想史》。

法，他也可以废法毁法，法律就不能真正起到限制君权的作用，所以那些所谓"置法以自治""立仪以自正"，等等，纯属空谈。梁启超认为，即使其"法治主义言之成理，最少也必须有如现代所谓立宪政体者盾其后"。同时，法家过于强调法律的作用，所谓"万物皆归于一，百度皆准于法"，也只能是空想，因为总会有"法之所不至者"。在梁启超看来，要使法律真正发挥作用，治理好国家，还需要有道德教育诸方面的配合。他在《立宪政体与政治道德》中说："政治习惯不养成，政治道德不确立，虽有冠冕世界之良宪法，犹废纸也。"

梁启超主张以儒家的人治来弥补法家"法治"的缺陷。他认为儒家坚持"以民意为政治标准"，"民之所好好之，民之所恶恶之"，颇富于民主精神。他在《先秦政治思想史》中修改了他原来提的人治主义是"贤人政治"的说法，认定儒家所主张的是"以人为中心"的"多数人之治"。"儒家之人治主义……果真如世俗所谓'贤人政治'者，专以一圣君贤相之存没为兴替耶？以吾观之，盖大不然。吾侪既不满于此种贤人政治，宜思所以易之，易之之术……以'多数人治'易'少数人治'，如近世所谓'德谟克拉西'，以民众为政治之骨干。"又说："儒家深信，非有健全之人民，则不能有健全之政治，故其言政治也，惟务养成多数人之政治道德，政治能力及政治习惯。"

总之，梁启超既主张实行法治，又兼重人治，两者应"相须为用，莫可偏废"。他要求实行法治应以国民政治为基础，并辅之以道德教育，借以维护社会秩序和启迪人们的自治能力，使其自觉地遵守法律，尽管他在阐述儒家人治主义时有牵强附会之处，但他对法治、人治的论述超过前人，有较多的合理因素。

三、讲求法律之学

梁启超深受西方资产阶级法治思想的影响，十分重视法律的作用，强调"发明法律之学"。他把法律的有无及完备与否，视为文明与野蛮的重要标志。"法律愈繁备而愈公者，则愈文明，愈简陋而私者，则愈野蛮而已。"[1]

从这种认识出发，他认为西方资本主义国家之所以繁荣富强，其重要原因之一，是历史上"治法家之学者，继轨并作，赓续不衰"。这导致举国上下，"权限划然"，有法可循，社会井然有序，"渐趋于文明大同之域"。[2]而中国则相反。自秦汉以来，法学中绝，"种族日繁，而法律日简"，"事理日变，而法律一成不易"，以致现今中国的法律仍然因袭千年以前的旧律，同现代中国社会"强半不相应"。实际上有法等于无法。梁启超在《致康有为书》中写道："至欧人文明与法无关之说，弟子甚所不解。不必据他书，即《泰西新史揽要》，亦可见其概。英国为宪政发达最久最完之国，流血最少，而收获最多者也。而其安危强弱之关键，实在一千八百三十二年之议院改革案。"因此，梁启超大声疾呼，今日中国"非发明法律之学，不足自存矣"![3]

梁启超作为资产阶级改良派最杰出的宣传家，通过他的"笔锋常带感情"的论著宣传他的变法维新理论，系统地阐述了他的宪政理论、民权学说、法治人治论等。这对于冲破中国传统的封建意识，活跃人们的思想，开阔人们的视野，推动中国法律的近代化，无疑起到了巨大的启蒙作用。当时的青年知识分子，几乎没有不受他的思想或文字的洗礼的。

思考题

1. 试述康有为的"变法维新"思想及其历史地位。
2. 简述梁启超实行资产阶级法治的主张。

---

[1]《梁启超选集·变法通议·论中国宜讲求法律之学》。
[2]《梁启超选集·变法通议·论中国宜讲求法律之学》。
[3]《梁启超选集·变法通议·论中国宜讲求法律之学》。

第十九章

清末修律礼法两派在法律思想上的斗争

内容分析和要点提示

本章是"中国法律思想史"课程的重点章节，主要阐述了中国近代法律史上的礼法之争，以及沈家本的法律思想，应全面掌握其主要内容。特别是沈家本这位中国近代著名法学家，他博古通今，"会通中外"，其法律思想乃重中之重，应全面掌握其内容。

本章的基本知识、基本理论有：（1）清末修律中礼法之争的背景。（2）清末礼法之争中礼教派的主要观点。（3）清末礼法之争中法理派的主要观点。（4）沈家本"会通中外"兼采中西的主张。（5）沈家本推崇资产阶级法治的"以法治国"论。（6）沈家本用法"平恕"的主张。（7）沈家本"法贵得人"的主张。（8）沈家本"法学盛衰"说。

本章的基本概念有：（1）礼法之争。（2）"中外通行，有裨治理"。（3）"以法治国"。（4）旗人、汉人"一体同科"。（5）"情法两尽"。（6）用法"平恕"。（7）"有其法，尤贵有其人"。（8）法学盛衰政治"息息相通"。

第一节 清末修律中的礼法之争

1898年，康有为、梁启超、谭嗣同等资产阶级改良派领导的戊戌变法运动，遭到了清朝统治阶级的血腥镇压。仅仅过了3年，清朝统治阶级为了适应帝国主义对华政策的需要，阻止人民革命运动的发展，维持其摇摇欲坠的统治，也高唱"变法"的调子，不断下诏实行"变法"。1901年1月，流亡西安的慈禧颁下诏谕说："大抵法久则弊，法弊则更。"又说："欲求振作，当议更张。"[1]同时，英、日、美、葡等国假惺惺地许诺在中国废除野蛮的酷刑之后，可以放弃领事裁判权。于是，慈禧迫不及待地于1902年又下诏说："现在通商交涉，事益繁多，著派沈家本、伍廷芳将一切现行律例，按照交涉情形，参酌各国法律，悉心考订，妥为拟议，务期中外通行，有裨治理。"[2]次年，清政府成立了修订法律馆，任命沈家本和出使美国的伍廷芳为修订法律大臣，着手全面修订现行律例和修订新律。沈家本等人首先从修改清朝最基本的法典——《大清律例》着手，经过几年修订，于1910年以《大清现行刑律》的名义颁布施行，作为新刑律颁布前的过渡性法典。这部刑律，还删除了凌迟、枭首、戮尸、缘坐、刺字等酷刑，将死、流、徒、杖、笞五刑改为死刑（绞刑）、徒刑、拘留、罚金，以示同各国办法无异。同时，此次修律取消了以前按吏、户、礼、兵、刑、工六部名称而分的六律总目，将旧律中的继承、分产、婚姻、田宅、钱债等纯属民事的条款分出，不再科刑，以示民、刑有别；还删除了一些过期的条文，增加了一些新的罪名，如规定破坏铁路、电讯罪等。

1907年，沈家本等人奏上《大清新刑律草案》。沈家本在《陈修订大旨折》中指出，旧律中需"变通"的有五个方面，即更定刑名，酌减死罪，死刑唯一，删除比附，惩治教育。他认为，《大清新刑律草案》虽然"仍不戾乎我国历世相沿之礼教民情"，但它"折中各国大同之良规，兼采近世最新之学说"。这就是说此草案是遵循西方资产阶级的法律原理制定出来的。这样就触发了礼教派和法理派之间的激烈斗争。前者以张之洞、劳乃宣为代表，后者以沈家本为代表。

首先发难的是军机大臣兼掌学部的张之洞。他认为，这个草案"内乱罪无唯一死刑"与"无夫奸（即和奸未婚之女）之无罪"，是蔑视礼

---

[1]《德宗景皇帝实录》卷四七六。
[2]《德宗景皇帝实录》卷四九八。

教，违背了"囚伦制礼，因礼制刑"的原则。大学堂总监刘廷琛则指责沈家本"畔（叛）道离经"，所修新律与礼教背道而驰，"礼教可废，则新律可行；礼教不可废，则新律必不可行"，"是非不能两存，礼律必期一贯"。[1]清政府根据大臣们的意见，将草案交沈家本和法部修改。法部尚书廷杰是礼教派，他们在该草案正文后面又加上《附则五条》，明确规定："大清律中，十恶、亲属容隐、干名犯义、存留养亲以及亲属相奸相盗相殴并发塚犯奸各条，均有关于伦纪礼教，未便蔑弃。"中国人犯以上各罪，仍照旧律惩处。这次修改案，名为"修正刑律草案"。

1910年，当宪政编查馆审议《修正刑律草案》时，江苏提学、宪政编查馆参议劳乃宣更加激烈地反对新刑律。他提出，"干名犯义""存留养亲""亲属相奸""故杀子孙""杀有服卑幼""妻殴夫""夫殴妻""无夫奸""子孙违犯殳令"等有关封建伦常的条款，《大清新刑律草案》正文均有明确规定。现在《修正刑律草案》把它们列于正文之后，这是"本末倒置"，应当将上述条款一一列入正文。他攻击沈家本等人一味模仿外国，不以伦常为重，"狃于一时之偏见"，不可不亟图补救。为了壮大声势，他还将自己的主张写成说帖遍示京外。

面对劳乃宣的挑战，沈家本奋起反击，写了《书劳提学新刑律草案说帖后》《答戴尚书书》等文，逐一加以反驳。他指出，有的不必另列专条。有的并不违反礼教，有的属于教育范畴，有的"实与大清律宗旨相符"。其中，沈家本针对劳乃宣攻击最强烈的"无夫奸""子孙违犯教令"两条，严厉地加以驳斥。沈家本说："无夫之妇女犯奸，欧洲法律并无治罪之文……近日学说家多主张不编入律内，此最为外人着眼之处。如必欲增入此层？恐此律必多指摘也。此事有关风化，当于教育上别筹办法。孔子曰：'齐之以刑。'又曰：'齐之以礼'，自是两事。'齐礼'中有许多设施，非空颁文告遂能收效也。后世教育之不讲，而惟刑是务，岂圣

---

[1]《大学堂总监刘廷琛奏新刑律不合礼教条文请严饬删尽折》，《清末筹备立宪档案史料》下册，第888、889页。

人之意哉。"[1]这里,沈家本讲得很清楚,"无夫奸"只是有关道德风化,属于教育范畴,不应以刑治之,故不宜入律。关于"子孙违犯教令",沈家本反驳说:"违犯教令出乎家庭,此全是教育上事。应别设感化院之类,以宏教育之方。此无关于刑事,不必规定于刑律中也。"[2]此等子孙违犯教令之事,同刑事无关,当然不应入律。

由此可见,礼教派、法理派之争,实质上是一场围绕封建法律革新与守旧的斗争。争论的焦点在于立法宗旨不同,即采取封建纲常名教或西方资产阶级法律理论作为立法宗旨问题。虽然这场争论最后以法理派的退让、妥协而告终,在新律中不断加入有关纲常名教的条文,但它对中国近代法律文化的发展产生了深刻的影响。法理派所提出的用西方资产阶级的法理原则来改革中国封建法律的主张,尽管没有得到完全的实施,但2000多年来以封建制为中心的中华法系,终因大陆法系和英美法系的介入而开始瓦解。

第二节 沈家本融会中西的法律思想

沈家本(1840—1913),字子惇,别号寄簃,归安(今浙江吴兴)人。他于光绪年间中进士,历任天津知府、山西按察史、刑部左侍郎、大理院正卿、法部右侍郎、资政院副总裁等职。1902年清政府设立修订法律馆,他兼任修订法律大臣近10年之久。

沈家本的著述很丰富,有《沈寄簃先生遗书》甲编22种,乙编18种,另编有《枕碧楼丛书》12种。这些均为研究中国古代和近代法律史的重要资料。

沈家本既是清王朝中力图"变法自强"的谋臣,又是近代著名法学家、中国法律近代化的奠基人。近代法学家杨鸿烈在《中国法律发达史》

---

[1] 《寄簃文存·书劳提学新刑律草案说帖后》。
[2] 《寄簃文存·书劳提学新刑律草案说帖后》。

中说："中国法系全在他手里承先启后，并且又是媒介东西方几大法系成为眷属的一个冰人。"他在考订中国古代法律制度和浩繁的法学文献的同时，又大开研究西法之风，热心探索西方资产阶级法律制度和法律思想，形成自己独具特色的中国法律史学。

为了挽救"屡经变故，百事艰难"的中国，沈家本"旁考各国制度，观其会通，庶几采撷精华，稍有补于当世"。[1]他曾亲自前往欧洲各国，并派人东渡日本进行考察，了解资本主义法律制度的历史和现状，积极引进资产阶级法律，有力地推进了法学研究和立法工作。在他的主持下，先后翻译了法、俄、德、荷、意、日、比、美、瑞士、芬兰等国法典和法学著作共33种，使人耳目为之一新。

一、以法治国论

自春秋战国以来，法治与人治之争，一直未中断过。但是，沈家本旧题重论，却颇具新意。他认为效法西方国家，实行资产阶级法治，"举全国之精神胥贯注于法律之内"，就能使国家富强。

什么是法呢？沈家本沿袭了先秦法家的说法。"法者，天下之程式，万事之仪表（法式）也。"[2]这是说法律是调整人们行为的一种规范，是衡量天下万事万物的一种客观标准。就治理国家来说，虽然不应"偏重乎法，然亦不可废法而不用"。[3]他在《法学名著序》中说："《管子》曰：'不法法，则事毋常，法不法，则令不行。'此言国不可无法，有法而不善，与无法等。"[4]这是说治国必须有法，而且要立善法、好法。

关于法律的作用，沈家本则归结为治民和治国。他曾引用《管子》中"立法以典民"和"以法治国"的话来加以阐释。"《管子》曰：'立法以典民则祥，离法而治则不祥。'又曰：'以法治国，则举措而已。'又

---

[1]《寄簃文存·政法类典序》。
[2]《寄簃文存·政法类典序》。
[3]《寄簃文存·法学盛衰说》。
[4]《寄簃文存·法学盛衰说》。

曰：'先王之治国也，使法择人，不自举也；使法量功，不自度也。'其言与今日西人之学说流派颇相近的是法治主义。古人早有持此说者，特宗旨不同耳。"[1]这里，沈家本显然是借先秦法家的论述，作为他实行资产阶级法治的一个理论依据。他认为，西方学说中的法治主义，中国古代早已有之，不过宗旨不同罢了。

沈家本十分推崇西方资产阶级国家的法治，说它们"纯以法治，三权分立，互相维持"，[2]把国家治理得井井有条。西方国家如此，学习西方法治的东邻日本也是这样。他说："日本旧时制度，唐法为多，明治以后，采用欧法，不数十年，遂为强国。是岂徒慕欧美法之形式而能若是哉？其君臣上下，同心同德，发愤为雄，不惜财力，以编译西人之书，以研究西人之学，弃其糟粕，而撷其精华，举全国之精神，胥贯注于法律之内，故国势日张，非偶然也。"[3]沈家本希望清朝统治者效法日本，审时度势，发奋图强，下决心研究各国政治的得失，"若者益，若者损，若者先，若者后"，[4]取人之长以补己之短，改革政治，采用西法，使国家富强起来。

沈家本坚决主张实行资产阶级法治，但当时却有人扬言，实行法治会产生流弊"必入于申韩"。对此，沈家本严厉地加以批驳。"或者议曰：'以法治者，其流弊必入于申韩，学者不可不慎。'抑知申韩之学，以刻核为宗旨，恃威相劫，实专制之尤。泰西之学，以保护治安为宗旨，人人有自由之便利，仍人人不得稍越法律之范围。二者相衡，判然各别，则以申韩议泰西，亦未究厥宗旨耳。"[5]可见，沈家本把申韩以维护君主专制为宗旨的"法治"和西方国家以维护资产阶级民主自由为目的的法治区别得很清楚，二者不可同日而语。因此，把西方资产阶级法治比作申韩所主张的"法治"，说明他们完全不懂得二者的区别。此外，即使是申

---

[1]《寄簃文存·新译法规大全序》。
[2]《寄簃文存·新译法规大全序》。
[3]《寄簃文存·新译法规大全序》。
[4]《寄簃文存·政法类典序》。
[5]《寄簃文存·法学名著序》。

韩之学，也不能一律加以抛弃。沈家本认为，"法令为政治得失之所系"，申韩的刑名法术，"刻薄寡恩，非帝王之道，诚为圣世所不取"，但是"即其言以考其行"，可为后世借鉴。[1]事实上，沈家本自己从申韩刑名法术之学中就吸收了不少有用的东西。

二、刑罚改重为轻的主张

在中国历史上，法家是重刑论者。在他们看来，重刑是禁奸止过的根本，现时国家并非没有刑罚，可是盗贼不止，违法犯罪仍不断出现，就是因为刑罚太轻的缘故。如果实行重刑，人民就不敢以身试法，自然也就用不着刑罚了。他们说："重刑，连其罪，则民不敢试。民不敢试，故无刑也。夫先王之禁，刺杀，断人之足，黥人之面，非求伤民也，以禁奸止过也。故禁奸止过，莫若重刑。刑重而必得，则民不敢试，故国无刑民。"[2]秦朝统治阶级是这种重刑论的信奉者和实践者，他们"专任刑罚"，"法令诛罚日益深刻"，[3]给人民带来了无穷的灾难。秦王朝的骤亡，使法家的重刑论和秦的"专任刑罚"成为众矢之的，受到严厉的批判。但它们并未销声匿迹，实际上历代封建王朝中仍有不少封建统治者是崇尚和实行严刑重罚的。

沈家本则从儒家的仁爱、仁政思想和"省刑罚"[4]的立场出发，又吸收了西方资产阶级的轻刑主义，极力主张改重为轻、化死为生，表现出崇高的人道主义精神。

中国封建社会的刑法，充分体现了地主阶级的单纯惩罚主义、阶级报复主义、威吓主义、重刑主义、酷刑主义，等等。沈家本对这些野蛮、残酷的东西是深恶痛绝的，对它们进行了严厉的批判。

明王朝是以施行重刑而为史家所抨击的，而朱元璋又是其典型代表。

---

[1]《寄簃文存·书四库全书提要政书类后》。
[2]《商君书·赏刑》。
[3]《汉书·刑法志》。
[4]《孟子·梁惠王上》。

他说："我治乱世，刑不得不重。"[1]沈家本则批评说："明太祖惩元治纵驰之习，欲用威以革之。《大诰》所列诸峻令，族诛、凌迟、枭令，以寻常过犯，与叛逆贼盗同科；刖足、斩趾、去膝、阉割，既用久废之肉刑；而断手、剁指、抽筋，更非古肉刑之所有。又或一身而兼数刑，或一事而株连数百人，皆出于常律之外，其威亦云竭矣。"[2]这是说朱元璋搞法外定重刑，罪不分轻重，一律从重惩处；施行残酷的肉刑，其中有的还是新炮制出来的；搞广泛的株连，滥刑滥杀。沈家本认为，朱元璋等封建统治者以重刑镇压人民，并不能防止犯罪，杀人越多，惩罚越重，而犯罪者越众。"弃市之尸未移，新犯大辟者即至。""朝治而暮犯，暮治而晨亦如之，尸未移而人为继踵，治愈重而犯愈多。"[3]这样搞严刑峻罚，滥刑滥杀，必将失掉民心。"民将无所措手足，而心亦离矣。民心离则大患将至，可不惧哉！"[4]显然，沈家本继承了我国古代"民为邦本""民为贵"的民本思想，并将它和法制联系起来，实属难能可贵。

沈家本对重刑的揭露和批判，最后归结为效法西方资产阶级国家的轻刑主义，实行轻刑宽法。他说："方今各国刑法，日趋于轻，废除死刑者，已若干国……今刑之重者，独中国耳。以一中国而与环球之国抗，其优绌之数，不待智者而知之矣。"他在修订律例的活动中，具体地贯彻了这种反对重刑、实行轻刑的思想主张。他在《删除律例内重法折》中说："治国之道，以仁政为先。自来议刑法者，亦莫不谓'裁之以义而推之以仁'。然与刑法之当改重为轻，固今日仁政之要务，而即修订之宗旨也。"首先，他主张废除凌迟、枭首、戮尸以及缘坐和刺字等酷刑。这些刑罚是中国封建法律中最残酷、最野蛮、最落后的部分，沈家本建议一概废除。这个建议得到清政府的认可。此后，"凡死罪至斩决而止，凌迟及枭

---

[1]《寄簃文存·重刻明律序》。
[2]《寄簃文存·书明大诰后》。
[3]《寄簃文存·书明大诰后》。
[4]《寄簃文存·书明大诰后》。

首、戮尸三项，著即永远删除"。[1]其次，改虚拟死罪为徒流，即将律例中有死罪之名，而在司法实践中并不执行死刑的条目删除，分别改为流刑、徒刑。沈家本说："查现行律例内，其虚拟死罪而秋审拟缓者，莫如戏杀、误杀、擅杀三项。"[2]他认为，这三项犯罪都不应处死刑，并建议综核名实，并省繁宜，删除这些死罪虚文，将这三项犯罪改为徒流。"戏杀改为徒罪"，误杀、戏杀"现律应拟绞候者，一律设为流罪"，"总期由重就轻，与各国无大悬绝"。[3]再次，改变死刑执行方法。清代死刑执行，由省到县大都在城外空旷之地，京师则在菜市口。死刑当众公开执行，本意在"示众以威，俾以怵目而警心"。[4]但沈家本认为，这样做并不能达到"刑人于市，与众弃之"的目的，他根据东西各国多数是死刑秘密行刑的事实，建议变通行刑旧制，采用死刑秘密执行的方法。"京师处决重囚，别设刑场一所……至各省、府、厅、州、县，向有行刑之地，应即就原处，围造墙垣……总以不令平民闻见为宗旨。"[5]这样的变通，防卫较严密，既可免意外事情的发生，也可使百姓罕睹惨苦情状，"足以养其仁爱之心"。[6]毫无疑问，上述改革符合刑罚由野蛮向文明发展的趋势，体现出沈家本的人道主义精神。

三、严格执法论

在沈家本看来，有了好的法律，尤应严格执法、守法。如果不依法办事，有法等于无法，有法不用，等于毁法乱纪。"然则有极善之法，仍在乎学之行不行而已……有法而不守，有学而不用，则法为虚器，而学亦等于卮言。"[7]有法而不严格执行，则法律如同虚设，这是沈家本探求

---

[1]《寄簃文存·删除律例内重法折》。
[2]《寄簃文存·虚拟死罪改为流徒折》。
[3]《寄簃文存·虚拟死罪改为流徒折》。
[4]《寄簃文存·虚拟死罪改为流徒折》。
[5]《寄簃文存·变通行刑旧制议》。
[6]《寄簃文存·变通行刑旧制议》。
[7]《寄簃文存·法学盛衰说》。

历代治乱之源而得出的一条经验教训。历史上确实不乏其例，如殷纣王、隋炀帝、元顺帝就是历史上极坏的典型。

怎样才能做到"有法而守"呢？沈家本的论述甚多，今择其要者简述于下：

第一，"律者，民命之所系也"。法律乃人民生命攸关之事，绝不可草率从事，如有差误，将贻害无穷。沈家本说："律者，民命之所系也，其用甚重而其义至精也。根极于天理民彝，称量于人情世故，非穷理无以察情伪之端，非清心无以祛意见之妄。设使手操三尺（指法律），不知深切穷明，而但取办于临时之检按，一案之误，动累数人；一例之差，贻害数世，岂不大可惧哉！"[1]正因为法律之义如此之精，法律之用如此之重，所以沈家本特别强调要严肃认真地对待法律和法律的执行，这无疑是正确的。

第二，"法贵得人"。沈家本从长期的司法实践中深切地认识到，有了好的法律，还要有好的执法之人，只有有了公正贤良的执法官吏，才能推行资产阶级法治。"夫法者，官吏主之，法之枉不枉，官吏操之。"[2]官吏是否守法，直接关系到法律的贯彻，所以他主张严惩贪赃枉法的官吏，"以执法之人而贪利、曲断、骩法而法坏，故问罪加严，尚是严饬之至意"。[3]沈家本在《历代刑法考》中更明确地阐述了用法在人的问题。"用法者得其人，法即严厉亦能施其仁于法之中；用法者失其人，法即宽平亦能逞其暴于法之外。"[4]如唐初李渊、李世民父子用法得人，以致"刑轻而犯者少"；到武则天统治时期，实行的还是唐初的法律，但"用法者为周兴、来俊臣之徒，遂使朝士宗戚咸罹冤酷"。所以说，"有其法者犹贵有其人"。

第三，立法与"骩法（枉法）"。先秦法家在探讨立法和执法的关

---

[1]《寄簃文存·重刻唐律疏议序》。
[2]《寄簃文存·与受同科议》。
[3]《寄簃文存·与受同科议》。
[4]《历代刑法考·刑制总考四》。

系时，明确提出了"法之不行，自上犯之"的观点。最高统治者自己立法，自己毁法，使法律有名无实，这就是法律之所以难于执行的根本原因。沈家本继承和发展了这些思想，他说："吾独不解：斁法之人，往往即为定法之人。梁武帝诏定律令，缓权贵而急黎庶。隋文诏除惨刑，而猜忌任智。至于殿庭杀人，稽诸史册，不胜枚举。法立而不守，而辄曰法之不足尚，此固古今之大病也。自来势要寡识之人，大抵不知法学为何事，欲其守法，或反破坏之。此法之所以难行，而学之所以衰也。"[1]显然，沈家本把批判的矛头直指封建皇帝，抨击他们既立法又毁法，使法律难于贯彻执行。但他没有也不可能揭示出法之所以难行的根本原因，那是由于存在以皇权为核心的封建专制制度。在这种制度下，皇权至上，权大于法，皇权处于绝对的特权地位。在政治上，皇帝是最高的首脑；在经济上，他是最大的地主；在军事上，他是最高的统帅；在司法上，他是最高的裁判者；在思想文化问题上，他是最后的裁决者。既然皇帝掌握着一切大权，生杀予夺不受任何约束，自然是言出法立，法自君出，即所谓"命为制，令为诏"。[2]皇帝的诏令，具有至高无上的权威，它可以取消法律、更改法律、补充法律、代替法律。因此，在这种制度下，皇帝既立法又"斁法"就在所难免了。

四、法学盛衰说

沈家本十分重视法理学的研究和宣传，并专门撰写了《法学盛衰说》，剖析了中国法理学不发达的原因。

沈家本强调，法理学对于立法、司法具有重要的指导作用，"不明于法，而欲治民一众，犹左书而右息之，是则法之修也，不可不审，不可不明。而欲法之审，法之明，不可不穷其理"。[3]而只有法之明，施行刑罚才能适中。所以说，立一个法要有立一个法的道理，要符合法理学的

---

[1]《历代刑法考·刑制总考四》。
[2]《史记·秦始皇本纪》。
[3]《寄簃文存·法学通论讲义序》。

原则,"若设一律而未能尽合于法理……则何贵乎有此法也"。[1]他痛彻地指出清代不重视法理的现象:"本朝讲究此学而为世所推重者,不过数人。国无专科,群相鄙弃。"[2]他严厉地批判纪文达编纂《四库全书》时轻视法理和法学的错误思想。"纪文达编纂《四库全书》,政书类法令之属,仅收二部,存目仅收五部。其按语谓:'刑为盛世所不能废,而亦盛世所不尚,所录略存梗概,不求备也。'"

受这种法理虚无主义的影响,人们轻视法理和法学,从而导致法学"日衰",每况愈下。实际上,由于中国2000多年来实行封建专制主义,继承人治主义传统,从而带来了这种轻视法律和法学的法律虚无主义。

沈家本对于中国法学盛衰的原因,作了较深入的探讨。他因袭中国古代乱世用重典、治世用轻典的说法,认为清明之世法平,陵夷之世法颇,法学之盛衰,同政治息息相关。他根据自己渊博的法学知识和丰富的法治经验,得出了一个结论:"法学之盛衰,与政之治忽,实息息相通。然当学之盛也,不能必政之皆盛;而当学之衰也,可决其政之必衰。"[3]这里,他明确指出了法律和政治的关系。政治决定法律,有什么样的政治就有什么样的法律;法盛而政不一定盛,法衰而政必衰。无疑,这个论断是正确的。

沈家本满怀热情地希望:"俾法学由衰而盛,庶几天下之士,群知讨论,将人人有法学之思想,一法立而天下共守之,而世局亦随法学为转移。"当然,真正做到人人有法学思想,大家共同遵守法律,那么,法学就可以在一定程度上影响时局的变化。这无疑有正确的一面。但是,他认为时局的变化"随法学为转移",那就陷入资产阶级法律决定论的泥坑了。

总体看来,沈家本法律思想的主流是民主的、科学的,具有一定的

---

[1]《寄簃文存·论故杀》。
[2]《寄簃文存·法学盛衰说》。
[3]《寄簃文存·法学盛衰说》。

人民性，特别是具有近代资产阶级法律与法学的进步思想性质。[1]与此同时，他又是一位卓越的法制改革家，具有丰富的治法经验。他的论著，是我们研究中国法律制度史和法律思想史的一份宝贵的学术遗产。

思考题

1. 试述清末礼法两派在法律思想上斗争的实质。
2. 简述沈家本"会通中外"兼采中西的主张。

---

[1] 李光灿：《评"寄簃文存"》，群众出版社1986年版，第2页。

第二十章
资产阶级革命派的法律思想

内容分析和要点提示

本章是"中国法律思想史"的重点章节之一,主要阐述了资产阶级革命派的法律思想。其中,孙中山的法律思想是重中之重,学习时应全面掌握,特别重视;章太炎的法律思想是一个难点,学习时应注意领会。

本章的基本知识、基本理论有:(1)资产阶级革命派法律思想的特点。(2)孙中山三民主义的立法指导思想。(3)孙中山"自由、平等、博爱"的法律观。(4)孙中山建立资产阶级法治国家的主张。(5)孙中山的五权宪法和权能分治学说。(6)章太炎建立总统制资产阶级民主共和国的方案。(7)章太炎的刑事立法主张。(8)章太炎的经济立法主张。(9)章太炎的行政立法主张。(10)章太炎"专以法律为治"的主张。(11)章太炎的道德价值观。

本章的基本概念有:(1)三民主义。(2)"自由、平等、博爱"。(3)五权宪法。(4)权能分治。(5)直接民权。(6)司法独立("法官独立审判")。(7)"恢廓民权,限制元首"。(8)"专以法律为治"。

第一节 资产阶级革命思潮的兴起与资产阶级革命派法律思想概述

1898年戊戌变法的失败,标志着资产阶级改良运动的结束。1900年,爆发了一次规模广大的反帝反封建的以农民为主体的义和团运动。

义和团运动失败以后,接着就发生八国联军的入侵。不少爱国志士由此看清了清政府的真面目，纷纷走上民主革命的道路。如原来受过资产阶级改良主义思潮洗礼的黄兴、章太炎、邹容、陈天华、宋教仁等一大批先进的中国人都放弃改良主义的主张，倡导革命，并在以后都成为革命派的中坚力量。正如孙中山所说："有志之士，多起救国之思，而革命风潮，自此萌芽矣。"

1902年到1906年，这些革命志士以上海、东京为中心，组织革命团体，创办报刊，宣传资产阶级民主主义思想。1905年成立中国同盟会，形成了资产阶级民主革命派。1906年以后，以孙中山为首的资产阶级革命派进行了多次反清武装起义，同时也进行了比较深入的革命宣传和组织工作。1911年武昌起义，终于推翻了延续2000多年的封建君主专制制度，建立起中华民国。

从法律思想方面来看，资产阶级革命派的法律思想已成为当时的主流。其主要内容如下：

第一，推翻君主专制，实行三民主义。封建君主专制制度，是各族人民的地狱，是少数民族统治者的天堂。特别是清朝满族贵族统治者屠杀了千百万人民，"宰割之酷，诈暴之工，人人所身受"，[1]中国人民处在水深火热之中。资产阶级革命派指出，只有通过革命推翻清王朝，才能拯救中国。"革命者，救人救世之圣药也。终古无革命，终古成长夜。"[2]

在资产阶级革命派看来，"生命自由及一切利益之事，皆属天赋之权利"，[3]理应受到尊重。他们特别强调这种"天赋人权"、主权在民的原则，认为"以一国之民而治一国之事，则事无不可治；以一国之民而享一国之权，则权无限"。[4]他们的政治纲领是"基本于民"的三民主义。孙中山在《民报发刊词》中明确提出实行三民主义——民族主义、民权主义、民生主义——的主张。三民主义是中国资产阶级民主革命的指导

---

[1] 邹容：《革命军》。
[2] 陈天华：《论中国宜改创民主政体》。
[3] 邹容：《革命军》。
[4] 《说国民》，《时论选集》第1卷上册。

思想。

第二，批判君主立宪，主张五权宪法。资产阶级改良派一向宣传君主立宪，否定民主共和，并号召封建士大夫向清朝统治者磕头请愿。资产阶级革命派则认为，君主专制也好，君主立宪也好，都是"反乎进化之公理也，是不知文明之直价也"。[1]因此，必须拿起武器，推翻清朝封建专制统治，建立资产阶级共和国。他们也反对清朝统治者借"预备立宪"之名而行封建专政之实，认为"宪法者，国民之公意也，决非政府所能代定"。[2]清朝统治者所搞的假立宪，只不过是"实行排汉主义，谋中央集权，拿宪法做愚民的器具"。[3]而实行五权宪法，才最适合中国国情，才能把国家治理好。"将来中华民国的宪法，是要创造一种新主义，叫做'五权分立'。"[4]

第三，实行资产阶级法治。资产阶级革命派在推翻清朝统治建立中华民国后所颁布的《中华民国临时约法》和一系列法律法令中，贯彻了他们的宪法原则，主张实施资产阶级法治。他们认识到，"国家除官吏之外，次重要的是法律"，[5]对一个现代国家来说，"当以法律为治"。[6]他们要求："使最宜之治法，适应于吾群，吾群之进步，适应于世界。"[7]显然，这种要求实行资产阶级法治，力求做到有法可依的思想主张，是顺应世界历史潮流的。

第四，批判封建礼教。封建礼教是封建统治的精神支柱。资产阶级革命派根据资产阶级人性论和自由平等学说，对这种"奴隶之教科书"的封建礼教，进行了批判。他们指出，"礼者非人固有之物也"，[8]封建礼教并非人类社会所固有的，而是封建统治阶级加在人民身上的精神枷

---

[1]《孙中山选集·中国民主革命之重要》。
[2]《土耳其立宪说》，《时论选集》第3卷。
[3]《孙中山选集·民报周年大会上的演说》。
[4]《孙中山选集·三民主义与中国前途》。
[5]《章太炎政论集·代议然否论》。
[6]《章太炎政论集·代议然否论》。
[7]《孙中山选集·民报发刊词》。
[8]《权利篇》，《时论选集》第1卷。

锁。"（封建礼教）乃是大奸巨恶欲夺天下之公权而私为己有，而人恐人之不我从也，于是借圣人制礼之名而推波助浪，妄立种种网罗，以示范天下之人。"因此，他们还着重批判了"三纲"，提出了男女平等、妇女解放的主张。

他们对封建礼教的批判，无论在深度上抑或在广度上，都超过了戊戌变法时期的改良派，是当时思想解放的一个重要标志。这也成为后来五四运动中批判封建礼教，争取民主科学的先声。

最后，需要特别指出的是，资产阶级革命派领袖孙中山在共产国际和中国共产党的帮助下，于1924年提出联俄、联共、扶助农工三大政策，对三民主义重新作了解释，使之成为反帝反封建的战斗纲领，闪烁着革命民主主义的光辉！

第二节　孙中山的三民主义与五权宪法理论

孙中山（1866—1925），名文，字德明，号逸仙，1897年在日本化名中山樵，后即常以中山为名，广东香山（今广东中山市）人。他是中国近代资产阶级民主革命伟大的政治家、思想家，中国民主革命的先行者。他出身于贫苦农民家庭，父亲孙达成青年时在澳门做裁缝、鞋匠，后还乡佃耕；哥哥孙眉（德彰）早年去檀香山作雇工，后经营畜牧业，发展成为华侨资本家。孙中山12岁时随母到檀香山，就读于英、美教会所办意兰尼学校和奥阿厚书院。1884年入香港拔萃书室，后转域多利书院。1886年进广州博济医院附设南华医校学医，次年转入香港雅丽氏医院附设西医书院学习。1892年毕业后，日益致力于挽救民族危亡的政治活动。1894年经上海北上天津，上书李鸿章，提出"人能尽其才，地能尽其利，物能尽其用，货能畅其流"的变法自强主张，希望清政府实行资本主义性质的改良，遭拒绝，遂赴檀香山，创立中国最早的资产阶级革命团体——兴中会。1905年在东京建立中国同盟会，确立"驱除鞑虏，恢复中华，创立民国，平均地权"的资产阶级革命政纲，提出三民主义学说，出版

《民报》，宣传革命，同当时中国的改良派展开论战。此后在国内外发展革命组织，多次发动武装起义。1911年10月10日发动武昌起义，后被选为中华民国临时大总统，次年元旦到南京宣誓就职。2月13日，因革命党人与袁世凯妥协，被迫辞去大总统职务。3月临时参议院通过孙中山主持制订的《中华民国临时约法》。8月同盟会改组为国民党，孙中山被选为理事长，以后他又领导讨伐袁世凯等反动军阀的斗争。1919年，孙中山将原来在1914年建立的中华革命党改组为中国国民党。1922年，陈炯明叛变，孙中山退居上海。1917年俄国十月革命的胜利和1921年中国共产党的成立，给了他以新的希望。1924年，在共产国际和中国共产党的帮助下，改组了国民党，重新解释三民主义，确定联俄、联共、扶助农工三大政策，从而把旧三民主义发展为新三民主义。同年11月，应冯玉祥邀请，孙中山抱病北上，商讨国事，提出"召开国民会议和废除不平等条约"两大号召，同帝国主义和北洋军阀作斗争。1925年3月12日病逝于北京。

孙中山的遗著被编为《中山全书》或《总理全集》等多种。新中国成立后编有《孙中山选集》《孙中山全集》。

一、对封建帝制与清朝法制的批判

孙中山的一生是战斗的一生，从其踏上民族革命的征途开始，直到生命的最后一息，始终为祖国的独立和自由而奋斗。

对于满族贵族统治者用极残暴的手段屠杀中国人民，孙中山义愤填膺，对其进行了猛烈的抨击。他说："中国人民不甘心受外族的奴役，便向侵略者进行了最顽强的反抗。满洲人为要强迫中国人屈服，便残酷地屠杀了数百万人民……焚烧了他们的住所，劫掠了他们的家室，并迫使他们采用满洲人的服饰。据估计，有数万人因不服从留发辫的命令而被杀戮。"[1]

---

[1]《孙中山选集·中国问题的真解决》。

第五编 鸦片战争至辛亥革命时期的法律思想

满族贵族统治者野蛮地进行了多次大规模屠杀之后，才暂时站稳了脚跟，于是他们大搞专制独裁，把中国封建专制主义发展到最高峰。这使得清王朝"政治不修，纲维败坏，朝廷则鬻爵卖官，公然贿赂，官府则剥民刮地，暴过虎狼，盗贼横行，饥馑交集，哀鸿遍野，民不聊生"。[1]

政治上的专制，必然伴随着文化上的专制。孙中山列举事实，揭露清王朝推行文化专制主义的严重危害。他说："至其涂饰人民之耳目，锢蔽人民之聪明，尤有可骇者。凡政治之书，多不得浏览；报纸之行，尤悬为厉禁……士人……所诵习者不外于四书五经及其笺注之文字；然其中有不合于奉令承教、一味服从之义者，则且任意删节，或曲为解说，以养成其盲从之性。学者如此，平民可知。"[2]更有甚者，清朝统治阶级大兴文字狱，残酷镇压思想犯，人民动辄得咎，无半点自由可言。后来孙中山在《建国方略之三·社会建设（民权初步）》中说："在'满清'之世，集会有禁，文字成狱，偶语弃市，是人民之集会自由、出版自由、思想自由，皆已剥夺净尽，至二百六十余年之久。"这种血泪般的控诉，充分表达了孙中山对封建文化专制的深恶痛绝。

关于清朝政府利用封建法制来镇压人民的罪恶，孙中山也进行了无情的鞭挞。他说："其身为牧民者，操有审判之全权，人民身受冤抑，无所于诉。且官场一语等于法律，上下相蒙相结，有利则各饱其私囊，有害则各委其责任。婪索之风已成习惯，官以财得，政以贿成。"[3]在严密的法网束缚之下，人民痛苦不堪，整个社会"无一非被困于黑暗之中"。那些司法官吏根本不依照法律程序进行审判，特别是"在审讯被指控为犯罪之人时……使用最野蛮的酷刑拷打，逼取口供"。这也是清朝虐政中使人深恶痛绝的一端。

孙中山的伟大之处，不但在于他对封建君主专制的揭露和批判，还

---

[1]《兴中会宣言》，《孙中山全书》第3卷。
[2]《孙中山选集·伦敦被难记》。
[3]《孙中山选集·伦敦被难记》。

在于他付诸实践,将推翻封建专制制度视为"改造中国"最重要的前提,并列为自己毕生奋斗的目标。他在《同盟会宣言》中就曾写上"敢有帝制自为者,天下共击之",并将其列为革命口号。他大力宣传"民族、民权、民生"的三民主义,决心用暴力手段推翻清王朝,建立民主共和国。在他和同盟会的领导下,组织革命力量同清王朝反动势力进行了不屈不挠的斗争,经过多次流血牺牲,终于通过辛亥革命推翻了清王朝的封建专制统治,建立了中华民国。

二、三民主义与法治

孙中山的革命民主主义思想集中表现为三民主义,它既是资产阶级革命派的政治纲领,也是孙中山法律思想的理论基础。孙中山的"三民主义"包括民族主义、民权主义和民生主义。孙中山早在《民报发刊词》中就提出了"民族、民权、民生"的三民主义。到1924年,他提出了联俄、联共、扶助农工三大政策,重新解释了三民主义,于是实现了由旧三民主义到新三民主义的重大转变。

(一)民族主义与法治

旧三民主义的民族主义,是以"驱除鞑虏,恢复中华"为主要内容。所谓"驱除鞑虏",是指推翻满族统治的清王朝。"满政府穷凶极恶,今已贯盈。义师所指,覆彼政权,还我主权。"[1]所谓"恢复中华",是指"光复我民族的国家"。

后来,孙中山在《中国国民党第一次全国代表大会宣言》中明确宣布,新三民主义的民族主义有两方面的含义。"一则中国民族自求解放;二则中国境内各民族一律平等。"确实,这是一个划时代的进步,因为它把矛头直接指向了帝国主义。孙中山总结以往的经验教训认识到帝国主义武力的掠夺,经济的侵略以及不平等条约的压迫,使中国丧失独立,陷于半殖民地的地位。因此,推翻清王朝,民族主义"只算一半的成

---

[1]《孙中山选集·中国同盟会革命方略》。

功"，只有废除不平等条约，"才算完全的成功"。

在孙中山看来，实现国家独立，实行法治，必须以赶走帝国主义和废除一切不平等条约为前提。如果不废除这些不平等条约，外国货物运到中国来，中国海关不能自由征税；外国人在中国通商口岸设银行，滥发纸币，中国政府无权去稽查禁止；外国人在中国境内犯罪，中国法庭不能裁判。长此以往，中国就有亡国灭种的危险。为此，孙中山坚决主张"废除中外一切不平等条约，收回海关、租界和领事裁判权"。他认为："一切不平等条约，如外人租借地、领事裁判权、外人管理关税权以及外人在中国境内行使一切政治的权利侵害中国主权者，皆当取消，重订双方平等互尊主权之条约。"[1]只有这样，才能恢复国家的主权，实现民族独立，真正实行法治，充分发挥法律在治理国家中的作用。

（二）民权主义与法治

孙中山在《中国国民党第一次全国代表大会宣言》中，曾批评只保护资产阶级利益的西方民主制度，主张各革命阶级的共同民主专政。他说："近世各国所谓民权制度，往往为资产阶级所专有，适成为压迫平民之工具。若国民党之民权主义，则为一般平民所共有，非少数人所得而私也。于此有当知者：国民党之民权主义，与所谓'天赋人权'者殊科，而准求所以适合于现在中国革命之需要。"由此可见，孙中山这种民权主义的主张，真正发扬了民主主义的原则，在世界近代宪政史上确实是一种宝贵的创见。

值得注意的是，孙中山在论述民权主义时，已逐渐将民主和法治结合起来。辛亥革命后，孙中山于1912年亲自颁布了《中华民国临时约法》，以国家根本法的形式，宣告了君主专制制度的灭亡和资产阶级民主共和国制度的诞生，确认了人民主权的原则。"中华民国由中华人民组织之。""中华民国之主权，属于国民全体。""中华民国人民，一律平等，无种族、阶级、宗教之区别。"这在中国国家制度史上是一大创举，也是

---

[1]《孙中山选集·中国国民党第一次全国代表大会宣言》。

孙中山法治和民主相结合思想的体现。

后来，由于窃国大盗袁世凯攫取了国家权力，把一部《临时约法》撕得粉碎。严酷的现实，使孙中山认识到：军政大权一旦落到反动政客手里，任何宪法和法律都起不了作用，它们既保不住共和，也保不住民权。他在总结《临时约法》被撕毁的教训时说："宪法之所以能有效力，全恃民众之拥护，假使只有白纸黑字之宪法，决不能保障民权，俾不受军阀之摧残。元年以来，尝有约法矣，然专制余孽，军阀官僚，僭窃擅权，无恶不作，此辈一日不去，宪法即一日不生效力，无异废纸，何弥民权。"[1] 由此可见，孙中山的民主与法治相结合的认识达到了一个新的高度。

（三）民生主义与法治

孙中山在《中国国民党第一次全国代表大会宣言》中说："国民党之民生主义，其最重要之原则不外二者：一曰平均地权，二曰节制资本。"他在土地问题上突出了"耕者有其田"的思想，在资本问题上不再提原来那种不切实际的预防资本主义的主张，而提比较现实的"节制资本"的口号。

孙中山在《三民主义·民生主义》演讲中说："民生主义真是达到目的，农民问题真要完全解决，是要耕者有其田……现在的农民却不是耕自己的田，都是替地主耕田，所生产的产品，大半被地主夺去了。这是一个很重大的问题。我们应该马上用政治和法律来解决，如果不能解决这个问题，民生问题便无从解决。"这种以"耕者有其田"为标志的"平均地权"的主张，具有强烈的反封建色彩，反映了广大农民摆脱封建桎梏和要求土地的愿望。

至于如何用法律来解决农民的土地问题，孙中山主张："由国家规定土地法、土地使用法、土地征收法及地价税法。"又："农民之缺乏田地沦为佃户者，国家当给以土地，资其耕作，并为之整顿水利，移植荒徼，

---

[1]《孙中山选集·三民主义·民权主义》。

以均地力。农民之缺乏资本至于高利借贷以负债终身者，国家为之筹设调剂机关，如农民银行等，供其匮乏，然后农民得享人生应有之乐。"[1]

关于"节制资本"问题，孙中山一方面主张发展私人资本主义经济，但要受到国家的监督和限制；另一方面要节制垄断资本，防止资本家操纵国计民生。他说："凡本国人及外国人之企业，或有独占的性质，或规模过大为私人之力所不能办者，如银行、铁道、航路之属，由国家经营管理之。"[2]这个主张，不仅具有限制垄断的意义，而且具有抵制帝国主义经济侵略，保护民族经济的意义。同时，孙中山主张，国家要用法律手段保护工人的利益。"工人之失业者，国家当为之谋救济之道，尤当为之制定劳工法，以改善工人之生活。此外如养老之制，周恤废疾者之制，普及教育之制，有相辅而行之性质者，皆当努力以求其实现。"[3]

孙中山有句名言叫"适于世界之潮流，合乎人群之需要"。确实，他的思想是顺应历史的趋势而不断前进、不断发展的。

三、五权宪法理论

五权宪法理论，在孙中山法律思想中占有重要的地位。这也是他的一种创造，"不但是各种制度上所未有，即便是学说上也不多见"。

在各部门法律中，孙中山特别重视宪法。他为吴宗慈《中华民国宪法史》所作的序中指出："宪法者国家之构成法，亦即人民权利之保障书也。"又："要有良好的宪法，才能够建立一个真正的共和国家。"那么要制定什么样的宪法呢？孙中山设计了五权宪法。他研究了各国宪法，认为以"三权分立"为原则的欧美宪法，流弊甚多，如英国已形成"议会独裁"；美国的官员由总统委任，随总统的进退而进退，"政治腐败散漫"，"现在已经是不适用的了"。为了"救三权鼎立之弊"，"济代议制之穷"和"矫选举制度之弊"，孙中山说："兄弟的意思，将来中华民国

---

[1]《孙中山选集·中国国民党第一次全国代表大会宣言》。
[2]《孙中山选集·中国国民党第一次全国代表大会宣言》。
[3]《孙中山选集·中国国民党第一次全国代表大会宣言》。

的宪法，是要创造一种新主义，叫做'五权分立'。"[1]

什么叫五权宪法？孙中山解释说："我们现在要集合中外的精华，防止一切流弊，便要采取外国的行政权、立法权、司法权，加入中国的考试和监督权，连成一个很好的完璧，造成一个五权分立的政府。"[2]

由此可见，五权宪法的基本内容就是行政、立法、司法、考试、监察五权分立，并按照五权分立的原则组成"完全的政权机关"。依照孙中山的设想，其结构如下："以五院制为中央政府：一曰行政院，二曰立法院，三曰司法院，四曰考试院，五曰监察院。宪法制定之后，由各县人民投票选举总统以组成行政院，选举代议士以组成立法院。其余三院之院长，由总统得立法院之同意而委任之，但不对总统、立法院负责，而五院皆对于国民大会负责。各院人员失职，由监察院向国民大会弹劾之，而监察院人员失职，则国民大会自行弹劾、罢黜之……全国大小官吏，其资格皆由考试院定之。此五权宪法也。"[3]在孙中山看来，这样的政府，才是世界上为了防止西方资产阶级三权分立制的流弊的良好的政权形式。

为了实施五权宪法，孙中山还提出了"权能分治"说。他把国家权力分为"政权"和"治权"。"政权"指选举、罢免、创制、复决四权，"治权"指行政、立法、司法、考试、监察五权。他说："要把国家的政治大权，分开成两个。一个是政权，要把这个大权，完全交到人民手内，要人民有充分的政权，可以直接去管理国事。这个政权，便是民权。另一个是治权，要把这个大权，完全交到政府机关之内，要政府有很大的力量，治理全国事务。这个治权，便是政府权。"[4]他认为人民是国家的主人，应把"政权"（亦称民权）交给人民掌握；但又认为人民没有管理国家的能力，应另由有能力的专家组成政府，治理国家事务。若

---

[1]《孙中山选集·三民主义与中国前途》。
[2]《孙中山选集·三民主义·民权主义》。
[3]《孙中山选集·建国方略》。
[4]《孙中山选集·三民主义·民权主义》。

能权能分立，互相制约，各司其责，就能实现民主政治，"民权问题才算是真解决，政治才算有轨道"，"便可以破天荒在地球上造成一个新世界"。[1]

孙中山反复强调，人民是国家的主人，必须坚持主权在民的原则，"扩充民权"，"实行民治"。他的"纲领的每一行都渗透了战斗的、真诚的民主主义"。所以，我们应当充分肯定孙中山五权宪法的进步性。同时也应看到五权宪法和权能分治说在理论上的缺陷。孙中山没有摆脱英雄史观的束缚，把少数行使"治权"的官吏视为诸葛亮，而人民群众是阿斗，没有管理国家的能力；过分夸大了法律的作用，以为有了五权宪法，实行权能分治，就能把"治者与被治者底阶级"打破，这未免太理想化了。

四、实行资产阶级法治的主张

孙中山很重视法治，他一生中都在渴望建立一套民主、进步的法制。他认识到，"国家除了官吏之外，次重要的是法律"，[2]主张以"最宜之法治，适应于吾群，吾群之进步，适应于世界"。[3]孙中山就任临时大总统后，立即着手立法工作。他在《咨参议院法制局职制》中说："窃维临时政府成立，所有一切法律命令，在须行编订，法制局之设，刻不容缓。"不久就成立了法制局，编订法律。他在给内务部令文中还指出："民国一切法律，皆当由参议院决定宣布乃为有效。"这些都说明孙中山强调法治，力求做到有法可依。在孙中山的主持和推动下，民国政府制定了《中华民国临时约法》，颁布了一系列法律法令，积极推行资产阶级法制。其具体内容如下：

第一，严禁刑讯体罚。孙中山在《大总统令内务、司法两部通饬所属禁止刑讯文》中提出："刑罚之目的在维护国权、保护公安……故其罚

---

[1]《孙中山选集·三民主义·民权主义》。
[2]《三民主义之具体办法》，《孙中山全书》第3卷。
[3]《孙中山选集·民报发刊词》。

之程度，以足调剂个人之利益与社会之利益之平为准。苟暴残酷，义无取焉……不论行政司法官署，及何种案件，一概不准刑讯。鞫狱当视证据之充实与否，不当偏重口供。"接着，又进一步规定："不论司法行政各官署，审理及判决民刑案件，不准再用笞杖、枷号及他项不法刑具，其罪当笞杖、枷号者，悉改科罚金、拘留。"〔1〕尽管这些法令在当时并没有认真地贯彻执行，但孙中山按照资产阶级罪刑相应的原则和人道主义精神，力图克服封建的残酷刑罚，推行资产阶级法制的思想主张，则是值得肯定的。

第二，提倡司法独立。孙中山根据资产阶级三权分立的原则，强调"司法为独立机关"，"必须应法官考试合格人员，才能任用"。〔2〕《中华民国临时约法》也规定："法官独立审判，不受上级官厅之干涉……法官在任中不得减俸或转职，非依法律受刑罚宣告，或应免职之惩戒处分，不得解职。"由此可见，孙中山提倡司法独立的基本精神，就是主张有谙习法律的人从事审判，排除行政干扰，以确保依法断案。

第三，保护民权。孙中山指出，清王朝推行民族压迫政策和贵贱有等的法律，严重地蹂躏了人权。他根据资产阶级"天赋人权"的原则，在通令《开放蛋户、惰民等许其一体享有公权私权文》中明确指出："若闽粤之蛋户，浙之惰民，豫之丐户，及所谓发功臣暨披甲家为奴，即俗所称义民者，又若薙（剃）发者并优倡隶卒等，均有特别限制，使不得与平民齿。一人蒙垢，辱及子孙，蹂躏人权，莫此为甚……为此特申令示，凡以上各种人民，对于国家社会之一切权利，公权若选举、参议等，私权若居住、言论、出版、集会、信教之自由等，均许一体享有，毋稍有歧异，以重人权而彰公理。"这个法令解放了在清王朝统治下处于社会最底层的"贱民"，使他们享有法律上的一切平等权。此外，孙中山在《大总统令内务部禁止买卖人口》中，还强调保护人民的人身自由权，禁止买卖人口。

---

〔1〕《命内务部司法部通饬所属禁止体罚令》，《孙中山全书》第2卷。
〔2〕《咨参议院请核议法官考试委员官职令草案等文》，《孙中山全书》第2卷。

第四,革除陋俗。孙中山适应世界发展的潮流,重视精神文明,在他就任临时大总统后,即要求涤荡旧习,运用法律手段来革除陋俗。如规定剪掉辫子,不遵办者,以违法论;劝禁妇女缠足,故违禁令者,给予其家属以相当之罚;无论何种赌博,一律禁止;严禁鸦片。

孙中山是一个伟大的革命家和思想家。毛泽东同志在《纪念孙中山先生》一文中,热情赞扬他是"伟大的革命先行者",是"中国最早的革命民主派","他在政治思想方面留给了我们许多有益的东西"。孙中山的政治法律思想,不仅超越了他的前人,也超越了他同时代的资产阶级改良派。他明确提出推翻专制建立共和国的主张,并为之进行了不屈不挠的斗争。他的三民主义学说、五权宪法理论及其法制实践,为后人提供了许多有益的东西。他还善于总结经验教训,在其晚年学习和向往社会主义,提出联俄、联共、扶助农工三大政策,走上了彻底反帝反封建的新民主主义革命道路。这是孙中山探索救国道路的根本转变,是他一生中探索救国道路的最大成功。

第三节　章太炎的专以法律治国论

章太炎(1869—1936),初名学乘,后改名炳麟,字枚叔,又名绛,浙江余杭人,近代资产阶级民主主义革命家、思想家。他出身于封建地主家庭,自幼熟读经史,后随著名经学大师俞樾学习,崇尚古文经学。中日甲午战争后,在严重民族危机刺激下,他主张变法维新,加入强学会,任《时务报》撰述。戊戌变法失败,他逃亡日本,结识孙中山,开始接受资产阶级民主主义。1903年,他在《民报》上发表《驳康有为论革命书》,又为邹容《革命军》作序,鼓吹革命,后被捕入上海英租界监狱。1904年冬章太炎在狱中参与策划组织光复会。1906年出狱后赴日本,加入同盟会,主编《民报》,与立宪保皇派进行论战。从戊戌变法失败到辛亥革命前夕,是章太炎思想最进步的时期。他所具有的"七被追捕,三入牢狱,而革命之志,终不屈挠"[1]的精神,曾受到鲁迅先生的称赞。辛亥革命后,他的思想倒退,散布"革命军起,革命党消"等言论,脱离革命。后来,他以讲学为业。"九一八"事变发生后,他主张抗日救国。1936年病逝于苏州。其著述辑有《章氏丛书》《章氏丛书续编》《章氏丛书三编》等。今人辑有《章太炎政论选集》。

一、"置大总统则公,举代议士则戾"的主张

章太炎作为资产阶级民主主义革命家,极力主张用革命手段推翻腐朽的清王朝,坚决反对康有为等人的君主立宪主张,而推崇民主共和政体。他说:"在今之世,则合众共和为不可已……以合众共和结人心者,事成之后,必为民主。民主之兴,实由时势迫之。"[2]

到1908年,他在写《代议然后论》时,便改变了看法,认为"置大总统则公,举代议士则戾",因为共和政体"与民族、民生二主义相抵牾也"。

章太炎对代议制的抨击确是不遗余力的。首先,他认为代议制不能伸民权:"代议政体非能伸民权,而适堙郁之。盖政府与齐民才有二阶级耳,横置议士于其间,即分为三。政府诚多一牵掣者,齐民亦多一抑制者。"显然,这不适合于他所主张的平等要求。

其次,代议制有利于富人,议员不能代表民意。他说:"选人一朝登王路,坐而论道,惟以发抒党见为期,不以发抒民意为期。及工商为政,则未有不徇私自环者。欧洲诸国中选者亦有社会民主党矣。要之、豪右据其多数,众寡不当则不胜。故议院者,民之仇,非民之友。"他认为这种代议制是以纳税多少来决定选举的,选举结果,必然多为富豪,这样选出的议会,"实为奸府"。

最后,议会制不合中国国情,反而将破坏多民族的国家统一。中国

---

[1] 《且介亭杂文末篇·关于太炎先生二三事》。
[2] 《章太炎政论集·驳康有为论革命书》。

地广人众，如果实行代议制，在地方管理上势必分州，从而破坏了多民族的国家统一，"南北战争将亟见于汉土"，徒然引起地方纷争。

在政体问题上，章太炎反对模仿西方，主张因地制宜。他设想了一种设总统而不行代议的共和国方案。在这个方案里，国家权力集中在三个人手里：总统是国家元首，主管行政、国防和外交；另立"与总统敌体"的司法、教育二长官，一个有权制裁总统，一个专管提高人民知识道德水平，并有权受理人民对司法官的控诉。[1]他认为，实行这个方案，便可"恢廓民权，限制元首"，并"使民平夷安稳"，而根本用不着代议政体。

其实，章太炎所设想的这个方案，基本上还是沿袭孟德斯鸠的三权分立说，只不过将立法权由议会转给以教育官为首的学者会议而已。到1912年，章太炎则明确主张立法、行政、司法、教育、纠察五权分立说："三权分立之说，现今颇成为各国定制，然吾国于三权而外，并应将教育、纠察二权独立。"[2]

二、专以法律为治论

章太炎在其所主张建立的民主共和国中，要求实行资产阶级法治。其实，他的资产阶级法治主张中，又夹杂有中国法家的内容。

他从中国历史文献中搜寻实行法治的根据。他在《古官制度发源于法吏》中说："铺观载籍，以法律为诗书者，其治必盛，而反是者，其治必衰。"诗书就是经典，他要求奉法律为经典，一断于法，以法治国，国家就会兴盛；反之，国家必然衰亡。他在"历览前史""寻求政术"的过程中，极力赞扬法家以法治国之术。如认为，"管子治齐，首主法律，以此创业垂统，则中主可以持国矣"；韩非"不逾法以施罪，不剿民以任功"。他鉴于二千多年来诋毁商鞅的言论不绝如缕，特别写了关于商鞅的

---

[1]《章太炎政论集·代议然居论》。
[2]《章太炎政论集·中华民国联合会第一次大会演说辞》。

专论，全面地为商鞅申二千多年所蒙不白之冤。他愤愤不平地说："商鞅之中于谗诽也二千年，而今世为尤甚。其说以为自汉以降，抑夺人君纵恣者，皆商鞅法家之说为之倡。呜呼！是惑于淫说也甚矣。"〔1〕

章氏写的《商鞅》，是为秦商鞅的翻案文章，所以他极力赞扬商鞅变法的功绩："故太史公称之曰：行法十年，秦民大说，道不拾遗。山无盗贼，家给人足！"他称赞商鞅是"骨鲠之臣"，执法公平，不同于后世酷吏。"迹鞅之进身与外交游，诚多可议者。独其当官则正如檠榜而不可紾（扭转）。方孝公以国事属鞅，鞅自是得行其意。政令出内，虽乘舆亦不得违法而任喜怒。其贤于汤（张汤）之阚人主意以为高下者亦远矣。辱大子，刑公子虔，知后有新主能为祸福，而不欲屈法以求容阅。"诚然，章太炎为了美化商鞅，把一向主张"权制断于君"的商鞅说成不是"抑民恣君"论者，则违背了历史的真实。此外，章太炎还把商鞅的"法治"和资产阶级的法治进行比较，认为"今两人之异于商君者，惟轻刑一事，其整齐严肃则一也"。显然，他混淆了两种不同性质的法治，何况两者的区别，并不限于商鞅施重刑求法治，西方行轻刑求法治。

章太炎对法的性质和作用的论述，也沿袭了《管子》的说法。"管子曰：法者，所以兴功惧暴也；律者，所以定分止争也；令者，所以令人知事也……又曰：论功计劳，未尝先法律。"〔2〕这说明法和律、令虽各有不同的调整范围，但又相互为用，承担共同的任务，其中重要的一项就是论功计劳。在章太炎看来，所谓法并非单指法律条文而言，其内涵十分广泛。"法者，制度之大名，周之六官，官别其守，而陈其典，以扰乂天下，是之谓法。"〔3〕基于这种认识，所以他称先秦法家为"西方所谓政治家也"，因为他们并非"胶于刑律而已"。

章太炎在论述"专以法律为治"时，有不少学习西方资产阶级法制原则的内容。其具体内容如下：

---

〔1〕《章太炎政论集·商鞅》。
〔2〕《章太炎政论集·原法》。
〔3〕《章太炎政论集·商鞅》。

第一，司法独立。章太炎主张彻底改变行政干预司法，仿照西方三权分立，置司法于独立地位。他说："世之言治者，三分其立法、行政、司法，而各守以有司，惟刑官独与政府抗衡，苟傅于辟，虽达尊得行其罚。"[1]又："当专以法律为治，而分行政、司法为两涂，诸司法官由明习法令者自相推择为之，咨于政府，不以政府尸其黜陟。夫长吏不奸裁判之权，则无由肆其毒；司法官不由朝命，亦不自豪民选举，则无所阿附以觥（歪曲）其文，如是而民免于陒机（倾危不安）矣。"[2]他强调保证司法独立，司法官吏必须由明习法令者担任，政府不得任意黜陟司法官吏，而司法官吏也不由政府任命，不许从富豪中选任，行政长官不得干预司法审判。这样，才能使司法官吏独立行使职权。

第二，宽法省刑。章太炎在批判封建法律时，认为汉唐法律"皆刻深"，制"十恶"之刑，定枭首腰斩之法。"求宽平无害者上至魏，下至梁，五朝之法而已。"[3]其实，五朝法律，上承秦汉，下启隋唐，是中国古代法律一脉相承的发展的一个阶段，说五朝法律宽平，汉唐法律深刻，是不符合历史事实的。但从章太炎的主观愿望来说，是希望法律宽平，力求"仁恕""省刑"，所以他要求废笞棰，免肉刑，罪刑相称。"杀一人不以其罪，圣王有向隅之痛，是故持仁恕之说者，必曰省刑。"[4]为此，他还提出了一些新的定罪准则：主张"轻盗之罪"，而且要按所盗赃数同被盗之家的财产数的比例来定罪；"轻谋反之罪"，使民不束缚与上；"有割地卖国诸罪，无论公开私行"，即为叛国罪，"皆殊死"。[5]

第三，慎守法律。为了实行法治，章太炎强调"慎守法律"。在《古官制度发源于法吏说》中，他列举执法公正的包拯、况钟等人为例，认为他们之所以为后人景仰，妇孺皆知，其原因就在于他们刚正不阿，"慎守法律"，为民申冤。

---

[1]《章太炎政论集·检论·官刑》。
[2]《章太炎政论集·代议然否论》。
[3]《章太炎政论集·五朝法律索引》。
[4]《定律》，《訄书三十八》。
[5]《章太炎政论集·代议然否论》。

第四，重法治轻人治。章太炎在称颂法治的同时，又抨击人治，认为"专重法律，足以为治"，只要大家遵守国家的法律，一断于法，就能把国家治理好。因此，他反对所谓贤人政治。他在《代议然否论》中指出："为治固当循绳墨，无所用贤，且有劳者得超除，溺职者得罢黜，材者固无患其沉滞，虽下资亦自见泠汰矣。"他从重法治、轻人治的思想出发，还对他一向所尊崇的黄宗羲提出了批评，认为黄实际上是"过任治人，不任治法"。章太炎说："观《明夷待访录》所持重人民、轻君主，固无可非议也；至其言有治法无治人者，无过欺世之谈，诚使专重法律，足以为治，既有典常，率履不越，如商君、武侯之政亦可矣；何因偏隆学校，使诸生得出位而干政治，因以夸世取荣；此则过任治人，不任治法，狐埋之而狐搰之，何其自语相违也。"[1]黄宗羲曾提出"有治法而无治人"的论断，但他又主张学校议政，使诸生得以干预政治，章太炎认为这是"过任治人，不任治法"，和他的"有治法而无治人"的主张相矛盾。诸生在校读书，学业不修而去议政，造成"士侵官而吏不守"，其结果只能是人治。

当然，章太炎的"专以法律为治"、轻人治的主张，有不少合理的因素，值得研究。但他持这种主张并非始终如一，常常自相矛盾。

三、道德重于法律说

在章太炎看来，治国必须有法律、政治，没有法律、政治的国家，终究逃脱不了灭亡的命运。他说："旷观六合之邦家，虽起废不常，盛衰相复，若其沦于异族，降为台隶者，则亦鲜有；有之，必素无法律政治与愚昧无知之民也。"[2]他把"沦于异族"即称为亡国。这种对汉族以外的少数民族统治的态度明显反映出了他的大汉族主义思想。那么，中国自秦汉以来，既有繁荣的学术，也有"良治美法"，为什么屡屡"亡

---

[1]《章太炎政论集·王夫之从祀与杨度参机要》。
[2]《章太炎政论集·革命之道德》。

国"呢？他"冥心而思之，寤寝而求之"，终于找到了原因。"呜呼！吾于是知道德衰亡，诚亡国灭种之根极也。"[1]由此可见，他把道德看得比法律、政治还重要。同时，他还认为革命者在推翻满族贵族统治以前，没有自己的政府和法律，因此对他们来说，道德尤为重要。每个革命者应当严于律己，以革命道德来约束自己，因为"今之革命，非为一己而为中国，中国为人人所共有，则战死亦为人人所当有。而曰甲者当为其易，乙者当为其难可乎？"[2]

关于道德的内容，章太炎列举了四项："一曰知耻，二曰重厚，三曰耿介，四曰必信"。[3]在他看来，"若能则而行之，率履不越，则所谓确固坚厉、重然诺、轻死生者，于是乎在"。他还根据人们的十六种职业，来区分道德的高下。这十六种人是："一曰农人，二曰工人，三曰裨贩，四曰坐贾，五曰学院，六曰艺士，七曰通人，八曰行伍，九曰胥徒，十曰幕客，十一曰职商，十二曰京朝官，十三曰方面官，十四曰军官，十五曰差除官，十六曰雇译人。其职业凡十六等，其道德之第次亦十六等，虽非讲如画一，然可以得其概略矣。"[4]诚然，章太炎依职业来区分人们道德的高下是不科学的，但在具体论述每种职业中人们的道德状况时，却有一些值得肯定的因素。如认为农民道德最高，终年勤劳，不搞欺诈，工人次之，"其刚毅不屈，亦与农人无异"。这表现出他对工农的品德的赞美。又如，他认为，"权位愈申，则离于道德也愈远，坏法乱纪也愈甚，督府为坏法乱纪之府，提镇为逋逃盗贼之魁"。这是对剥削阶级统治者的深刻揭露。总的看来，章太炎过分夸大了道德的作用，把道德凌驾于法律之上，这种观点是错误的。但他强调革命党人必须保持高尚的道德情操，这一点则是值得肯定的。

章太炎的法律思想是相当复杂的，既有西方资产阶级的法治思想，

---

[1]《章太炎政论集·革命之道德》。
[2]《章太炎政论集·革命之道德》。
[3]《章太炎政论集·革命之道德》。
[4]《章太炎政论集·革命之道德》。

又有中国古老的传统思想；既有民主的进步的思想主张，又有封建主义的因素；既崇法，又崇儒。但其基本精神是革命的，在批判"中国只可立宪不可革命"思潮和宣传革命的斗争中起到了重要作用。

思考题

1. 简述孙中山"三民主义"的立法指导思想和建立资产阶级法制国家的主张。
2. 简析章太炎"专以法律为治"的主张。